基于 OAIS 电子文件
管理系统体系研究

李泽锋　著

世界图书出版公司

上海·西安·北京·广州

图书在版编目(CIP)数据

基于 OAIS 电子文件管理系统体系研究/李泽锋 著.
—上海：上海世界图书出版公司,2010.12 (2014.4 重印)
ISBN 978 - 7 - 5100 - 3151 - 9

Ⅰ.①基… Ⅱ.①李… Ⅲ.①电子文件—档案管理—研究 Ⅳ.①G276

中国版本图书馆 CIP 数据核字(2010)第 256861 号

基于 OAIS 电子文件管理系统体系研究

李泽锋　著

上海世界图书出版公司出版发行

上海市广中路 88 号

邮政编码 200083

南京展望文化发展有限公司排版

上海竟成印刷有限公司印刷

如发现印刷质量问题,请与印刷厂联系

(质检科电话:021 - 55391771)

各地新华书店经销

开本:787×1092　1/16　印张:11.25　字数:270 000
2014 年 4 月第 1 版第 2 次印刷
ISBN 978 - 7 - 5100 - 3151 - 9/G273
定价:32.00 元

http://www.wpcsh.com.cn
http://www.wpcsh.com

中 文 摘 要

1998年我国开始实施的以办公自动化、网络化为重要特征的电子政务建设使得电子文件大量产生。作为政府业务过程和成果的真实记录,电子文件详细记录了政府是如何行使人民赋予的公权力,是如何履行其主要职能的。政府电子文件的留存和开放,具有深远的政治意义和法治意义。一旦没有对政府电子文件进行长期保存,当代中国的社会记忆可能产生无法挽回的缺损。如何长期保存政府电子文件,充分发挥电子文件的情报价值与凭证价值,是各级档案馆必须要考虑的现实问题,也应该是档案学者重点研究的方向之一。目前相当多在建或已建的电子文件管理项目并没有基于科学的开发方法论,尤其是没有一个科学的模型作为项目开发的基础。基于此,作者从建模的角度探讨电子文件管理的理论与实践。论文的主要内容从五个方面展开。

一、关于论文研究的文献综述

论文主要从两个方面来分析学术界的研究成果:一是电子文件管理系统的研究;一是OAIS的研究,特别是OAIS在电子文件管理中应用的研究。

在电子文件管理系统的研究方面,学者们主要关注四个焦点问题:电子文件管理系统建设的必要性、电子文件管理系统的功能、电子文件管理系统的建设内容与系统设计开发的思路。

在OAIS的研究方面,中国学者主要关注OAIS的总体介绍、研究OAIS的必要性与作用、信息模型与元数据等;国外学者重点关注OAIS功能模型的扩展、文件格式管理、信息模型与元数据、数字存储仓库等方面的研究。

学界的相关研究主要呈现以下几方面特点:研究起步较晚,但发展迅速,研究成果很多,但问题不少;国外的研究相对国内深入、多样、可操作性强;研究重心向实证倾斜;研究视角由机构层面向国家层面过渡,呈多学科发展趋势;研究力量的多元化。

论文在对学界研究成果分析的基础上,提出了需要进一步拓展的研究空间。具体包括:加大对电子文件管理系统研究的力度;加大对电子文件管理系统开发与设计的方法论研究;拓展对OAIS的研究;构建基于OAIS的可信电子文件管理项目框架体系。

二、电子文件管理活动建模分析

第一，论文在对通用建模理论分析的基础上，对电子文件管理项目领域的建模进行了深入研究。

论文论证了电子文件管理项目建模的必要性：模型可以提高对电子文件管理的认识与干预能力，是电子文件管理工作流程构建与再造的基础，是电子文件管理项目建设的前提，其中参考模型的选择是项目需求分析工作的基础。

目前电子文件管理项目的开发基于传统的信息系统开发方法论，没有考虑电子文件的档案属性，具有很大的缺陷。电子文件管理项目的形式化建模，要求应以集成化建模方法为基础结合电子文件管理基本理论，构建新的开发方法论。根据电子文件管理项目建模方法论，在传统开发方法对原系统物理与逻辑模型的分析过程中，增加一个概念模型作为参考模型，为电子文件管理项目的通用需求指明方向，从参考模型中映射出将要建设电子文件管理项目的逻辑模型。

第二，OAIS 参考模型适合于电子文件管理项目的建设。OAIS 与电子文件管理项目建设目标完全吻合，都是致力于数字信息的长期保存与利用；OAIS 符合电子文件管理项目的形式化建模要求；OAIS 参考模型的可理解性、完全性、一致性、可伸缩性、通用性也符合项目开发的要求。

我国电子文件管理的实践经验比较薄弱，要求参考模型的粒度较小，OAIS 参考模型的粒度较大，必须根据我国电子文件管理的实际情况对 OAIS 中的功能模型进行分解或组合，构建可实施的流程。

第三，简单分析了 OAIS 参考模型的基本内容，包括功能模型、信息模型、互操作模型等。

第四，分析了 OAIS 在档案部门应用的可行性。档案馆应用 OAIS 可以根据经费、所拥有电子文件管理方面的知识与技术支持、模型应用环境等有选择地实现部分或全部功能要求。根据修正 Lavoie 数字保存经济模型与 Jaqueline Spence 评分法，档案室是向心模式为主，供方模式为次的混合模式，应实施以收集与访问为主要功能的简化 OAIS(OAIS-SIMPLEX)；市县档案馆是供方模式为主、离心模式为次的混合模式，实施以档案存储与访问为主要功能的简化 OAIS；国家档案馆完全按照 OAIS 参考模型开发电子文件管理系统，满足 OAIS 的主要功能。

三、国内外电子文件管理项目的实证研究

首先，论文对某公司为江西省档案馆所做的电子文件接收管理系统的方案进行分析，对东方飞扬 ES-OAIS 系统的主要内容进行总结，实地调研了郑州市档案馆电子文件档案中心项目的建设状况。

其次，论文对美国的 ERA 与 ICPSR 项目进行个案分析，归纳总结了这两个项目应用 OAIS 的实践经验。

最后，在国内外比较分析的基础上，论文从以下几个方面对我国电子文件管理项目的建设进

行了思考,包括对电子文件管理进行顶层设计;扩大电子文件管理实践的合作范围;大力开展基础研究,如加强电子文件管理需求分析方法论的研究、加大对电子文件管理的模型研究力度、加大对电子文件管理流程的研究、加强对电子文件管理系统核心技术的研究等;加强培训和教育;完善电子文件管理项目建设的保障体系。

四、可信电子文件管理系统的框架体系构建

首先,论文构建了基于OAIS的可信电子文件管理系统的框架体系,由可信电子文件库、可信电子文件管理工作流、通用公共服务与标准体系四个部分组成。

其次,对框架体系的组成部分进行深入研究。可信文件库应与OAIS参考模型相一致,由电子文件集合及其元数据、长期保存技术、安全系统、审计跟踪等逻辑组成,定期对其进行工作人员、程序、过程与数据四个方面的可信认证。可信电子文件管理流程是对档案馆电子文件管理工作进行的业务流程重组(BPR),从流程、功能需求与实施策略三个方面保证电子文件的真实性、完整性与长期可保存性。通用公共服务包括操作系统服务、网络服务与安全服务。前两种服务保证系统的正常运行;安全服务,尤其是相关系统间通信、涉及电子文件交换关键点的安全服务,对于电子文件真实性、完整性的保障至关重要。电子文件管理标准体系包括两部分,一部分是电子文件管理通用标准,一部分是与电子文件管理系统相关的技术规范。

最后,论文提出了建设全国性的电子文件管理体系应基于OAIS的互操作模型。

五、结论与展望

作者对论文的主要研究成果进行了归纳,提出电子文件应该实行非线性管理与精细化管理,并就进一步的研究工作进行分析,主要包括对Jaqueline Spence评分法进行修正,建立一个电子文件管理系统可信度评估的方法论,全国电子文件管理体系构建研究以及与电子文件管理项目实施相关实践问题的研究。

关键词: OAIS,电子文件管理系统,体系,建模

Abstract

More and more electronic records are produced with the implementation of the e-government in 1998. As a real records, electronic records detail how the Government uses the public power entrusted by the people and how the Government fulfill its main functions. The retention and open of Government electronic records is very important to the politics and law. If the electronic records are not carried out long-term preservation, the memory of contemporary Chinese society may lose forever. How to carry out the long-term preservation and fully use the information value and evidence value of government electronic records is a realistic problem that archives must consider and scholar must research. Now many building and built electronic record management project are not based on the scientific development methodology, and especially not based on a scientific model. So, the author discusses the theory and practice of electronic record management from the angle of modeling.

The literature Review of Research of the Thesis

The thesis focuses on two aspects to analyze the research results of the academic circles: the research on electronic record management system and research on OAIS, especially on the application of OAIS.

Of the research on electronic record management system, four main problems are concerned about. The first is the necessity of the electronic record management system; the second is the function of electronic record management system; the third is the construction content of electronic record management system; the final is the consideration of the system development.

The domestic scholars mainly concern the general introduction of OAIS, the necessity of research on OAIS, OAIS information model and meta-data, etc. foreign scholars focus on the expansion of OAIS, file format management, information model and metadata, Digital repository, and so on.

There are several characteristics of the relevant academic research. The research starts late but develops rapidly; there are a lot of research results, but a lot of questions remain. The overseas research is deeper, more diverse and operable than the domestic. The research starts to emphasize on the empirical research. The angle of research view transits from the institutional level to the national level, and has the trend of multi-disciplinary development. The research forces become more and more diversified.

On the basis of analyzing and generalizing all the research results, the thesis points to the research space which further research needs to expand. It involves several aspects as following: reinforcing the research of electronic record management system; reinforcing the development and design methodology research of electronic record management system; enhancing the research of OAIS; constructing the Architecture of Trusted Electronic Record Management System based on OAIS.

Modeling Analysis of the Activity of Electronic Record Management

First, the thesis deep researches the modeling of electronic document management project based on the analysis of the general modeling theory.

It demonstrates the necessity of modeling of electronic record management projects: model can improve on the understanding of electronic record management and intervention capabilities. It is the foundation of constructing and reconstructing electronic record management workflow, and a prerequisite for the construction of electronic record management. The Choice of reference model is the foundation of Requirements Analysis.

Now the development of management project is based on traditional information system development methodology which does not involve the archive property of electronic record. So it is very flawed. The formal modeling of Electronic record management projects requires a new development methodology which combines consisted of the integrated modeling method and the basic theory of electronic record management. According to the modeling methodology of electronic document management project, a conceptual model is inserted between physical model and logical model of the original system. As a reference model, it can help to make sure of the requirement of the electronic record management project. The logical model is mapped from the reference model.

Secondly, The Reference Model for OAIS is suitable for electronic document record projects. OAIS is consistent with the objective of electronic record management project which is long-time preservation and access of digital information. It complies with the Formal modeling requirements of electronic record management project. The intelligibility, completeness, consistency, scalability and versatility of OAIS is also in line with the requirements of developing project.

Because of lesser experience, the developing project requires smaller granularity of the reference model. The granularity of OAIS is larger, and the function model of OAIS must be divided or assembled to construct implemental flow according to the fact of electronic record management in our country.

Thirdly, the thesis briefly presents the basic content of OAIS, such as the function model, information model, interoperability model, and so on.

Fourthly, the thesis analyzes the feasibility of applying OAIS to archive management. The archive can select some or all of the functional requirements of OAIS to carry out according to cost, knowledge and technical support and environments of applying model. By using to the modified Lavoie's economic models for digital preservation and Jaqueline Spence score method, the author draws a conclusion that organization-level are operating in a mixed environment where centripetal model is primary and supply-side model is subsidiary, which uses OAIS-SIMPLEX whose main functions are ingest and access; City-level archives are operating in a mixed environment where supply-side model is primary and centripetal model is subsidiary, which uses OAIS-SIMPLEX whose main functions are archive storage and access; country-level archives should entirely comply with OAIS to develop the electronic record management system to fulfill the functions of OAIS.

Empirical Study

Firstly, the author analyzes the program of Jiangxi Province Archives electronic record collection system, summarizing the main contents of the ES-OAIS developed by Easoaring Software Technology CO. LTD, and investigates and researches development situation of Zhengzhou City Electronic Record and Archive Center.

Secondly, the thesis makes Case Studies about ERA and ICPSR and summarizes the practical experiences of application of OAIS.

Finally, based on the comparative analysis of the home and foreign related projects, the thesis draws a conclusion on how to build our electronic record management projects as following: top-level design of electronic record management; Expansion the scope of cooperation of electronic record management practice; strengthening the basic research, such as research on methodology of the electronic record management requirement analysis, enforce the research on model and flow of electronic record management, and strengthening the research on core technology of electronic record management system; strengthening training and education; perfecting the security system of electronic record management system.

Construction of the Architecture of Trusted Electronic Record Management System

Firstly, the thesis constructs the architecture of trusted electronic record management system which consists of trusted electronic record repository, trusted workflow of electronic record management, common services and the system of criterion and standard.

Secondly, a deep research is made on the component of the architecture. The trusted electronic record repository should comply with OAIS, which is logically made up of electronic record collection, metadata, the technology of long-term preservation, security systems and audit trail. It should be regularly certified at the aspect of personnel, procedures, processes and data. The trusted workflow of electronic record management is obtained by reengineering the process of the electronic record management, which ensure the authenticity, integrity and long-term retention of electronic record by workflow, function requirement and implementation strategy. Common services include operating system services, network services and security services. The first two services ensure normal operation of the system. Security services, especially services related to inter-system communication and key points of exchange of electronic record, is essential to the authenticity, integrity. Electronic record management standards system involves standards, criterions and related technical specifications.

Finally, the thesis presents that the construction of the countrywide electronic record system should be based on the interoperability model of OAIS.

Conclusions and further researches

The author summarized the main research results of the thesis, and points to further work which includes amending Jaqueline Spence score method, setting up a methodology of assessing the reliability of electronic record management system, researching the construction of a countrywide Electronic record Management System, and researching the issues related to the implementation of electronic record management project.

Key words: OAIS, electronic record management system, construction, modeling

目　　录

图 表 目 录

1 导　　论

1.1　选　题　背　景

1.1.1　飞速发展的信息技术给综合档案馆带来挑战与机遇

纵观档案的发展历程,其载体经历了由甲骨到金石、简牍、缣帛,再到纸张、缩微胶片的几次重大变革,其用途由占卜、礼器、为封建统治阶级独用到现代的为全社会所利用,每一次变革都反映了社会生产力水平的提高和社会文明的进步。

20世纪末,随着计算机技术、数字存储技术和网络通信技术的飞速发展和有机结合,尤其是网络技术在办公、生产等组织业务活动中的广泛应用,出现了新型的以磁、光记录为载体、以编码形式存在的电子文件。电子文件的复制与可在网络传输的特性,打破了传统档案的份数和时空的限制。特别是1998年我国开始实施的以办公自动化、网络化为重要特征的电子政务建设使得电子文件大量产生。这一切无不在昭示着档案的又一次重大变革,又一次飞跃。

据《中国档案报》的数据,2002年至2006年这5年间,我国数字档案信息资源迅速增长。从机读档案目录的数量来看,文件级机读目录较之于案卷级机读目录的增长更是迅速,如图1-1①所示:

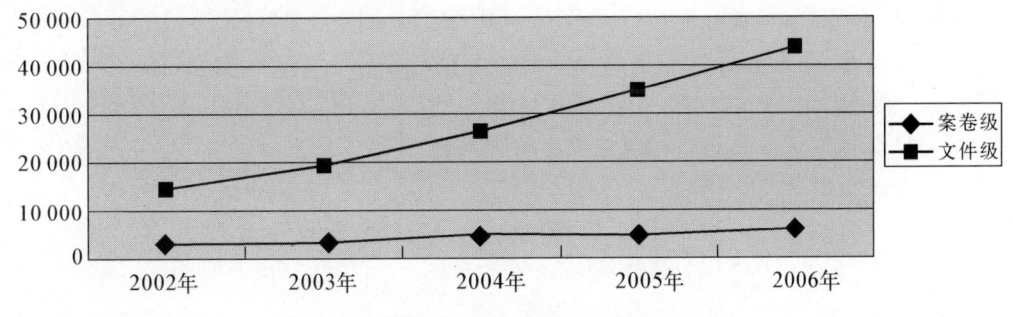

图1-1　档案馆机读目录情况(单位:万条)

---

① 见《党的十六大以来全国档案事业发展成就数字解读》,《中国档案报》2007年10月15日,第3版。

《中国档案报》的这个数字更多的是对传统档案数字化量的统计,大量的电子文件没有包含在统计数据内。实际上,近年来我国的电子文件发展进入了井喷期。据国家档案局 2006 年的调查,有近 80％的中央机关、中央企业采用办公自动化或电子政务系统,产生各类电子文件近两亿件,成为各项工作真实记录的重要组成部分。① 上海市从 2007 年 8 月 1 日起,开始以纸质与电子双轨方式下发公文,10 月 1 日起普遍下发电子公文,纸质公文各部门原则上只下发 1 至 2 份,简报、会议通知只发电子文本,各区县、各部门向市政府报送材料,也要以电子版本为主。②

国外电子文件的增长也是如此。据新华社报道,随着美国当选总统奥巴马的上任,如何尽快处理布什政府各类档案成为美国国家档案馆一大难题。据估算,布什政府电子档案存储量为大约 1 亿 GB。这一数值约为前总统比尔·克林顿两届政府档案总量的 50 倍,是国会图书馆 2 000 万册编目图书内容总量的 5 倍。预计仅电子邮件一项就可占 2 万 GB 至 2.4 万 GB 存储。相比之下,克林顿执政时期电子邮件总量不到 1 000 GB。③

据中国人民大学信息资源管理学院“电子文件管理机制研究”课题组最新调查统计,我国政府部门生成的电子文件数量占全部文件数量的 72.7％,其中 14.3％的机构生成的文件全部以电子文件的形式出现,49％的机构生成的电子文件数量占全部文件数量的 50％以上④。如此海量电子文件的产生,预示着电子文件将成为政府信息资源的主要承载载体和表现形式。冯惠玲教授认为:管理电子文件,维护其真实性,并向社会广泛提供利用,不仅是政府提高决策能力的信息需要,更是政府无法推卸的神圣责任⑤,也必将是档案馆最主要的工作内容之一。

传统档案的数字化与电子文件的海量产生,给档案部门带来了前所未有的挑战:这些档案资源需要进行收集、保管和长期保护,有效实现其方便利用。这些工作与传统档案的管理有着很大的不同,但同时也给档案部门带来了一个新的发展机遇。可以毫不夸张地说,电子文件管理工作是档案工作发展的重大机遇,是档案工作的又一次飞跃。在政府实施电子政务的大好形势下,如果不抓住这样的机会,档案工作仍停留在原来的水平,那么档案工作的地位只能大幅下降,这对中国档案事业的发展将是一个巨大的打击。

据《中国档案报》统计,从服务器的拥有量来看,2002 年国家综合档案馆有服务器 374 个,到 2006 年发展到 1 381 个,增长幅度达到 269％;从国家综合档案馆拥有计算机的数量来看,2002 年拥有 9 590 台,到 2006 年增加到了 23 189 台,5 年时间增长了 142％⑥。根据作者对郑州市的 12 个国家综合档案馆调研看,到 2007 年共有微机 76 台,服务器 14 台,除郑州市档案局建设了电子文件中心外,其他 6 区 5 县均有相应的档案管理系统。⑦

---

① 见杨冬权《全面建设有中国特色的电子文件管理体系》,《中国档案》2007 年第 6 期,第 6 页。
② 见《上海:电子政务搭起网上“行政事务受理大厅”》,http://www.sh.xinhuanet.com/2007 - 08/07/content_10783090.htm(检索日期 2008 年 10 月 10 日)。
③ 见《布什政府档案交接乱 电子文件为克林顿时期 50 倍》,http://news.sohu.com/20081228/n261461703.shtml(检索日期 2008 年 12 月 28 日)。
④ 见张宁《我国电子文件管理现状调查与思考》,《档案学通讯》2008 年第 6 期,第 15 页。
⑤ 见冯惠玲、赵国俊《电子文件管理国家战略刍议》,《档案学通讯》2006 年第 3 期,第 4 页。
⑥ 见《党的十六大以来全国档案事业发展成就数字解读》,《中国档案报》2007 年 10 月 15 日,第 3 版。
⑦ “郑州市档案局 2007 年县区档案信息化情况统计表”,数据来源郑州市档案局科教处。

购买了相应的软硬件设备,综合档案馆就可以很好地保存数字档案信息资源与电子文件并提供利用了吗?从中国人民大学"我国电子文件管理国家战略的基础理论与框架体系研究"课题组最新统计数据可以看出,答案是否定的。由于电子文件归档方法、管理理念、管理方法、管理制度、管理软件等方面的诸多因素,25.6%的机构只接收党政文件和部分业务文件,其余74.4%的机构由于电子文件管理系统不完善,而无法接收和管理电子文件,致使其长期保管在业务部门和信息部门,导致这些机构面临电子文件严重失存的危险。课题组调查的档案馆中,10.3%已经出现了电子文件无法读取的问题,至少有37.9%的机构已经发生或者存在影响电子文件长期可读性的风险,高达86.2%的档案馆尚未制定电子文件的迁移规划,31%的档案馆未采取任何措施以保证电子文件的可读性。[1]

生成电子文件的政府机构在电子政务平台下设计开发自己的办公系统时,没有过多考虑电子文件的归宿问题。而作为保存电子文件的综合档案馆,其软件系统更多的是档案计算机辅助管理系统,即对现有档案工作手工管理的计算机模拟,再增加一些必需功能,如档案扫描等,很少涉及在线归档、元数据管理、长久保存等功能。可以说,无论是机构内的档案部门,还是综合档案馆,对于属于归档范围的电子文件均未进行全面、有效地接收归档,电子文件大量生成却没有集中有效管理,少量集中管理的档案馆对于长久保存考虑又不多,必然有很多电子文件因此而湮灭。

影响电子文件管理的因素有很多,如归档方法、管理理念、管理方法、管理制度、管理软件等。诸多因素交织在一起,最终主要通过管理软件,即电子文件管理系统反映出来。电子文件管理系统设计的好坏,将直接影响到电子文件管理的效果。

1.1.2　电子文件管理系统的开发缺乏成熟通用的模型支持

电子文件管理系统(electronic record management system,ERMS)是在政府机构内部使用的,包括所有与文件、档案管理有关的技术、管理、法律、标准、人员等相关因素在内,能保证政府电子文件的行政有效性和法律证据性,以实现文件、档案的科学管理和高效利用为目的的信息系统[2]。在国家档案局下发的《电子文件元数据标准(征求意见稿)》中将其描述为:为了满足业务对电子文件管理需要而设计的系统,用以捕获、保存、提供获取业务处理过程中产生的有证据价值的文件的功能。电子文件管理系统包括:档案工作者和文件使用者;授权政策、责任分配、权力授予、程序和做法;政策声明、程序手册、用户指南和其他用以批准和颁布政策的文件、程序和做法;文件本身;控制和记录的专门资料和文件系统;软件、硬件、其他设备、必要工具等。

从定义中可以看出,该系统具有以下几个本质特征:能够有效地管理电子文件及其他任何载体形式的文件;能够长期保证文件作为业务活动证据的真实性、可靠性和完整性,以此来保证文件的行政有效性与法律证据;广义上,该系统是一个包括技术、管理、法律、标准、人员等在内的广义的系统。这也正是它与档案计算机辅助管理系统的本质区别。

---

① 见张宁《我国电子文件管理现状调查与思考》,《档案学通讯》2008年第6期,第15页。
② 见冯惠玲《政府电子文件管理》,中国人民大学出版社2004年版,第141页。

在实际应用中,ERMS 是一个由硬件、软件、数据资源、运行规则与操作人员组成的电子文件管理软件,该软件通过其功能模块将 ERMS 的本质特征完整地体现出来。

作为一个计算机信息系统,从开发应用角度看,ERMS 实质上是电子文件管理业务系统的一种计算机模型,它的开发就是建立业务系统与计算机模型之间的一种映射关系,如图 1 - 2 所示。

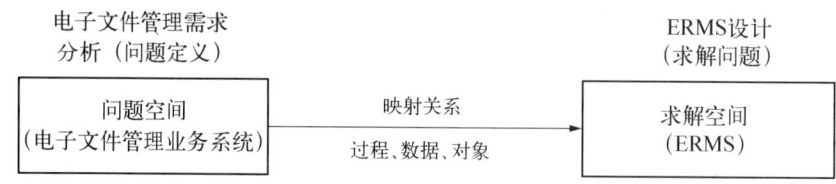

图 1 - 2　电子文件管理系统开发的映射

图 1 - 2 中的映射关系可以从电子文件管理的业务过程或功能的角度来建立,也可以从电子文件信息流的角度来建立。通过对电子文件管理的业务过程或信息流构建 ERMS 的问题空间,利用特定的建模方法或特定的标准模型将其映射为 ERMS 的求解空间,这样的映射关系是一个"同构关系"。这样设计出来的 ERMS 才可能是档案部门真正需要的可以满足其本质特征的电子文件管理系统。

目前,许多机构声称已建立了自己的电子文件管理系统,已开始对本机构生成的电子文件进行了有效管理,许多档案馆声称已建设了数字档案馆或电子文件中心,可以管理电子文件等数字档案信息。根据"我国电子文件管理国家战略的基础理论与框架体系研究"课题组的调查,在文件形成机构中,已经使用 ERMS 的机构占 79.6%,好像电子文件已经得到了有效管理。然而,课题组进一步调查得到以下数据①:

第一,文件形成机构中有 25.6%的 ERMS 可以接收和管理机构内部形成的所有电子文件,74.4%的 ERMS 不能接收和管理数据库、电子邮件、多媒体文件、网站文件等。

第二,如果不考虑元数据管理、文件的真实性与完整性保障、长久保存,48.3%的档案馆已经使用 ERMS,如果考虑到元数据捕获与文件的真实性认证等功能,这一数据为 2%。

第三,34 家单位的系统具有长期保管功能,却有 21%已经出现了电子文件无法读取的情况,17 家单位的系统具有迁移功能,却有 24%已经出现电子文件不能读取的情况。

第四,机构中 10.3%的 ERMS 仅能进行对电子文件接收、提供查询利用;27.6%的 ERMS 能够对电子文件接收、管理与利用。

从上述调查数据可以看出,绝大多数 ERMS 存在功能不完善、开发不规范、维护不标准的问题,并不能算作真正意义上的 ERMS。

根据作者参与设计或评审的电子文件管理项目经验,目前大多数综合档案馆电子文件管理项目的开发过程是由软件生产厂家主导的。也就是说,软件生产商向档案工作人员进行业务调研,分析出需求,然后进行设计、编程,开发出一个通用的档案软件,然后卖给诸多的档案馆。这

---

① 　见张宁《我国电子文件管理现状调查与思考》,《档案学通讯》2008 年第 6 期,第 15 页。

样的过程对于其他业务系统来说是合适的，但是对于 ERMS 的开发这种方法并不合适，至少目前不合适。

按照这个过程开发出的所谓的"数字档案馆"也好，"电子文件中心"也好，ERMS 也好，在实质上大多还是档案计算机辅助管理系统，还是对原有的手工管理档案工作的计算机模拟，因为现有政府信息资源管理和开发利用的政策关注点主要是具有参阅价值的"数据"，而不是具有证明能力的"文件"，表现为重视信息的现实利用，忽视"文件"的长久保存①。这样的指导政策必然产生相应的管理理念，使得电子文件管理在档案部门的实际工作中不能得到全面、有效开展，一般的档案管理人员对于电子文件管理的需求并不完全清楚，软件开发商通过一般档案管理人员得到的需求调研，必然不能完全反映电子文件管理全过程，得到的更多是现有的档案管理的业务需求。生产商为了与以前生产的档案计算机辅助管理系统相区分，也增加了一些功能，因此可以称之为"加强版"的档案计算机辅助管理系统。然而这些增加的功能，很多是开发人员根据自己的想当然开发的，不仅不能说体现了 ERMS 的本质特征，反而有时候和国家的档案法规相违背。

如某市下辖 6 区 5 县的档案馆建设的"数字档案馆"，实际上也就是对电子文件接收、存储与提供利用，对于电子文件的真实性、完整性考虑不多，对于长久保存几乎没有考虑，主要的功能体现在传统档案的数字化及其数字化档案的管理上，是一个加强版的档案计算机辅助管理系统。其中一个加强的功能体现在数字化档案信息的提供利用上，该系统将内部系统的档案数据库直接作为该档案馆档案网站的数据库后台在互联网上提供检索利用，违反了国家档案局关于档案内网与外网严格物理隔离的要求。

那么，怎样才是一个好的 ERMS？怎样才能开发出一个真正的 ERMS 呢？从图 1-2 可以看出，明确电子文件管理的功能需求、建立映射关系是 ERMS 开发的关键。

明确电子文件管理的功能需求可以建立 ERMS 的问题空间。目前 ERMS 通用功能需求标准尚未出台，但从其以上定义可以看出，它至少要具备捕获和归档电子文件及其元数据、分类、鉴定与处置、著录、存储与保护、检索利用、安全管理（如存取权限控制、日志、审计等）、统计、长久保存等功能，才能确保电子文件的长久保存与有效利用。

建立映射则需要特定的建模方法或特定的标准模型作为参考。通用模型标准可以为明确特定 ERMS 的功能需求指引方向，可以为 ERMS 两个结构空间的映射建立一个标准的参考模型，使 ERMS 的问题空间与求解空间保持一致，即建立两个空间的"同构关系"。这样的映射关系的建立将不依赖于开发人员对业务的理解，不依赖于档案管理人员的业务水平、理论水平、计算机水平的高低，这样映射基础上设计的 ERMS 才是客观的、符合电子文件管理真正需要的。

1.1.3　OAIS 为电子文件管理系统的开发提供了标准参考模型

一个系统的开发离不开模型的支持。对于一个具体的业务系统，如果其需求已经明确，可以遵循从业务模型到逻辑模型再到物理模型这样一个开发过程。如果业务过程尚未完全明确，其开发就需要一个现有的标准的逻辑模型的支持。ERMS 作为一个业务需求尚未完全明确的系

---

① 见冯惠玲、赵国俊《电子文件管理国家战略刍议》，《档案学通讯》2006 年第 3 期，第 4 页。

统,其开发需要一个标准的参考模型的支持。

综合档案馆电子文件管理项目的目标定位是档案馆基本功能与电子文件性质相遇的必然结论①。冯惠玲教授认为,综合性档案馆电子文件管理项目必须承担起长久保存电子文件的使命。对于我国目前形形色色的面向电子文件的管理项目进行改造的重点是构建符合全面、规范功能需求的电子文件管理系统。该系统的基本功能有:捕获和接收具有长久保存价值的电子文件及其元数据,电子文件价值鉴定、建立具有自我描述性能的电子文件存储格式,实现电子文件的长久保存和提供利用等。从这个意义上来说,ERMS 的核心功能应该是确保电子文件的长久保存与存取利用。

与 ERMS 的核心功能相对应,在国际信息资源领域受到广泛关注的开放档案信息系统参考模型(the reference model for an open archival information system,简称 OAIS 参考模型)正是一项基于数字信息长期保存与获取的标准模型。

作为一项国际标准(ISO14721),OAIS 中的 open(开放)意思是指 OAIS 参考模型以及以后在其基础上发展出来的所有建议和标准都处于开放式发展的状态,并不意味对 OAIS 的信息的使用不受限制。long term(长期)指受技术变化影响足够长的时间,包括对新媒体、新数据格式的支持,或者对用户群体变化的支持等。②

OAIS 参考模型通过自己的信息模型、功能模型、互操作模型、长久保存策略等内容对与数字档案系统相关的环境、功能模块以及信息对象概念定义任何实施这些概念的具体方法,是对与数字信息保存系统相关的环境、功能模块以及信息对象的概念化,它提出了一套完整的通用概念。该概念模型有利于描述和比较数据模型和档案体系结构,阐明术语和概念;有利于各机构就数字信息保护和存取的要素和程序达成共识;也有利于引导标准的制定和发展,为实用系统的研发提供了理论框架③。

从模型的通用性看,OAIS 模型有自己的功能模型,提出了包含数据处理、数据流、外部实体的数据流程图,是一个针对数字信息保存的概念模型,是实际系统分析与开发的起点。它不提供任何实施这些概念的特殊方法,不假设或局限于任何特定计算机平台、系统环境、系统设计范例、系统开发方法、数据库管理系统、数据库设计范例、数据定义语言、命令语言、系统界面、用户界面、技术、所需媒体。因此,具体实施者对数字资源长期保存系统设计或实施需要根据实际情况对 OAIS 中所提供的功能进行组合或者分解,将 OAIS 参考模型作为实际系统建立的基础与依据。

OAIS 适用于任何保存数字信息的系统,任何致力于数字信息长期保存活动的系统和组织都可以在其基础上构建自己的长期保存系统框架。从档案管理角度看,OAIS 模型侧重于电子文件形成后的长久保管活动,提供了信息模型、功能模型和长久保存的基本策略。与信息生命周期理论、连续体模型相比较而言,OAIS 的视阈较小,但具有更强的专指性。它注重对于长久保

---

① 见冯惠玲《综合档案馆电子文件管理项目的功能定位》,《档案学通讯》2007 年第 6 期,第 69 页。
② Reference Model for an Open Archival Information System(OAIS),http://public.ccsds.org/publications/archive/650x0b1.pdf(检索日期:2008 年 7 月 18 日)。
③ 见钱毅《数字档案文件长久保存策略刍议》,《档案学通讯》2007 年第 3 期,第 81 页。

存信息的管理,更关注文件管理活动的后端。考虑到我国文档分开管理的体制,从电子文件生成就开始控制目前来看尚未成熟,现实的做法是档案部门在对电子文件归档时对于文件生成部门提出质量与控制要求,在完整、真实接收电子文件后将其纳入到 ERMS 的管理范畴进行长久保存、提供利用。

作为一个概念模型与逻辑模型的统一体,更关注文件管理活动后端的 OAIS 模型对于数字信息长期保存系统的开发具有较强的参考意义,可以为其开发提供标准参考模型。

然而,实施并不是 OAIS 的目标,在实施层面上,OAIS 高度抽象并缺乏指南,它如何提供参考? 综合档案馆在设计 ERMS 过程中是否要将 OAIS 所有的内容全部体现出来? 如果不是的话,应根据什么进行取舍? OAIS 在档案馆 ERMS 开发中应做哪些扩展,如何扩展? 这些问题,是档案界亟待研究的重要课题,也是本论文研究的根本出发点。

1.2　研　究　意　义

1.2.1　理论意义

1. 提出了综合档案馆电子文件管理项目开发方法论上的模型支持

笔者对国内档案界关于档案馆电子文件管理项目的研究进行梳理,从电子文件管理功能要求上修正对其的片面理解。理论上,电子文件管理的功能需求可以用建模的方式来表达。因此,建模的思想、方法可以给档案馆电子文件管理系统提供方法论上的支持。通过对电子文件管理建模要求的分析,OAIS 模型作为开放档案信息系统的参考模型是合适的。论文从建模思想出发,提出一般意义的构建模型的要求,通过对多种模型的比较,提出档案馆电子文件管理系统方法论上的模型支持。

2. 丰富了电子文件管理的理论体系

电子文件管理是一门新兴的学科,理论基础相对比较薄弱。目前关于这一课题的理论研究还处于起步阶段,比较深入的系统研究较少,微观方面的研究较少。作者基于模型构建,对综合档案馆电子文件管理项目进行系统研究,目的在于探讨一套能够指导综合档案馆电子文件管理项目,研究过程中全面阐述并丰富了 OAIS 作为档案馆电子文件设计起点的主要内容,所提出的基于 OAIS 的综合档案馆电子文件管理模型与框架体系具有一定的理论价值,有利于丰富电子文件管理的理论体系。

1.2.2　实践意义

1. 有利于提高档案工作人员对电子文件管理重要性的认识

加强电子文件管理,长期保证电子文件作为业务活动证据的真实性、可靠性和完整性,以此来保证其行政有效性与法律证据,是档案馆的基本功能。档案工作人员管理能力的表现,不仅体现在对传统档案的管理上,更体现在对电子文件的管理上,尤其是对电子文件长久保存与提供利用方面。

　　冯惠玲教授认为:"如果我们认同档案馆是社会记忆的保管场所,认同电子文件是电子时代的社会记忆,那么档案馆承担起永久保存并提供利用电子文件的责任就是顺理成章、毋庸置疑的事。档案馆如果放弃了对电子文件真实性的维护与永久保管,就会淡化自身的根本职能,甚至迷失档案馆在未来社会应有的角色。与此同时,电子文件因为没有人或组织对它的真实性存在和长久留存负责,很容易失真、失存或成为不可读的'死文件',造成一段段现代历史的空白"。①

　　电子文件管理对于档案人员来说是一个全新的课题,目前对电子文件作为社会记忆所必需的真实性和证据价值还没有充分把握,对于电子文件管理的功能尚未全部理清,档案馆现有的工作重心仍然在传统档案的管理上,档案人员对于电子文件的管理还处于模糊状态,不知道该如何管理起来。

　　研究综合档案馆电子文件管理项目,探讨电子文件管理项目的开发与实施,探索适合我国档案管理体制下的电子文件管理方法与模式,可以为档案人员电子文件管理提供理论依据与方法支持,将电子文件管理与档案人员的实际工作紧密结合,从而有利于提高档案工作人员对电子文件管理重要性的认识。

　　2. 有利于提高档案工作人员电子文件管理的能力与水平

　　档案馆肩负对所辖范围内电子文件的收集、管理的基本职责,保证这些信息具备长久保存与获取是其必须具备的战略功能。档案工作人员电子文件管理能力与水平的高低,决定了档案馆履行该战略功能的实际效果。

　　电子文件管理是一项复杂的系统工程,其实现不仅要考虑到文件、档案的性质与管理特点,还要考虑信息技术的影响,有时这种影响是非常巨大的。电子文件管理涉及档案学、信息技术、管理学、信息管理学等多门学科,一定程度上超出了大多数档案人员的知识结构,造成档案人员对于电子文件的管理存在一种既渴望又害怕的心理,渴望对电子文件进行较好地管理,又因为管理能力与水平的局限不知道该如何着手而害怕管理,最终放弃或暂时对电子文件管理不管不问。

　　与国外研究相比,国内电子文件管理的研究更多地体现在理论上,与档案人员实际工作有一定的距离,档案人员难以将理论与实际工作很好地结合。通过研究综合档案馆电子文件管理项目的开发与实施,体现电子文件管理的功能需求,将电子文件管理用可操作性强的模型表现出来,让档案人员在模型的迭代分析中直观感受,有助于提高其对电子文件管理的理解,进一步提高其对电子文件管理的能力与水平。

　　3. 为电子文件管理项目的建设提供一个切实可行的、操作性强的模型与方法

　　近几年,我国一些地方综合性档案馆的电子文件管理项目竞相启动,为电子文件管理提供了诸多实践经验,如安徽省等建设的电子文件中心、福建省的电子文件与电子档案数据接收中心、郑州市的电子文件档案中心、中山市的电子档案馆、陕西省的电子文件备份中心、青岛市的数字文件中心等。这些项目有的定位于电子文件的永久保管,有的定位于电子文件的中转站,有的定位于文件的查询服务与备份。这些项目的建设对于档案馆的发展具有积极的建设性意义,对于电子文件管理这样一个巨大而复杂的挑战,各地区的政策、方法不尽相同是必然的。

---

　　①　见冯惠玲《综合档案馆电子文件管理项目的功能定位》,《档案学通讯》2007 年第 6 期,第 69 页。

　　但是从我国档案馆电子文件管理项目建设实践的总体情况来看,大多数项目建设仍处于起步阶段,如面向电子政务不具有电子文件档案化功能的项目,主要功能是电子文件接收与查询。由于理论研究的滞后,许多电子文件管理项目受软件开发商的引导(甚至完全受软件开发商的支配,开发商提供什么,项目就建成什么),只是基于一般软件开发架构的方法来建设,缺乏科学的系统总体框架的指导,多是对档案管理手工操作的计算机模拟。这样的系统重视档案馆现实功能需求的实现,但对于电子文件管理最为重要的战略功能,如长期保存的功能需求、可读性保障、真实性保障等功能的设计比较薄弱,甚至几乎没有对其进行考虑。可以断言,此类项目难以满足综合档案馆长期保存电子文件的真正需求,长久来看,必然面临系统重新设计和规划的问题。

　　在电子文件管理的通用需求尚未确定、电子文件管理在综合档案馆尚未有规模化实践的情况下,研究一个切实可行的、操作性强的模型对于电子文件管理项目的建设是至关重要的。它可以对项目的功能、数据结构、项目之间的互操作等进行约束,确保电子文件管理项目实施的方向性与功能要求一致。该模型应该是一个概念模型或逻辑模型,不能涉及任何具体的实现方法。在这样一个模型基础上开发出的不同项目才有可能实现策略、方法不尽相同而功能实现方式则殊途同归、异曲同工,目标设定则接近甚至如出一辙。

　　纵观档案学、信息管理、信息科学等学科的诸多模型,OAIS 是最能满足以上要求的模型之一。但 OAIS 并不针对于档案学,必须通过对其进行深入研究,紧密结合综合档案馆对电子文件管理的实际要求,将其扩展为一个针对电子文件管理的概念模型,进而构建一个切实可行、操作性强的模型与方法,来指导综合档案馆电子文件项目管理建设过程中逻辑模型与物理模型的建立,确保综合档案馆电子文件项目长期保存电子文件管理的需要。

1.3　研究的主要问题

　　中国人民大学"我国电子文件管理国家战略的基础理论与框架体系研究"课题组在 2007 年对 157 家中央直属机关、省直档案机构、企事业单位的电子文件状况进行的系统调查发现,电子文件管理系统功能的不完善,直接影响了文件信息资源的管理水平。调查数据显示,ERMS 的发展呈现不统一、不平衡和不完善的状态,大部分都是充当简单的接收、发布平台,并不是真正意义上的电子文件管理系统。同时由于缺乏统一的建设标准,ERMS 的建设整体处于低水平的重复建设,不单耗费大量的人力、财力,更为日后电子文件的有效管理和共享带来严重的风险隐患。课题组组长冯惠玲教授指出:对于面向现行电子文件的管理项目进行改造的重点是构建符合全面、规范功能需求的电子文件管理系统。[①] 该系统的基本功能有:捕获和接收具有长久保存价值的电子文件及其元数据,电子文件价值鉴定、建立具有自我描述性能的电子文件存储格式,实现电子文件的长期保存和提供利用等。

　　基于此,本论文的研究目标是,从建模的视角出发,以 OAIS 参考模型为标准模型,构建一个

_____

① 　见冯惠玲《综合档案馆电子文件管理项目的功能定位》,《档案学通讯》2007 年第 6 期,第 69 页。

切实可行、操作性强的模型与方法,为我国综合档案馆电子文件管理提供理论依据、模型与方法支持。为了实现这一研究目标,本论文需要具体研究和回答以下问题:

第一,综合档案馆电子文件管理的主要研究现状是什么? 即学术界对于电子文件管理的研究已取得了哪些成果,需要进一步拓展的研究空间是什么?

第二,综合档案馆电子文件管理项目的建设现状是什么? 为什么需要对其进行建模?

第三,电子文件管理项目建模的标准是什么? OAIS 是否满足?

第四,OAIS 应用的经济模型如何? OAIS 应用的关键因素是什么?

第五,国内外基于 OAIS 的电子文件管理项目发展概况如何,有哪些成功经验可以借鉴?

第六,OAIS 是一个面向所有数字资产保存机构的概念模型,如何将其拓展使其具有档案工作的针对性? 如何构建电子文件管理系统理论模型? 如何构建一个适合我国综合档案馆电子文件管理的理论框架体系?

1.4　概　念　界　定

学者、软件开发商、档案部门在研究、开发、应用电子文件管理项目的过程中,定义、运用了诸多不同的术语。据不完全统计,目前我国电子文件管理项目有着多种名称,如安徽省、天津市、张家港市、常州市等建设的电子文件中心,江苏省的电子档案中心、郑州市的电子文件档案中心、电子文件与电子档案数据接收中心、数字文件中心(青岛市)、电子文件档案资源管理中心(广州市)、电子文档数据中心(韶关市)、电子档案数据管理中心(珠海市)、电子档案馆(中山市)、电子文件备份中心(上海市长宁区、静安区)等①。这些电子文件管理项目名称大同小异,功能上却有诸多差异,目标和定位各不相同。

由于电子文件管理实践活动名称的差异性,本论文把综合档案馆电子文件管理项目(主体是电子文件管理系统)作为通用的术语。为了将其与日常讨论的"数字档案馆"、"电子文件中心"等常用概念区别开来,论文对这三个概念给以简单的界定。

1.4.1　数字档案馆

"数字档案馆"一词是由英文 digital archives 翻译过来的。经过国内学者多年的研究,目前形成了两种主要观点:一是数字档案馆是一种技术模式,是一个数字化的信息系统,是以文件和档案信息为特定对象的有序的信息空间和开放的信息环境,它可以将分散于不同载体、不同地理位置的信息资源通过网络相互连接,向用户提供方便快捷的在线服务。另一种观点认为数字档案馆是一种实体概念、机构概念,是一种新型的档案馆形态,即依赖数字化技术,对传统档案馆馆藏文字、声音、图像等进行数字化,并对这些数字化档案信息进行存储、传输和处理,在网络化环境中被本地和远程用户存取的一种新型档案馆。

---

① 见冯惠玲《综合档案馆电子文件管理项目的功能定位》,《档案学通讯》2007 年第 6 期,第 69 页。

　　这两种观点虽然有本质差异,但也有基本共同点,就是数字档案馆功能是明确统一的。数字档案馆管理的对象是电子文件、数字化档案以及其他信息资源;其应具有数据中心、发布利用平台的作用,具有对电子文件和数字化档案有序处理和集成管理的功能。

　　传统档案馆的主要职责是长期保存有价值的档案,传承历史记忆。对于传统档案,长期的保管实践已形成了一套行之有效的方法。电子文件作为历史的真实记录,数字档案馆以其为管理对象,就必须确保其真实性、完整性和长期有效性,实现电子文件的长期保存。

　　目前,诸多省级、市级甚至县级档案部门宣称建设成功了“数字档案馆”。这些大大小小的“数字档案馆”,名称一样,目标定位和功能却不甚一样。若干大型的数字档案馆建设项目,在充分考虑其功能后,基本做到了在管理传统档案数字化的同时,对电子文件及元数据的接收、整理与提供利用,一定程度上做到了电子文件真实性、完整性保障,能对其长期保存。还有一些项目,经费(包括硬件)大致在二三十万,一半的经费购买服务器、磁盘阵列等硬件,一半的经费则购买一个档案管理软件,就宣告自己的“数字档案馆”建设成功。

　　前文提到的某市下辖6区5县的档案馆购买了硬件与档案管理软件,建设了自己的“数字档案馆”。笔者参评了其中的3个,参评过程中发现,3家档案馆购买的是北京某软件开发商的同一档案管理软件,功能上完全一样,所不同的是“××区(县)数字档案馆”的名称,没有任何二次开发。该软件结构上由B/S和C/S两种模式组成,于是软件开发商将软件分为两部分,B/S称为电子文件中心,C/S结合奉送的网站称为数字档案馆。从功能上看,该软件管理的对象主要是传统档案,主要功能是对传统档案数字化,对数字化后的档案进行管理,没有和当地政府信息中心系统的接口,没有和立档单位业务系统的接口,不接收电子文件,接收的是立档单位档案室的档案,没有电子文件真实性、完整性保障和长期保存。

　　这样的“数字档案馆”存在于绝大多数县级档案馆,也存在于部分市级、个别省级档案馆。这些档案馆技术力量薄弱,对电子文件管理的认识肤浅,经费缺乏,建设过程容易受到软件开发商错误指导,将其称之为“数字化档案馆”也许更准确。

　　一些有识之士已经充分认识到数字档案馆建设现状的不足,呼吁将电子文件管理与数字档案馆建设暂时分离,分步进行。安徽省档案局副局长黄玉明认为:“数字档案馆是档案信息化建设的高级形式,从国民经济和社会信息化发展进程看,建设数字档案馆的时机还不成熟,数字档案馆建设只能列入中长期目标。两步走就是先确立和实现近期目标,建立分布式档案基础数据库和电子文件中心,然后,在此基础上建设数字档案馆。”①

1.4.2　电子文件中心

　　电子文件中心尚未有明确的定义,从学者的论述看,电子文件中心主要用于存储党政机关、相关企事业单位实施办公自动化及其他业务系统运行过程中产生的有保存价值的电子文件信息。这些信息通过电子文件中心的接收可转化成为电子档案。电子文件中心成为政府电子文

---

　　① 见黄玉明《安徽省电子文件中心建设的思路与做法》,http：//www. ahda. gov. cn/Show. asp?ArticleID＝452(检索日期2009年1月4日)。

信息的集中地,所有具有保存价值的电子文件都应通过电子文件档案数据中心得以处理。

按照上述从功能角度对电子文件中心的理解,近年来我国机关层面不断出台的"电子文件解决方案"尽管名称不尽相同,但基本可以归入电子文件中心的范畴。从其建设看主要又可分为三种情况:一是档案部门建立电子文件中心的过程中,就电子文件档案属性谈其归档诉求,而没有融入区域信息化和电子政务建设;二是档案部门建设的电子文件中心和电子政务建设有较好的接口,可以对电子政务中生成的电子文件收集、集中保管,并提供利用,但没有电子文件的档案化功能;三是在融入区域信息化和电子政务建设的同时,电子文件中心保障了电子文件的真实性、完整性与长期可读性,较好地实现了电子文件的长久保存与提供利用。

但总的来说,由于没有扎实的基础研究、优秀的示范项目和可操作性强的标准规范,各单位电子文件中心的起点普遍较低,难以推出高质量的研究和开发成果。只有通过国家的宏观调控,联合攻关,推介示范项目,才能真正提高系统研发水平和效益。

1.4.3 综合档案馆电子文件管理项目

综合档案馆实施电子文件管理的名称繁杂,功能差别比较大,本论文按照冯惠玲教授的提法将其统称为"电子文件管理项目"①作为论文的通用术语。

前端控制、全程管理是解决电子文件真实性与完整性的基本原则,这已成为国际共识,国家标准《电子文件归档与管理规范》GB/T18894 也体现了这两个原则,作为社会记忆永久保管场所的综合档案馆,其电子文件管理项目必须具有长久保管电子文件的功能。从解决电子文件管理存在的问题出发,应该遵循文档一体化管理,不必在文件形成机关和档案馆之间建立中间性过渡系统,综合档案馆应能依据建设的电子文件管理项目直接从文件形成机关接收或捕获电子文件进行永久保管、提供利用。

冯惠玲教授将现有的电子文件管理项目分为四类:永久保管型、中转站型、现行文件查询服务型与备份型。根据前述对电子文件管理项目主要功能的分析,后三种类型不能说是真正意义上的电子文件管理项目。对于这三类,可以在保留、优化原有功能的基础上,增加新功能,实现目标的再定位,而没有必要推倒重来。如,对于中转站型,综合档案馆都会再有一个保管单位来永久保管中转站移交的电子文件,这时,完全可以将中转站系统和永久保管系统集成为一个永久保管型中心,使之对电子文件生命周期管理具有更强的支持性,减少文件迁移次数。对于现行文件查询服务型,如上海市长宁区区域性电子文件归档管理系统,是一个集电子文件形成、办理、流转、归档、移交进馆及发布功能于一体的系统,对电子文件的前端作出很好的控制,可以用增加功能模块与增强功能的途径,使其保持原有功能的同时向永久保管型转换。

电子文件管理项目主体是构建符合全面、规范功能需求的电子文件管理系统。广义上,电子文件管理系统包括软硬件、技术、人员、管理、标准等诸因素,因此,如果没有特指,本论文将电子文件管理系统等同于电子文件管理项目。

---

① 见冯惠玲《综合档案馆电子文件管理项目的功能定位》,《档案学通讯》2007 年第 6 期,第 69 页。

1.5　研　究　方　法

论文采用的研究方法包括文献研究、比较研究、系统建模、实证研究等方法。

1. 文献研究法

全面收集国内外有关电子文件管理项目与 OAIS 的研究文献,跟踪学术研究前沿,了解最新动态,在把握相关研究进展的基础上,提出需要进一步拓展的研究空间。

主要通过跟踪国内外主要研究 OAIS 的机构和项目,包括 OAIS 系列研究报告、PREMIS(preservation metadata implementation strategies,即保存元数据实施战略)、ERA(美国电子文件档案馆)等项目,据此掌握 OAIS 的最新研究动态和成果。同时,通过期刊网等资源网站整理有关 OAIS 在国内的研究现状,包括我国电子文件长久保存系统的需求和解决方案。

2. 比较研究法

运用比较研究方法,可以对相同事物的不同方面或同一性质的不同种类进行比较,通过比较找出它们的共同点或差异点,从而达到深入认识事物本质的目的。本论文中,比较研究法的运用主要体现在两个方面:一是在收集资料的基础上,对 ERMS 在两种不同建模方法下的纵向比较;二是国内外基于 OAIS 的 ERMS 建设的横向比较,尤其对 OAIS 在数字图书馆、数字文献材料与数字档案保存系统等领域的应用进行比较详细的差异化研究。典型体现在 OAIS 信息模型在不同项目(如 ERA、CEDARS、NLA、NEDLIB)中的比较。

3. 系统建模法

如何将 OAIS 与档案馆电子文件管理系统密切结合是本课题的重点和难点。论文以系统建模法为指导来解决。根据文献研究与比较研究的结果,借鉴 OAIS 的功能模型、信息模型、互操作模型,结合我国目前档案馆的实际情况,从中演绎出较为全面的适合档案馆的电子文件长久保存的体系架构。

4. 实证研究法

论文将选择合作档案馆或档案软件开发商进行实地调研,力求把论文成果有针对性地应用于档案馆电子文件管理系统建设,特别是在功能模型、元数据模型构建方面。另外,就基于 OAIS 模型对系统功能系统设计与数据结构标准进行分析验证,对格式管理、安全认证等关键技术在项目建设过程进行分析。

5. 系统方法

系统方法,就是从系统观点出发,着眼于整体与部分、整体与环境的相关联系和相互作用综合考察对象,求得整体的最佳功能的科学方法。在本论文的研究中,不仅要运用系统方法对 ERMS 的研究现状进行总体把握,还要基于电子文件的生命周期,构建基于 OAIS 的电子文件管理系统理论模型和框架体系,并对其构成要素进行整体、系统研究。

1.6 论文架构

　　论文的基本研究思路是：首先，在对 ERMS 研究现状进行综述的基础上，对 ERMS 开发与实施进行建模分析，为基于 OAIS 的 ERMS 构建奠定理论基础；其次，通过对 ERMS 建设的实地调研和对国外基于 OAIS 的电子文件管理项目的个案分析，归纳总结国外电子文件管理项目的成功经验及对我国 ERMS 建设的启示，为我国 ERMS 建设的理论研究提供实践基础；最后，通过构建 ERMS 体系架构模型，对基于 OAIS 的 ERMS 的理论构建进行系统研究。

　　论文主要分为 6 个部分，其结构关系如图 1-3 所示。

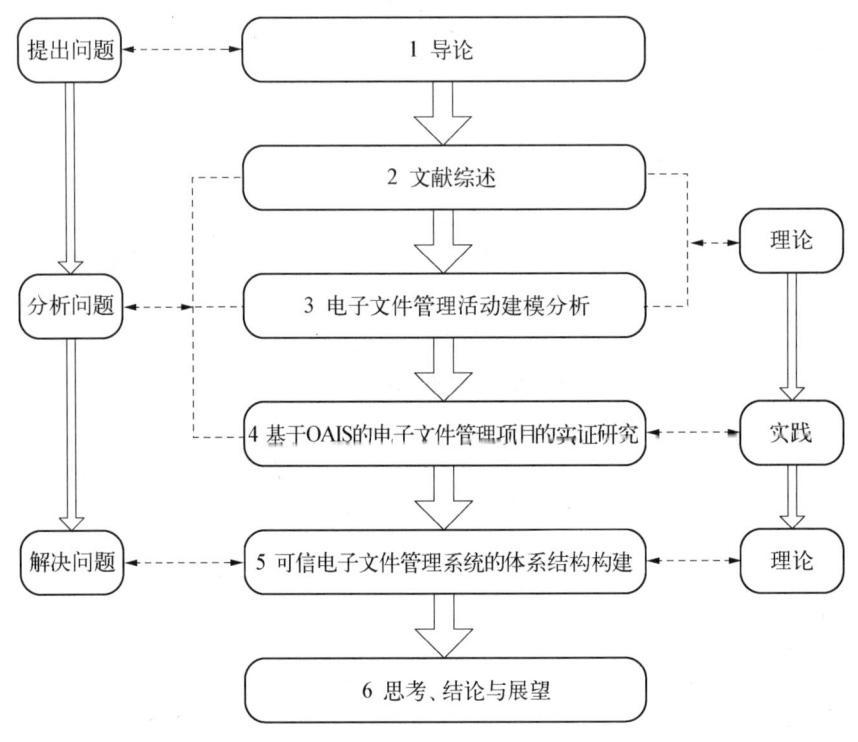

图 1-3 论文结构示意图

　　第 1 章是导论。简要介绍了论文的选题背景、研究意义、研究目标、研究的主要问题、研究方法与论文的创新之处等内容。

　　第 2 章是文献综述。对 ERMS 与 OAIS 的研究现状从国内外两个方面进行归纳总结，把握总体研究状况，明确论文的研究方向。

　　第 3 章是电子文件管理活动建模分析。首先分析 ERMS 开发建模的理论依据，其次探讨ERMS 开发建模的标准，然后分析 OAIS 参考模型对于 ERMS 开发的适用性与可行性。

第 4 章是基于 OAIS 的电子文件管理项目的实证研究。本部分主要是对国内外基于 OAIS 的电子文件管理项目的介绍。首先介绍国内档案馆电子文件管理项目,其次介绍 ERA、ICPSR 等电子文件管理项目。通过对这些项目的比较分析,对我国电子文件管理项目进行思考。

第 5 章是可信电子文件管理系统的体系结构构建。首先结合我国综合档案馆电子文件管理的实际构建基于 OAIS 的电子文件管理系统体系架构模型;对模型的组成部分进行详细研究;研究模型所涉及的核心技术与标准规范、管理制度等;最后结合 OAIS 的互操作模型,构建一个分层的、立体网络的全国电子文件管理体系。

第 6 章是思考、结论与展望。提出电子文件精细化管理的思考,归纳论文的基本研究成果,展望进一步研究的方向。

1.7　创　新　之　处

论文的创新主要体现在以下几个方面:

第一,拓展了一个全新的研究视角。论文从模型与建模的视角,系统研究电子文件管理的功能及其实现。把建模与 ERMS 有机结合起来,寻找研究热点的薄弱环节——基于 OAIS 的综合档案馆电子文件管理项目研究。

第二,从方法论的角度研究档案馆电子文件管理系统模型的构建。论文探讨了综合档案馆 ERMS 建模的理论依据及 ERMS 建模的标准。在该建模标准的框架下,分析 OAIS 参考模型对于 ERMS 开发的适用性。

第三,对于 OAIS 参考模型进行全面地探讨,尤其是可信的收集过程、可信的 OAIS 电子文件库、格式管理、电子文件真实性与完整性保障等。

第四,基于 OAIS 参考模型,对电子文件管理原有流程进行优化、重组,构建新的流程,对档案馆电子文件管理工作进行业务流程重组(BPR),创建一个满足电子文件长期保存的全新流程。

第五,构建基于 OAIS 的可信电子文件管理系统的框架体系;提出建设全国性的电子文件管理体系应基于 OAIS 的互操作模型,通过自下而上分析、自上而下设计、自下而上实施,构建一个分层的、立体网络式的全国电子文件管理体系。

第六,提出电子文件管理是一个非线性活动,应基于 OAIS 参考模型进行精细化管理。

2 文 献 综 述

　　本章通过全面收集、研读国内外有关电子文件管理项目与 OAIS 的研究文献,跟踪学术研究前沿,了解该领域的基本状况与最新动态。在把握相关研究进展的基础上,对 ERMS 与 OAIS 的研究现状进行归纳总结,提出需要进一步拓展的研究空间,明确论文的研究方向,为后续各章的具体展开寻求切入点。

2.1　电子文件管理系统研究

　　近年来,电子文件管理系统一直是学界关注的一个焦点。本章从电子文件管理系统建设的必要性、电子文件管理系统的功能、电子文件管理系统建设内容、电子文件管理系统设计开发思路等四个方面对学界的研究成果进行归纳梳理。

2.1.1　电子文件管理系统建设的必要性

　　关于电子文件管理系统建设的必要性,学者们的观点基本是一致的,都认为电子文件的管理必须采用以电子文件管理系统为中心的系统管理方法,系统的建设对于电子文件真实性、完整性与长久保管是不可缺少的,有了电子文件管理系统,才能保证其行政有效性和法律证据性。由于电子文件自身的特点,必须采用一整套软件来对其进行管理,电子文件的各种管理活动最终是要通过电子文件管理系统来实现的。

　　冯惠玲教授认为:"电子文件管理系统是人们为了有效管理电子文件,保证电子文件的行政有效性和法律凭证作用而设计实施的政策、措施等。"[1]在 2006 年冯惠玲教授带领的"我国电子文件管理国家战略的基础理论与框架研究"课题组,经过广泛调查和详尽分析后,进一步指出"电子文件管理系统是管理电子文件的主要工具。由于目前缺乏统一的建设标准,电子文件管理系统的建设整体上处于低水平的重复,不但耗费大量的人力、物力和财力,而且更为日后电子文件的有效管理和共享带来了严重的风险隐患。对于面向现行电子文件的管理项目进行改造的重点

---

　　[1]　见冯惠玲《电子文件管理教程》,中国人民大学出版社 2001 年版,第 141 页。

是构建符合全面、规范功能需求的电子文件管理系统"①。

刘家真教授认为,电子公文管理的最大风险来自于文件形成部门与档案行政管理部门的管理不协同,有必要展开电子公文管理的新功能需求与实现研究,从 IT 层次构建支持电子公文文档一体化的电子公文管理系统。②

Gary P. Johnston 认为,一个计划要实施 ERMS 或将升级现有 ERMS 的组织可以从相应投资中获得清晰收益或回报。一个电子文件管理系统可以为用户带来诸多益处,如业务流程的优化、管理的协同、电子文件的长久留存与方便利用等。Gary 特别讨论了实施 ERMS 的量化效益,认为要带来清晰的效益,应遵循五个原则:ERMS 必须包含人的因素(政策制定者和使用者);ERMS 必须集成到组织的流程中;应该经常对利用者进行培训,提供建议和支持;一个覆盖文件和档案的连续模型带来的效益比文档分开要好;没有一个单一的、万能的问题解决方案。③

欧盟的《电子文件管理通用需求》(Model Requirements for the Management of Electronic Records,MoReq) 要求建立集成化的信息系统,很多系统(如内容管理系统、知识管理系统、文件、工作流系统等)都生成和包含电子文件,因此,建立集成化信息系统的目的在于把这些系统进行有效集成,从而避免重要文件信息的丢失。④

2.1.2 电子文件管理系统的功能

电子文件的管理势必采用以软件为中心的系统管理方法,软件功能是否科学、完善,直接关系到电子文件的真实性、完整性与可用性。学术界对于 ERMS 的功能进行了分析研究。

冯惠玲教授 2001 年对于电子文件管理系统的功能从文件产生、文件处理、文件收集、文件保存与文件利用等五个方面进行了描述⑤。她认为 ERMS 的主要功能设置应包括电子文件的捕获与归档、分类、鉴定和处置、著录(元数据管理)、存储和保护、检索和利用、安全和存取权限控制、日志和审计、报表设计和制作等,并对这些方面进行了详尽的论述⑥。冯惠玲教授在对现有的电子文件管理项目调查分析后,强调系统的基本功能是捕获和接收具有长久保存价值的电子文件及其元数据,电子文件价值鉴定,建立具有自我描述性能的电子文件存储格式以减少文件对软硬件的依赖,实现电子文件的长期保存和提供利用等,以此履行档案馆对于电子文件的历史使命。在此基础上,可以兼有服务于电子政务运行、政务信息公开、政务信息备份等方面的功能。⑦

有的学者从电子文件管理系统功能要素确定的理论基础角度进行研究。如钟瑛⑧针对国际标准组织对电子文件的基本属性进行分析,从中梳理出电子文件管理系统必要的功能要素,使得

---

① 见冯惠玲《综合档案馆电子文件管理项目的功能定位》,《档案学通讯》2007 年第 6 期,第 69 页。
② 见刘家真《我国电子公文文档一体化的障碍与对策》,《档案学研究》2008 年第 1 期,第 4 页。
③ G. P. Johnston, The benefits of electronic records management systems: a general review of published and some unpublished cases. Records Management Journal,2005(3),pp. 131 – 140.
④ http://www.moreq2.eu(检索日期 2009 年 1 月 9 日)。
⑤ 见冯惠玲《电子文件管理教程》,中国人民大学出版社 2001 年版,第 169 页。
⑥ 见冯惠玲《政府电子文件管理》,中国人民大学出版社 2004 年版,第 141 页。
⑦ 见冯惠玲《综合档案馆电子文件管理项目的功能定位》,《档案学通讯》2007 年第 6 期,第 69 页。
⑧ 见钟瑛《浅谈电子文件管理系统的功能要素》,《档案学通讯》2006 年第 6 期,第 65 页。

系统的设计者能清晰认识到设计该系统的基本要求。她认为根据 ISO15489 及其他国际标准对电子文件属性的分析与要求,推断出可靠性、完整性、一致性、全面性与系统性是国际标准对 ERMS 功能要素的基本要求,系统要做好文件分类方案、安全控制方案、元数据方案等通用方案,从文件的捕获、登记、分类、利用、存储、检索、跟踪以及处置措施等全流程对电子文件进行统一控制。

有的学者对国外电子文件管理系统进行了一定程度的研究。如于丽娟在 ISO 标准 15489 - 1:2001《信息和文献——文件管理》、澳大利亚国家档案馆的《文件管理系统的设计和实施手册 (DIRKS)》、澳大利亚新南威尔士档案馆《文件管理系统的设计和实施》;DOD5015.2、MoReq、英国国家档案馆的文件管理系统功能需求报告中所确定的系统功能框架的基础上,分析所得到的系统业务基本功能,并进行补充,以此来确定电子文件管理系统的整体功能[①]。还有钱毅、于丽娟、张宁对美国、英国、欧盟电子文件管理系统的专题研究。

此外,还有部分学者在研究电子文件管理项目中对 ERMS 的功能也有所涉及。如许建智、傅荣校等人在研究电子文件中心、数字档案馆建设的过程中探讨了 ERMS 的功能。另一些学者则通过 ERMS 的实践对其功能提出了思考,如黄玉明、张启群、林鹏分别对安徽省、深圳市关于电子文件管理项目进行介绍、分析。

国外对于电子文件管理系统功能的研究比较深入,有两种研究方向:一是将具体功能尽可能抽象、归纳,生成不依赖于具体领域、具体应用需求的通用模型,如国际标准 OAIS 适用于任何需要接收、永久保存数字信息的单位;一是将功能研究深入到系统要实现的每一个不可分割的操作,并形成了标准性的功能指南,进一步研究 ERMS 软件的评价体系,如欧盟的 MoReq2、美国的 ERA 等。

2.1.3　电子文件管理系统建设内容

电子文件管理系统是一个所有与文件、档案管理有关的技术、管理、法律、标准、人员等相关因素在内的信息系统。学术界对其包含的诸多因素以及这些因素间的相互作用、相互影响进行了多方面的研究。下面从技术、标准、管理三个层面进行梳理归纳。

2.1.3.1　技术

电子文件的特性使得电子文件管理离不开信息技术,电子文件管理的核心就是功能全面、标准的一套软件的运行。从学术界对 ERMS 的技术层面研究可以看出,技术层面的内容包括系统的框架体系结构、系统模型的建立、元数据管理、数据存储技术、ERMS 与其他系统的集成、电子文件长久保存技术等。

1. 系统的框架体系结构

学界吸取信息技术相关方面的研究,基本达成了一致的意见。学者认为系统的总体架构要符合相关的安全规范,并能以标准的 XML 及 Web 服务作为数据交换的要求。模式采用 B/S 或

[①]　见于丽娟《电子文件管理系统研究——系统功能原理分析》,《档案学通讯》2004 年第 6 期,第 52 页。

B/S＋C/S,如果采用 B/S＋C/S,则 C/S 应在系统的管理与维护端。①

从现有的信息技术看,学界赞同 J2EE 架构是比较符合规范的首选。J2EE 体系结构是一个多层的、端到端的性能管理解决方案,其典型的三层结构为:用户表现层、应用逻辑层和数据库持久层。J2EE 的三层架构体系能有效降低建设和维护成本,简化管理,提高系统并发处理能力和系统安全性。依据 J2EE 的三层架构,结合电子文件归档管理系统的业务特点,系统的总体框架大致均可分为三个层次:底层网络设施、基础应用开发平台、各应用系统。系统的总体结构如图 2－1 所示。

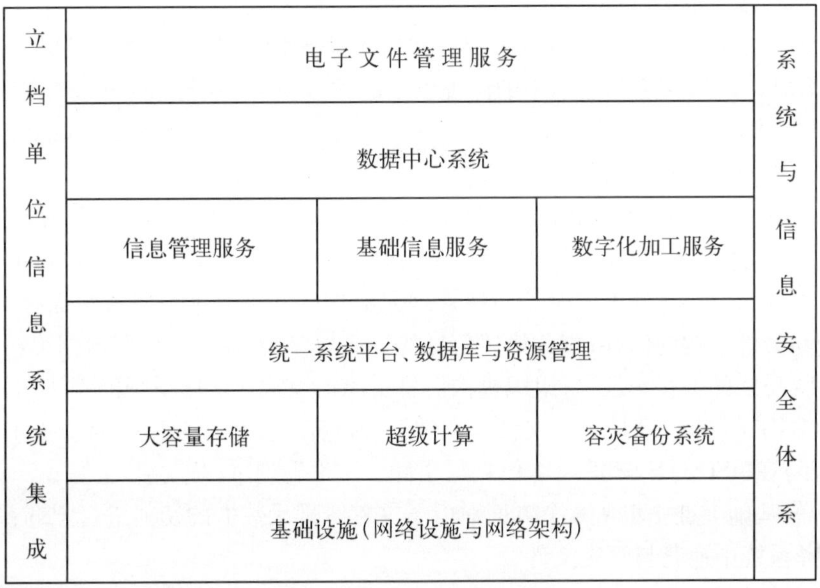

图 2－1　ERMS 总体结构图

第一层是底层网络设施。它是系统结构的基础,包括各种数据库、档案、文件、资料信息及其他的管理信息系统,提供数据存储、高性能计算和数据库系统底层应用服务。数据库应采用 Oracle 数据库系统,支持数据备份、恢复,以及提供和其他类型数据库的访问接口和数据交换。

中间层包括业务逻辑组件的运行环境 EJB Container、浏览器运行方式服务器 Web Container 和各种配套的服务,如电子邮件服务、用户服务、异步消息服务等。所有的数据可访问以及业务逻辑都被封装在 EJB 中。中间层是应用开发平台,提供应用开发环境与应用服务功能,所有内部的资源和服务在统一部署下通过门户发布,形成系统的统一窗口。

第三层就是电子文件管理系统,主要完成电子文件捕获、处理、永久保存及提供利用等。

这样一个体系结构还应有安全体系与各立档单位信息系统(OA 或 MIS 等)贯穿始终。②

---

① 见杨艳、郑飞其《试论电子文件归档管理系统的总体建设》,《兰台世界》2008 年第 4 期,第 42 页。
② 见唐珂《网络环境下信息安全管理体系研究》,中国长安出版社 2007 年版,第 138 页。

2. 元数据管理

元数据是描述电子文件内容、背景和结构信息及整个管理流程的数据。档案界对于元数据管理的研究较多,笔者从元数据的功能、结构、格式、模型与标准方面进行归纳总结。

第一,元数据的功能研究。学者对这一问题的研究已形成共识,即电子文件管理元数据是电子文件管理的命脉,是电子文件管理中保证电子文件的凭证价值须臾不可缺少的关键。张正强等人认为,研究电子文件管理元数据功能就具有重要的现实意义,电子文件管理元数据的功能,就是指电子文件管理元数据在电子文件相互关系中所具有的可以引起电子文件有益于管理变化的行为、能力和功效。电子文件管理元数据功能对象可以是电子文件的需求特性、电子文件的实体、电子文件的构成和电子文件的管理过程。其功能对象不同,电子文件管理元数据功能的侧重也不同,在 ERMS 设计、实施与运维中的体现也不同。[①]

张宁等人指出,只有 2% 机构的电子文件管理系统(或模块)具有元数据捕获和对电子文件的认证功能,不能对元数据进行统一管理的系统可以推断为不合格系统。[②]

国外的相关研究已成体系或标准,加拿大 David Wallace 在加拿大《档案》杂志上发表了关于《元数据与电子文件档案管理:综述》(Metadata and the Archival Management of Electronic Records:A Review)一文,列出了电子文件管理元数据的七项功能:捕获与保存文件背景信息(证据);系统与文件结构的保存;相关描述信息的生成与保存;鉴定与处置数据集成;文件生命周期的管理;系统功能的保存与迁移;组织机构信息资源的检索与定位系统的创建。

国际标准《ISO23081-2 信息与文件—文件管理过程—文件元数据　第 2 部分:概念与实施问题》(2007 年)在《ISO/TS 23081-1 信息与文件—文件管理过程—文件元数据　第 1 部分:原则》(2004 年)的基础上进一步从 8 个方面对电子文件管理元数据的功能进行强调:

a)在事务系统中捕获与管理文件;

b)保证系统的互操作;

c)支持文件的风险管理;

d)保证文件的跨机构利用与检索;

e)防止非授权利用文件;

f)确保机构事务工作可持续地展开;

g)确保电子文件的长期保存;

h)确保档案系统中的元数据捕获。

第二,元数据的结构。学者对元数据的结构更多地从语义与语法结构两个层面进行研究。张弛认为电子文件管理元数据的分面化研究是指从系统角度出发,运用分解和组配方法建立电子文件管理元数据宏观结构的架构过程。单一线型结构存在数据冗余、体系庞大、专指度不高等缺陷,而多维分面结构却有显著优点,其采用分面的方法,使得电子文件管理元数据能更加灵活

---

①　见张正强《电子文件管理元数据的功能研究》,《浙江档案》2008 年第 8 期,第 38-41 页。

②　见张宁《我国电子文件管理现状调查与思考》,《档案学通讯》2008 年第 6 期,第 15-19 页。

运用,更全面地揭示电子文件的属性,完整反映电子文件之间的关系。[1]

张正强对电子文件管理元数据中的时间元素、关系元素、责任者元素的语义结构进行探讨。[2]

国外的相关研究典型的如 OAIS 的信息模型从信息描述与长期保存的角度分析了元数据的结构。[3]

国家档案局《电子文件管理细则 第一部分 文书电子文件元数据方案(征求意见稿)》参考 ISO23081,并结合目前我国电子文件管理实际,将电子文件元数据从概念层次上区分为文件实体元数据、机构人员实体元数据、业务实体元数据、实体关系元数据四个域,进一步确定每个域包含的元数据元素及其结构。

第三,元数据的描述。学者们对于该问题的一致观点是采用 XML 语言。段荣婷等人认为,元数据封装电子文件主要利用了 XML 技术的自我描述性与动态跟踪等优势。由于元数据封装电子文件要求进行前端控制与全程管理,这一方面决定了应将元数据管理的某些要求,预设于电子文件管理系统中;另一方面,也决定了对电子文件元数据的生成与维护,应围绕其整个生命连续体而展开。这些要求恰恰与 XML 技术的某些特性产生了某种契合。[4]

崔屏从电子文件管理元数据的角度出发,讨论 XML Schema 对电子文件管理元数据的作用,并结合其功能实现讨论 XML 模式处理器的验证机制。[5]

国家档案局 2008 年 3 月公开征求意见的《电子文件管理细则 第三部分:基于 XML 的电子文件封装规范(征求意见稿)》对于基于 XML 的电子文件封装格式和要求进行规定,并将电子文件封装包分为文件型、案卷型和修改型,对这三种类型的树型结构与 Schema 定义做了详细描述。[6]

第四,元数据的标准。学界对该问题的研究主要集中在标准的设计框架与标准方案两方面。

标准设计框架的研究。金更达、何嘉荪等人认为建设电子文件元数据标准应该遵循图 2-2 所示的设计框架,并重点强调了理论基础应该是文件运动理论,要求电子文件元数据一方面忠实地记录电子文件在其运动过程(贯穿文件运动的整个生命周期)中产生的信息,另一方面也要求记录文件与其来源——形成它的社会活动之间的联系以及文件相互之间的有机关联性。正是有鉴于电子文件元数据强调保障电子文件的真实性、完整性和有效性,强调帮助实现电子文件管理和信息组织的功能,必须以文件运动理论为指导,研制元数据标准。这也是与其他行业(如图书情报行业)元数据标准强调管理、描述、发现等功能的本质区别。[7]

[1] 见张弛《电子文件管理元数据宏观结构研究》,《中国图书馆学报》2008 年第 5 期,第 105 页。

[2] 见张正强《电子文件管理元数据中时间元素的语义结构研究》,《中国图书馆学报》2006 年第 1 期,第 60 页。
张正强《电子文件管理元数据中关系元素的语义结构研究》,《情报学报》2006 年第 4 期,第 32 页。
张正强《电子文件管理元数据中责任者元素的语义结构研究》,《情报学报》2006 年第 1 期,第 30 页。

[3] http://public.ccsds.org/publications/archive/650x0b1.pdf(检索日期:2008 年 7 月 18 日)。

[4] 见段荣婷《XML 在电子文件元数据管理中的应用》,《图书情报知识》2002 年第 6 期,第 53 页。

[5] 见崔屏《论 XML Schema 在电子文件管理元数据中的功能》,《兰台世界》2006 年第 3 期,第 20 页。

[6] http://www.saac.gov.cn/upload/filepath/1206581099909.doc(检索日期 2009 年 1 月 10 日)。

[7] 见金更达、何嘉荪《电子文件元数据标准设计框架研究》,《档案与建设》2005 年第 9 期,第 4 页。

图 2 - 2　电子文件元数据标准设计框架

　　国际标准化组织 2007 年颁布的国际标准《ISO15489 - 2 信息与文件—文件管理过程—文件元数据　第二部分：概念与实施问题》将电子文件管理元数据建立的原则具体化为可实际操作的体系框架，也就是对电子文件管理元数据的高层元素在体系框架上实现标准化①。其标准化的具体内容是：

　　第一，建立电子文件管理元数据分类概念模型，将电子文件管理元数据的分类原则细化成电子文件管理元数据的概念体系框架；

　　第二，建立电子文件管理元数据分类实体模型，将电子文件管理元数据的分类原则细化为电子文件管理元数据的实体体系框架；

　　第三，在电子文件管理元数据的概念体系框架中建立高层概念元素，并对高层概念元素进行定义，以保证对高层概念元素在语义上理解的一致性；

　　第四，在电子文件管理元数据实体体系框架中列出高层实体元素，并对实体元素进行定义，以保证对实体元素在语义上理解的一致性。

　　该国际标准通过以上四个方面实现了对电子文件管理元数据框架体系的标准化，实现了将电子文件管理元数据的原则翻译成电子文件管理元数据体系框架的重要转换，从而为电子文件管理元数据的实际应用奠定了可靠的基础。

　　标准方案方面的研究。许多专家学者根据相应的研究成果制定了标准方案，如国家档案局 2008 年 3 月的《电子文件管理细则　第三部分：基于 XML 的电子文件封装规范（征求意见稿）》；国家社会科学基金重点项目《基于 XML 的电子文件管理元数据标准》课题组的系列研究

---

　　①　见张正强《论电子文件管理元数据的国际标准化》，《档案学研究》2007 年第 5 期，第 37 页。

成果之一《电子文件元数据标准》(1.0 版)①等等。

第五,元数据的模型。电子文件管理元数据模型包括一切和电子文件管理元数据相关的模型,例如国际标准化组织《ISO23081 信息与文献—文件管理流程—文件元数据》中提出的"法规三元组"模型,美国学者戴维·比尔曼在《用于电子文件证据的功能需求》(Functional Requirements for Evidence in Recordkeeping)一文中提出的六层参考模型②,美国国家航空航天局的开放档案信息系统(OAIS)信息模型。

程妍妍等人认为电子文件管理元数据模型具有鲜明的专业性特点,这根源于不同领域对同一个研究对象"电子文件管理元数据"需求的不同,而制定出不同的元数据模型。如"法规三元组"模型是国际档案界广泛应用的电子文件管理元数据模型,该模型从电子文件的凭证性角度出发,主要描述和电子文件凭证性相关的所有实体元数据。OAIS 信息模型是图书馆领域广泛应用的电子文件管理元数据模型,该模型从电子文件的长期保存角度出发,主要描述和电子文件长期保存相关的技术元数据。不同的电子文件管理元数据模型虽然不能互相替代使用,但可以结合使用。③

3. 数据存储

数据存储涉及的技术层面较多,学界研究的方向主要在数据库建设与数据存储架构两个方面,尤其是数据库建设的研究结合档案专业知识,学者的研究比较深入。钱毅指出,目前的数据库缺乏有效的统筹规划,逻辑结构缺乏规范,数据库定位不明确。应当建立标准的元数据库,建立健全数据库质量控制体系④。傅荣校构建了基于 XML 的异构数据库信息共享模型,提出构建分布式档案数据库系统来解决分散的数据,进行档案的集中管理⑤。陶碧云认为档案系统在档案信息资源建设过程中,由于各种因素而形成的不同结构、不同平台、不同类型的档案信息数据库,造成资源不易集中、信息不易共享。她认为解决共享问题的途径是网格技术⑥。

数据存储策略方面的研究,学界一致倾向于分级存储管理(hierarchical storage management,HSM)。侯明昌等人认为分级存储对于档案这类长期保存的数据而言,可保证数据完整,并提供最佳的利用效果,还有相互补充、相互备份的作用⑦。陈永生等人指出考虑和采用分级存储方案来提高系统的整体性能,提升档案信息资源的利用效果是很有必要的,也是非常有效的技术措施,并简要分析了数字化档案信息的分级存储解决方案⑧。

数据存储架构方面的研究。陈永生等人认为,在档案信息化应用系统建设过程中,有四种网络存储解决方案得到广泛应用,即 DAS、NAS、SAN、CAS。宫明利等人提出采用网络存储技术比较切实可行,尤其 NAS 具有海量存储、直接通过网络接口与网络直接相连、能提供异构平台下

---

① 见金更达、何嘉荪《电子文件元数据标准设计框架研究》,《档案与建设》2005 年第 9 期,第 4 页。
② 美国匹兹堡大学电子文件管理项目《用于电子文件证据的功能需求》,1994 年 2 月。
③ 见程妍妍《电子文件管理元数据模型研究》,《浙江档案》2008 年第 6 期,第 38 页。
④ 见钱毅《档案数据库建设中存在的问题及解决思路》,《档案学通讯》2006 年第 4 期,第 45 页。
⑤ 见傅荣校《政务信息管理与数据库管理技术的适用性研究》,《档案学通讯》2007 年第 6 期,第 64 页。
⑥ 见陶碧云《档案异构数据库与网格技术》,《档案与建设》2006 年第 9 期,第 20 页。
⑦ 见侯明昌《浅谈数字档案的分级存储管理》,《档案学通讯》2007 年第 5 期,第 59 页。
⑧ 见陈永生、薛四新《基于分级存储的数字化档案利用模式研究》,《档案学研究》2006 年第 5 期,第 33 页。

的数据实时访问、提供存储设备与客户机之间的直接数据传送、系统管理开销和硬件开销始终限制在一个可接收的范围内等诸多优点，对海量存储的综合档案馆来说是最佳的选择。①

4．ERMS 与其他系统的集成

在电子政务建设日趋完善的情况下，ERMS 与业务系统的集成研究尤为重要。学界对该问题进行了一些有益的探索。冯惠玲教授提出 ERMS 有三种实现方式：嵌入式、联合式和独立式②。对于后二者，冯惠玲教授认为，认识电子文件在电子政务系统中的主干信息流和核心信息资源位置，在电子政务系统设计报告中应包括全面、确切的电子文件管理功能需求，实施对电子文件的"全程管理"③。

金更达提出了基于内容管理的数字档案馆集成模型，他认为将内容管理引入到数字档案馆中，构建基于内容管理的数字档案馆集成模型，对于以非结构化信息为主的档案信息化而言，将是一个有效的选择。④

王薇认为，高校 OA 普遍存在缺失归档功能设置以及与档案管理系统脱节的现状，通过制作 OA 系统与档案管理系统接口，在档案管理系统中增加归档功能设置的后装配模式，是现阶段可采用的补救方案。⑤

5．电子文件长久保存技术

电子文件的长久保存是学界一致关注的问题。目前学界在技术方案层面认为迁移、仿真、封装、开放描述与硬件博物馆等方法是可行的。冯惠玲教授认为，迁移技术是目前保护数字信息长期存期的有效技术，迁移要求 ERMS 具有良好的兼容性、能够读取多种格式、保证迁移文件的内容真实和使用功能⑥。

钱毅在对技术方案层面的技术详尽分析后指出，技术手段只是长久保存策略的一个基本方面，它们本身都还存在着不足与缺陷，加之技术淘汰的高速率，使得维护数字信息的长久保存技术仍未获得全面解决，尚需在组织、管理、人员等方面多管齐下，共同构建长久保存的框架模型。目前在国际上具有相当影响力的 OAIS 模型和 InterPARES 项目就表现了这样的研究方向。⑦

杜昆认为电子签名可以保证电子文件的真实性、完整性，但可能会被迁移行为破坏，同时支持数字签名的公开密匙基础设施 PKI 的长久性也是一个问题，电子签名文件移交到档案馆进行长期或永久保存也有困难。⑧

2．1．3．2　标准

ERMS 的功能需求、流程、方法、模式、评价应该有相应的标准。学界对此做了相应的研究。笔者从功能需求、评价等方面进行归纳总结。

---

① 见宫明利《数字档案信息资源存储技术研究》，《兰台世界》2007 年第 9 期，第 7 页。
② 见冯惠玲《电子文件管理教程》，中国人民大学出版社 2001 年版。
③ 见冯惠玲《电子政务建设中的文件管理风险探析》，《中国行政管理》2005 年第 4 期，第 62 页。
④ 见金更达《基于内容管理的数字档案馆集成模型探讨》，《档案与建设》2004 年第 11 期，第 9 页。
⑤ 见王薇《高校电子文件管理与 OA 系统的有效融合》，《北京档案》2007 年第 1 期，第 25 页。
⑥ 见冯惠玲《电子文件管理教程》，中国人民大学出版社 2001 年版，第 134 页。
⑦ 见钱毅《数字档案文件长久保存策略刍议》，《档案学通讯》2007 年第 3 期，第 81 页。
⑧ 见杜昆《电子签名对电子文件长久保存的影响及对策》，《浙江档案》2005 年第 5 期，第 30 页。

1. 功能需求标准

电子文件的管理势必采用以软件为中心的系统管理方法,软件功能是否科学、完善,直接关系到电子文件的真实性、完整性与可用性。冯惠玲教授等学者认为,为确保各级各类政府机关电子文件管理系统的性能和质量,避免低水平重复研发现象,国家档案局应尽快出台并推动执行我国的电子文件管理系统功能需求规范。该规范主要面向文件管理软件提供商,应用于文件形成机关的电子文件管理,旨在保障文件形成、运行阶段的真实性,以及文件长期保存的真实。该规范发布后,可通过对电子文件管理系统的质量认证、推介示范产品等措施推动实施。[①]

从国际研究情况看,1997 年以来,国际档案理事会、欧盟、国际标准化组织(ISO)、各国档案管理机构、国际信息和影像管理协会(AIIM, The Association for Information and Image Management)等多家机构都开展了相关的研究,制定了有关标准,其中美国国防部、英国国家档案馆还组织了针对此类软件的测评。这些功能需求标准在本国(或发布区域)得到有效的应用。

a) 美国国防部:DOD 5015. 2 - STD《电子文件管理软件设计标准》(Design Criteria Standard for Electronic Records Management Software Applications)(2002 年)。[②]

b) 英国国家档案馆:《电子文件管理系统功能需求》(Public Record Office:Functional Requirements for Electronic Records Management Systems)(2002 年)[③],预定在 MoReq2 颁布后弃用。

c) 欧盟:《电子文件管理通用需求》(Model Requirements for the Management of Electronic Records,MoReq),2008 年公布 MoReq2[④]。

d) 澳大利亚维多利亚州档案馆与基建部(Department of Infrastructure)合作的 VERS@ DOI project 项目的标书第二部分《维多利亚电子文件战略——文件管理系统功能需求的规格要求》(Part B Specification for VERS Compliant Record Keeping System)。[⑤]

e) ISO:ISO15489《信息和文献:文件管理》(Information and Documentation:Record Management)。

f) 国际信息和影像管理联合会(AIIM, The Association for Information and Image Management):"电子文档/电子文件集成管理系统功能需求"项目(Integrated EDMS/ERMS Functional Requirements)。[⑥]

2. 评价

ERMS 的测评对于其功能的实施具有较强的保障作用。国外的一些功能需求标准附带有测评标准或参考。如美国的 DOD 5015.2 - STD《电子文件管理软件设计标准》、英国国家档案馆

---

① 见冯惠玲、赵国俊《电子文件管理国家战略刍议》,《档案学通讯》2006 年第 3 期,第 4 页。

② http://www. interpares. org/display_file. cfm? doc＝dod_50152. pdf(检索日期 2009 年 1 月 12 日)。

③ http://www. nationalarchives. gov. uk/electronicrecords/reqs2002(检索日期 2009 年 1 月 12 日)。

④ http://www. moreq2. eu(检索日期 2009 年 1 月 9 日)。

⑤ http://www. prov. vic. gov. au/vers/projects/doi. htm(检索日期 2009 年 1 月 12 日)。

⑥ http://www. aiim. org(检索日期 2009 年 1 月 12 日)。

的《电子文件管理系统功能需求》等。

针对 DOD 5015.2 的一致性软件测试是为了检验文件管理系统是否满足 DOD 5015.2-STD。NARA 承认该项测试的权威性。美国国防部及其所属机构购买或自行开发的软件必须经过测试,而其他机构或软件公司的产品可以在自愿的基础上进行测试。测试合格获得认证证书,认证的有效期为两年。根据测试内容,这些基于 2002 年版本的测试分为五种:

　　a) 强制功能需求测试;

　　b) 可选功能需求测试;

　　c) 涉密文件管理测试;

　　d) 捆绑产品(Paired Products)测试;

　　e) 部分强制需求测试。

在测试方的要求下,"强制功能需求测试"可以和"可选功能需求测试"、"涉密文件管理测试"结合进行。

英国国家档案馆的《电子文件管理系统功能需求》类似于 DOD 5015.2,将系统的功能需求分为强制需求(mandatory requirements)、重要需求(highly desirable requirements)和一般需求(desirable requirements),以便为 ERMS 提供一个过渡空间以让 ERMS 提供商在已制定的产品开发周期中将这些功能融入系统中。其评估的目的主要包括两个方面:一是进一步提高公共信息部门处理和保存电子档案的能力;二是鼓励开发生产更多能够达到公共信息部门电子档案管理需求的软件产品。

英国的《电子文件管理系统功能需求》设置有正式测试脚本(test scripts),其中 21 个测试核心需求,4 个测试可选需求。一旦产品通过测试,国家档案馆将其批准的产品在其公共网站上列表公示,并通过各种渠道宣传这些产品。如果发现国家档案馆误导测试过程,或申请人测试时就知道产品的某一重要功能与测试程序不一致等情况下,国家档案馆有权撤销该产品的批准。如果出现意料不到的功能问题,国家档案馆将与申请人协商解决,进行进一步的测评以确保与《功能需求》的持续一致性。

目前虽然英国国家档案馆已经不再测试 ERMS 软件,但有关各方仍可使用这些脚本独立评估软件产品是否符合《功能需求》,国家档案馆不参与任何这样的测评,也不对以这种方式进行测评的软件提出赞同或不赞同的意见。[①]

2.1.3.3　管理

学界一致赞同管理的重要性。冯惠玲教授提出了电子文件风险管理的思想,认为现有的电子文件管理理论和实践中已有不少风险管理的因素,如前端控制、全程管理、动态管理原则,元数据管理、文件管理流程重组策略等都是例证。把风险管理程序化、系统化、科学化地融入电子文件日常管理之中,会给电子文件管理系统以更多更好的安全、效率保障。[②]

---

① http://www.nationalarchives.gov.uk/electronicrecords/reqs2002/testscripts.htm(检索日期 2009 年 1 月 12 日)。

② 见冯惠玲《论电子文件的风险管理》,《档案学通讯》2005 年第 3 期,第 8 页。

冯惠玲教授将电子文件管理的顶层设计从管理层次角度分为宏观、中观和微观三个层次。其中,中观层是制度层,旨在建立符合和推动国家战略实施的相互配套、科学严谨的,能够贯彻执行的管理制度体系,包括管理制度、管理程序、技术标准体系等。微观层是管理系统和数据资源层,旨在建立具有完备功能和可延展的,安全可靠、性能价格比高、互联互通的电子文件管理系统,以及资源丰富、具有可交换性的数据库群等。①

ERMS 作为一个和业务系统高度集成的信息系统,其实施与正常运行,需要制定相应的管理规章制度,如数据管理制度、密码管理制度等。

2.1.4 电子文件管理系统设计开发思路

电子文件管理系统设计开发思路,学界的研究相对较少。从国内现有的研究看,有两个方向。

1. 从电子文件管理顶层设计研究 ERMS 的宏观设计与开发

该研究主要由冯惠玲教授等人开展。冯惠玲教授的相应观点有以下几点:

第一,电子文件管理系统研发的科技含量更高,成本更高,难度更大,各自为战的低起点重复研发受目标定位、专业水平、资金、技术等多方面的制约,很难产出功能完备、技术先进的管理系统,还会造成各级国家财政和社会投入的巨大浪费。顶层设计可以发挥我国集中管理体制的优势,从满足国家控制和信息共享,保障凭证价值和方便利用等要求出发,整合力量进行基础性、应用性、前瞻性研究,在政策框架、规范体系、技术解决方案等方面合作攻关,集中智力资源、资金和技术力量,完成具有全国意义或示范意义的系统研发。②

第二,从功能域角度进行顶层设计,需要加强在变化管理、配置管理、项目管理、质量控制、基础研究、风险管理等方面的总体调控和组织。鉴于电子文件管理的复杂性,在总体设计时需要对主要的功能域进行专门研究,储备相关的技术标准、管理手段和实践经验。③

第三,应从政策、标准、技术、业务等多层面共同推进本国电子文件管理工作。无论侧重点在政策、技术还是标准,都应兼顾其他层面,并将多层面的需求相互集成,制定并发布电子文件管理系统功能需求规范。该规范主要面向文件管理软件提供商,应用于文件形成机关的电子文件管理,旨在保障文件形成、运行阶段的真实性,以及文件长期保存的真实。该规范发布后,可通过对电子文件管理系统的质量认证、推介示范产品等措施推动实施。④

第四,启动"国家数字档案馆计划",计划以档案馆电子文件管理系统开发为中心,制定相关标准规范,并通过软件来实现规范化要求,为中央国家机关电子文件的管理和公众服务提供全套解决方案和系统实现,为地方电子文件管理中心和数字档案馆项目提供示范,从管理体制、制度、技术、方法等方面为全国电子文件管理体系奠定基础。⑤

---

① 见冯惠玲《关于电子文件管理顶层设计的若干思想》,《中国档案》2007 年第 4 期,第 7 页。
② 同上。
③ 同上。
④ 见冯惠玲、赵国俊《电子文件管理国家战略刍议》,《档案学通讯》2006 年第 3 期,第 4 页。
⑤ 同上。

2. 从实践出发设计 ERMS 的开发

一些学者从实践出发,对于本部门的 ERMS 开发提出了一定的观点,如雷宏宇[①]、杜建刚[②]、杨艳[③]、林鹏[④]、林慕婵[⑤]、田凤菊[⑥]等。严格说来,他们的研究只是针对电子文件管理系统的某一个功能,不能算作真正的 ERMS,其研究思路主要是借用计算机学科中的软件开发方法。

其中比较有代表性的是武汉大学的董慧和张继东,他们认为:

第一,对电子政务中电子文件管理系统的功能进行更好地设计以及使用一个更加开放的模式进行开发显得很有必要,因此系统的整体业务模型应基于 OAIS,在此基础上,细分系统的功能模块。

第二,开发平台采用 J2EE,认为 J2EE 规范能较好地解决电子档案馆系统的安全问题和分布式应用问题。

第三,通过元数据响应的 XML 模式文件(OAIS-PMH. xsd)对元数据格式进行验证。

第四,设计的系统通过系统模型压力测试进行分析。国内对电子政务中电子档案管理的研究基本上处于起步阶段,尤其是电子政务中的文档一体化管理研究,所构建的电子档案管理系统多为局域网内的电子档案管理系统,建立基于分布式应用的电子档案管理系统是十分必要的。[⑦]

从国外的相关研究看,国外电子文件管理系统基本遵循国际标准—管理战略—功能需求—系统开发这样的路线。如欧盟、美国、澳大利亚的电子文件管理战略都基于 ISO15489《信息与文献——文件管理》、ISO14721《开放档案信息系统参考模型》等国际标准而制定[⑧]。英国的政策框架中明确了电子文件管理软件的要求,美国的 ERA 项目、澳大利亚的电子文件管理系统设计与实施规范中同样强调了相关政策、标准的重要性[⑨]。

美国国家档案与文件署(NARA)于 1998 年开始对永久保存电子文件的可能性、保存技术、保存系统的功能需求进行了全面的论证和试验,2005 年,美国国会同意投入 3.08 亿美元建设电子文件档案馆(electronic records archives,ERA)系统,建设周期为 6 年,其目标在于永久保证联邦政府电子文件的真实,在保护隐私和敏感信息的同时保证公众的利用[⑩]。

2.2 OAIS 研 究

自 CCSDS 于 1995 年推出 OAIS 参考模型,尤其是 2001 年正式发布修改后的新的 OAIS 参

① 见雷宏宇《科技档案网络收集系统的设计与开发》,《机电兵船档案》2007 年第 5 期,第 49 页。
② 见杜建刚《长治市〈城建工程电子文件归档与管理系统〉建设综述》,《城建档案》2008 年第 10 期,第 42 页。
③ 见杨艳《试论电子文件归档管理系统的总体建设》,《兰台世界》2008 年第 4 期,第 42 页。
④ 见林鹏《深圳市文件中心电子文件接收管理系统研究及建设》,《档案与建设》2008 年第 4 期,第 13 页。
⑤ 见林慕婵《高校公文处理及文件管理系统的分析与设计》,《兰台世界》2007 年第 3 期,第 15 页。
⑥ 见田凤菊、刘秀英《电子文件档案化管理及其总体设计思路》,《黑龙江档案》2008 年第 2 期,第 58 页。
⑦ 见董慧、张继东《基于 J2EE 的电子政务档案管理系统的构建和研究》,《现代图书情报技术》2006 年第 9 期,第 73 页。
⑧ 见杨安莲《聚焦电子文件管理前沿——国际电子文件管理研究热点及启示》,《档案学通讯》2007 年第 6 期,第 60 页。
⑨ 见冯惠玲《关于电子文件管理顶层设计的若干思想》,《中国档案》2007 年第 4 期,第 7 页。
⑩ 见王岚《美国耗资 3 亿美元的国家电子文件档案馆项目正式启动》,《中国档案报》2005 年 10 月 13 日。

考模型,国内外就开始了相关研究。下面笔者就国内国外分别进行梳理总结。

2. 2. 1　国内关于 OAIS 的研究

OAIS 的相关研究在国内较少。以"OAIS"为主题词,在中国期刊网检索到 45 条记录,在国内最早能查到的公开发表的论文是 2001 年[①]。这 45 篇论文中,29 篇是图书、情报领域学者的研究结果。最早见于档案学界关于 OAIS 的文章是 2004 年《城建档案》翻译国外学者的一篇文章[②],2007 年《档案学研究》发表一篇 OAIS 的文章,开始了档案学界研究 OAIS 的热潮。下面从 OAIS 的介绍、作用、功能模型、元数据模型、OAIS 信息包、OAIS 的应用、基于 OAIS 的数字资源长久保存等方面进行归纳总结。

2.2.1.1　OAIS 总体介绍

OAIS 是国外学界针对数字资源长久保存问题研究的成果。如同其他一些国外理论传入中国一样,学界首先对其进行引入介绍,然后开始研究。

最早引入介绍 OAIS 的是图书情报学界。张晓林 2001 年在《图书馆》发表《数字信息的长期保护问题》一文,对于 OAIS 进行了简单介绍。文中给出了 OAIS 的功能实体模型图(文中称为"OAIS 系统基本结构图"),简要介绍了 5 个主要功能模块:摄取(ingest)、长期存取(archival storage)、数据管理(data management)、检索传递(access)和系统管理(administration)。在梁建生[③]的文章中提及了 OAIS,对以 OAIS 为基础的几个项目 CEDARS、NEDLIB、PRESERV、PANDORA[④] 等做了简单介绍。牛金芳等人介绍了 OAIS 的信息模型[⑤]。余传明[⑥]、徐周亚[⑦]等较为详细地介绍了 OAIS 的外部环境模型、OAIS 信息与信息包、OAIS 数据流、OAIS 信息模型与功能模型。还有程雪梅[⑧]、吴江华[⑨]、李明娟[⑩]、何欢欢[⑪]、方力[⑫]等人也对 OAIS 做了不同程度的介绍。

由于 OAIS 侧重于数字信息资源的长久保存以及采用了一套抽象、通用的术语,加上档案界学术研究的特点[⑬],OAIS 的研究在档案界较少。最早的是在 2004 年杭州举办的城市建设档案

---

①　见张晓林《数字信息的长期保护问题》,《图书馆》2001 年第 5 期,第 7 页。

②　见安妮·吉利兰-斯韦特兰德《保证文件的真实性　为城市环境设计数字档案馆》,《城建档案》2004 年第 3 期,第 16 页。

③　见梁建生《保存数字文献的责任与制度》,《图书情报工作》2001 年第 9 期,第 78 页。

④　CEDARS:CURL Exemplars in Digital Archives 英国大学研究图书馆数字档案计划;NEDLIB:Networked European Deposit Library 网络化欧洲保存图书馆;PANDORA:Preserving and Accessing Networked Documentary Resource of Australia 澳大利亚网上文献保存与访问;PRESERV:国际研究图书馆集团的数字文献保存计划。

⑤　见牛金芳、郑小惠、吴开华《OAIS 与数字图书馆》,《图书情报知识》2002 年第 6 期,第 53 页。

⑥　见余传明、董慧《开放式存档信息系统及其在数字图书馆的应用》,《中国图书馆学报》2004 年第 3 期,第 63 页。

⑦　见徐周亚、镇锡惠、许绫文《OAIS 参考模型与中文元数据方案》,《现代图书情报技术》2003 年第 4 期,第 8 页。

⑧　见程雪梅《数字资源长期保存技术之探讨》,《图书馆理论与实践》2005 年第 5 期,第 85 页。

⑨　见吴江华《开放性档案信息系统:背景、职责与功能》,《图书情报知识》2006 年第 9 期,第 85 页。

⑩　见李明娟《OAIS 参考模型与数字信息长期保存》,《图书情报知识》2007 年第 9 期,第 65 页。

⑪　见何欢欢《OAIS 参考模型及其在我国的应用》,《图书馆杂志》2008 年第 9 期,第 56 页。

⑫　见方力《OAIS 参考模型的应用及启示》,《情报探索》2008 年第 7 期,第 30 页。

⑬　见章燕华、徐海静《OAIS 的"冷"与"热"——我国档案界研究之理性反思》,《档案学研究》2007 年第 2 期,第 43 页。

国际学术研讨会上美国加利福尼亚大学的安妮·吉利兰-斯韦特兰德的论文选登在《城建档案》中①。这篇文章提及了 OAIS 这个术语。2007 年档案界对 OAIS 的研究开始升温,屠跃明②介绍了 OAIS 的出台背景、环境模型、3 种信息包、6 个功能实体。李敏介绍了 OAIS 的责任③与 OAIS 外部相互作用④。章燕华、刘霞对 OAIS 参考模型进行了从 OAIS 的定义到其目标、适用性、责任、环境模型、功能模型、信息模型、信息包、信息包转换与互操作模型的全面解读与详细介绍⑤。

以上图书情报界、档案界学者对 OAIS 的介绍为其在中国的深入研究奠定了基础。图书情报界学者研究 OAIS 的落脚点都是"为我所用",因此往往将参考模型的某部分内容与数字图书馆建设中的某一问题结合论述,介绍模型主要内容有重复雷同现象(主要介绍功能模型和信息模型),对细节的描述亦有矛盾之处。这种对 OAIS"断章取义式"的研究往往容易使读者"只见树木,不见森林"。加之模型本身的抽象性,无形中增加了人们对 OAIS 的神秘感。而对档案界的学者和实践者而言,由于实践领域的不同,这种介绍更有"隔靴搔痒"之感。⑥

2.2.1.2 研究 OAIS 的必要性与作用

OAIS 参考模型作为致力于数字信息长期保存和利用的基本框架体系,已经得到了图书情报界的肯定。在档案界,早期的怀疑也正由于研究的深入而逐渐消失。

安妮·吉利兰-斯韦特兰德⑦认为,OAIS 是一个数据和过程模型,它描绘并维护数字档案馆的过程。这个模型能帮助档案工作者详述档案内容如何被捆绑以增加档案(即 submission information package,SIP)或者为不同的用户准备不同的内容(即 dissemination information package,DIP)。很多数字化档案馆和图书馆已经采用了 OAIS 模型,在处理数字化和数字化产生的材料时进一步分解提出其自己的形式。

何欢欢认为 OAIS 参考模型为数字信息的长期保存提供了 个共同的术语和概念框架,为负有长期保存数字信息职责的档案馆提供了最基本的功能描述,对需要长期保存的数字信息范围进行了界定。⑧ 邓君认为 OAIS 参考模型为数字档案馆保存功能提供了一个可借鉴的操作性框架,形成了共享服务的基础。⑨ 牛金芳等人认为信息模型其实就是一个保存元数据的框架。以 OAIS 信息模型作为研究的基础,这不仅仅因为 OAIS 能够满足他们提出的保存元数据框架的要求,而且因为 OAIS 已经为很多团体接受,已经出现了一些在 OAIS 信息模型基础上制订的保存元数据方案。⑩ 祝忠明、张世林等人提出可以遵循 OAIS 参考模型,设计支持对大学档案信

---

① 见安妮·吉利兰-斯韦特兰德《保证文件的真实性 为城市环境设计数字档案馆》,《城建档案》2004 年第 3 期,第 16 页。

② 见屠跃明、黄永文《对 OAIS 参考模型的研究》,《档案学研究》2007 年第 2 期,第 45 页。

③ 见李敏《开放的档案信息系统(OAIS)的责任》,《兰台世界》2007 年第 9 期,第 20 页。

④ 见李敏《浅谈开放的档案信息系统(OAIS)》,《兰台世界》2007 年第 8 期,第 20 页。

⑤ 见章燕华、刘霞《OAIS 参考模型:数字资源长期保存的概念框架》,《浙江档案》2007 年第 3 期,第 38 页。

⑥ 见章燕华、徐海静《OAIS 的"冷"与"热"——我国档案界研究之理性反思》,《档案学研究》2007 年第 2 期,第 43 页。

⑦ 同①。

⑧ 见何欢欢《OAIS 参考模型及其在我国的应用》,《图书馆杂志》2008 年第 9 期,第 56 页。

⑨ 见邓君《基于 OAIS 与 OAI - PMH 的数字档案馆共享功能框架设计》,《档案学通讯》2008 年第 3 期,第 62 页。

⑩ 见牛金芳、吴开华《论保存元数据》,《大连图书馆学报》2002 年第 2 期,第 67 页。

息资源进行数字化长期保存和持续利用的开放性数字档案馆建设框架。①

　　章燕华、徐海静认为，与国外信息资源管理、国内图书情报界的 OAIS 研究"热"形成鲜明对比的是，OAIS 在我国档案界却遭遇了"冷落"。② 其原因有四：

　　其一，从模型的发展历程及内容看，它是传统档案原则与实践在数字环境下的一种运用和抽象，各国档案界对 OAIS 研究热情普遍低于图书情报界。

　　其二，模型采用了一套不同于档案术语的通用术语，这些术语让档案专业人员比较难理解。

　　其三，我国档案界对国外前沿理论跟踪和研究滞后，理论研究与实践脱节。

　　其四，我国档案工作呈现的"实践先行，各自为政"模式与标准化、抽象化 OAIS 参考模型的理念格格不入，很大程度上增加了人们接收结构化、标准化成果——OAIS 参考模型的难度。

　　章燕华认为从国际研究态势和我国实践现状出发，我国档案界应该而且必须研究 OAIS 参考模型，这种迫切性和必要性随着参考模型成为长期保存的国际标准得到加强。研究的重点是在全面介绍 OAIS 参考模型的基础上，应当就该模型对数字档案长久保存、电子文件真实性、完整性和可靠性、数字档案馆建设、档案资源与其他资源的互操作与集成、数字时代传统档案理论发展等问题做全面、深刻地探究。

2.2.1.3　功能模型

　　功能模型是 OAIS 参考模型的核心内容之一，也是学界研究的重点。早期学者的研究主要限于对 OAIS 功能模型的介绍，没有涉及功能模型的二级模块，实际上对于 OAIS 功能模型的理解更应该从其二级模块着手。近年来，学者对其的理解开始从抽象的功能模型转向于具体的、切合档案工作的功能模块。

　　李大玲利用 OAIS 参考模型实现对电子政务过程中电子邮件的管理比对模型，将 OAIS 的 6 个实体的功能进行扩展③。祝忠明、李世林等根据对大学数字档案馆的建设和应用环境以及支持数字档案对象的创建、提交、转换、保存、管理、发布、利用、交换、共享等各个业务环节的考察和分析，按照 OAIS 参考模型及其必备功能和服务实现的要求，给出一个基于 OAIS 模型的大学开放性数字档案馆建设框架。框架中将生成者（producer）、管理者（management）与用户（consumer）结合大学的实际情况进行具体化，将 OAIS 的 6 个功能实体转化为元数据工具及接口、档案数据仓库、元数据存储、档案信息资源实用分类体系、支持 METS 封装的 OAI 接口与系统管理及公共服务 6 个模块④。

　　金更达在分析 OAIS 功能模型的基础上，构建了一个数字档案馆的系统框架，由四个应用系统（馆藏建设系统、管理系统、发布系统和工作流系统）和两个存储系统（元数据仓储系统和档案存储系统）组成，如图 2-3 所示。⑤

①　见祝忠明、张世林《大学开放性数字档案馆建设框架的设计》，《现代图书情报技术》2006 年第 11 期，第 32 页。
②　见章燕华、徐海静《OAIS 的"冷"与"热"——我国档案界研究之理性反思》，《档案学研究》2007 年第 2 期，第 43 页。
③　见李大玲《OAIS 参考模型在电子政务邮件数字化中的应用》，《情报杂志》2003 年第 6 期，第 24 页。
④　见祝忠明、张世林《大学开放性数字档案馆建设框架的设计》，《现代图书情报技术》2006 年第 11 期，第 32 页。
⑤　见金更达《基于 OAIS 的数字档案馆系统框架建设》，《浙江档案》2007 年第 4 期，第 38 页。

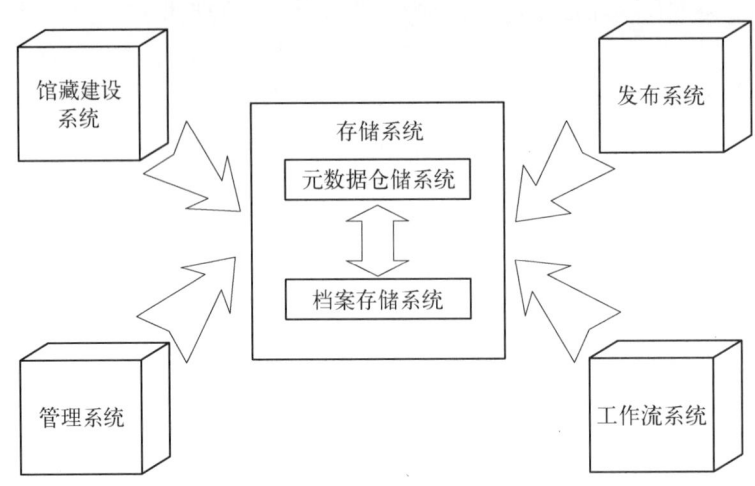

图 2 - 3　系统功能模型图

2.2.1.4　信息模型

信息模型是 OAIS 的另一个核心内容,国内学者的相关研究主要在于将其向元数据模型的转化上。根据其信息模型,学界跟踪国外相关项目的研究成果,提出了自己对于信息模型向元数据模型转化的学术观点。

牛金芳、吴开华等人对以 OAIS 信息模型为基础的 CEDARS、中文元数据方案、NLA 和 NEDLIB 进行对比分析,提出元数据方案可以与 OAIS 信息模型的组织方式一致,也可以只是根据 OAIS 信息模型进行映射从而不完全一致。①

梁娜、张晓林等人在分析了 CEDRAS、PANDORA/NLA、NEDLIB、LC Digital Repository 等项目的元数据后,认为上述元数据格式一般都建立在严格的理论框架(OAIS)和细致的研究过程基础上,比较详细地定义了用于描述数字信息长期保护的元数据元素和子元素集合。②

徐周亚、镇锡惠、许绥文等人指出中文元数据方案在总体框架结构上采用了 OAIS 参考模型,OAIS 参考模型规定了支持数字资源长期保存的多种元数据类型,中文元数据方案基本上是这些元数据类型的综合。他们认为按照 OAIS 参考模型设计中文元数据方案为元数据集的定义提供了一个良好的框架,为数字资源的加工提供了实际可行的标准。③

2.2.1.5　OAIS 的应用实践

在 OAIS 成为国际标准后,学界开始加强对其进行跟踪和研究,并将 OAIS 与元数据标准开发、数字资源的长期保存、数字资源管理系统开发等问题结合,在实践领域亦开始了深入探索。表 2 - 1 是我国根据 OAIS 参考模型进行研究的成果。

---

① 见牛金芳、吴开华《论保存元数据》,《大学图书馆学报》2002 年第 2 期,第 67 页。
② 见梁娜、张晓林《关于数字信息长期保存的元数据》,《四川图书馆学报》2002 年第 1 期,第 24 页。
③ 见徐周亚、镇锡惠、许绥文《OAIS 参考模型与中文元数据方案》,《现代图书情报技术》2003 年第 4 期,第 8 页。

表 2 - 1 我国 OAIS 应用成果(截至 2007 年 12 月)①

主 持 机 构	成 果	开始时间(年)
深圳市档案局	电子文件元数据标准	2000
中科院档案馆	中科院数字档案馆	2002
珠海城建档案馆	数字城建档案馆	2004
浙江大学信息资源管理研究所	电子文件管理元数据规范(ERM Metadata Version 1.0)	2004
深圳市宝安区档案馆	宝安区档案馆现代化综合管理系统	2005
浙江大学信息资源管理研究所	基于元数据的电子文件集成管理与服务模型	2005
江西省档案馆	电子文件元数据标准及相关标准规范体系	2007
国家图书馆	中文元数据方案(CMDS)	2001
北京大学数字图书馆研究所、CALIS 管理中心、北京大学信息科学中心	中文元数据标准框架	2001
清华大学图书馆	保存元数据方案	2001
科技部	数字图书馆标准与规范建设	2002
MDLS 项目工程组	国内军队院校数字图书馆应用软件系统(MDLS)	2003
上海图书馆名人手稿数字图书馆课题组	名人手稿数字图书馆	2004
中国科学院文献中心	数字保存技术体系	2006

从上表可以看出,根据 OAIS 进行中文元数据标准开发的成果居多,基于 OAIS 的档案系统只有两个,笔者在后面的研究评述中会进一步分析。

2.2.2 国外关于 OAIS 的研究

和国内相比,国外的研究深入、全面,既有理论方面的论述,更多的是和实践结合的项目研究,许多研究是对 OAIS 的延伸,而非国内对 OAIS 的研读。笔者结合 OAIS 的核心内容,从以下几个方面进行梳理总结。

2.2.2.1 OAIS 功能模型的功能实体的扩展

OAIS 功能模型的 6 个功能实体分解为二级模块,二级模块的功能也做了明确的说明,但这些功能怎么实现、实现时与其他模块的功能交互与数据交换却没有进一步的说明,这也是一些研究者抱怨 OAIS 可操作性不强的主要原因。针对这一问题,一些学者开展了富有意义的研究。

ERPANET②(Electronic Resource Preservation and Access Network)设计了摄取的工作流

---

① 部分数据来源:何欢欢《OAIS 参考模型及其在我国的应用》,《图书馆杂志》2008 年第 9 期,第 56 页。

② http://www.erpanet.org/guidance(检索日期 2009 年 1 月 16 日)。

图,把鉴定(包括内容鉴定与技术鉴定)纳入到摄取的范畴。ERPANET 认为摄取策略的关键目标是流程的自动化,而格式与相应表示信息的管理会削弱流程自动化。对于 OAIS 实施的成本,ERPANET 认为摄取的流程起决定作用。ERPANET 对于摄取的标准、方法论与技术、法律与政策、人员做了初步分析。

耶鲁大学的 Kevin Glick 和塔夫茨大学的 Eliot Wilczek 在回顾 OAIS 参考模型摄取实体的功能后,将其具体划分为两个部分:协商提交协议、转移与确认。然后将这两部分又分为了 87 个步骤。这 87 个步骤没有涉及系统建设的功能与技术需求,只是对摄取实体工作流一步一步地详细描述。他们认为这些步骤可以保证摄取过程中对文件进行正确的跟踪以保障其完整、真实、能被正确显示。有意思的是,二位学者认为,如果文件从一个记录系统摄取到保存系统,这些步骤就基于文件生命周期模型;如果生成者(OAIS 的 producer)也是一个档案馆,有独立的记录系统与保存系统,那么这些步骤就可用于文件连续体模型。[1]

NASA 的 H. Kent Hills、Donald M. Sawyer 与 Patrick McCaslin 等人提出了摄取过程中满足文件提交者与档案馆需要的归档标准。[2]

Stephan Strodl 等人从预警、保存规划信息流、新的保存策略三个方面对于 OAIS 参考模型的保存规划实体进行了分析。学者设计了纷繁复杂的目标树(objective tree),对不同的保存策略进行对比。Stephan Strodl 提出了触发保存规划活动的三种预警:新格式、新需求和版本,并对这三种预警的流程在 OAIS 功能模型的二级模块中进行描述,进一步提出了三种保存规划策略。[3]

Baldwin Gil、Landgraf Matthew、Zwaard Kate、Faure John 等人设计了一个大型的基于 OAIS 的数字档案馆,给出了一个对于 OAIS 的重要特征如何在数字档案馆建设中应用的具体例子,尤其是描述了 OAIS 模型中信息封装概念的细节来解释复杂数字对象的归档问题。[4]

P. Kircher, D. Lawson 等人对于 OCLC 实施 OAIS 进行了案例研究,认为 OCLC 的第三方服务应提供捕获在线或离线资源的工具、一个长期保存资源的档案库、一个允许文件生成者在提交他们的资源后仍能对其进行管理的管理模块,并指出了 OCLC 实施 OAIS 的影响因素。[5]

王志庚就中国国家图书馆的数字保存系统进行研究,分析了数字保存系统面向服务的摄取工作流,认为系统应具有工作流引擎的功能,摄取工作流可以在 OAIS 功能模型中体现出来。

2.2.2.2 文件格式管理

OAIS 参考模型中文件生成者向 OAIS 提交信息包,生成者需要和 OAIS 协商好提交的形式

① http://dca.tufts.edu/features/nhprc/index.html(检索日期 2009 年 1 月 16 日)。

② H. Kent Hills, Donald M. Sawyer, Patrick McCaslin. An application of CCSDS archival standards to meet both submitter and archive needs during data ingest,http://nssdc.gsfc.nasa.gov/nost/conf/archive21st/presentations/posters/p09-hills.pdf(检索日期 2009 年 1 月 16 日)。

③ Stephan Strodl, Anderas Rauberd. Preservation Planning in the OAIS Model. iPERS(International Conference on Preservation of Digital Objects)会议论文,北京,2007 年 10 月。

④ Baldwin Gil,Landgraf Matthew,Zwaard Kate,Faure John. Content packaging approach for a large OAIS repository. Archiving 2007,Final Program and Proceedings,pp:44-47,Published:2007.

⑤ P. Kircher, D. Lawson,Reference model, requirements, and reality:A case study on implementing OAIS at OCLC. IS&T'S 2004 ARCHIVING CONFERENCE,PROCEEDINGS,pp:58-63,Published:2004.

和内容,文件的格式管理是一个很重要的内容。OAIS 功能模型中的保存规划实体中的监控用户(monitor designated community)模块一个重要的功能就是跟踪服务需求和产品技术的变化,包括数据格式、介质选择、软件包的参数选择,新的计算平台和档案通信机制,这个功能怎么实现在 OAIS 中没有提到。

Grauer、Howley、Kopena、Regli 等人[1]认为文件格式管理是 OAIS 参考模型中的一个基本内容。文件格式管理可以让数字文件有一个正确的解释(interpretation)、表现(rendering)、存储(storage)和转换(translation)。他们提出了一种基于 RDF 的文件管理方法。

Stephan Strodl、Anderas Rauberd 等人[2]认为 OAIS 模型的保存规划实体(preservation planning)应该有预警机制,一旦条件满足,就会触发 OAIS 保存规划实体的行为。其中一个条件就是档案馆接收新的文件格式。这时就需要对文件格式进行管理。Stephan Strodl 等人对保存规划实体进行了细化,将保存规划与摄取(ingest)实体的相关功能紧密结合起来,修改 OAIS 预定的文件保存格式,允许接收新的文件格式。

2.2.2.3 信息模型与元数据

国外数字资源长期保存项目的元数据格式一般都建立在严格的理论框架和细致的研究过程基础上,比较详细地定义了用于描述数字信息长期保护的元数据元素和子元素集合,这个理论框架最常见的就是 OAIS,许多机构或学者提出的元数据方案与 OAIS 信息模型的组织方式一致[3]。即使有不完全一致的,也会声明参考了 OAIS,并做到了与 OAIS 信息模型的完全映射[4]。除此之外,美国国会图书馆也定义了用于描述长期保存的数字信息的核心元数据,而美国研究图书馆协会(Research Libraries Group)专门成立了工作小组对数字信息资源系统的长期可持续发展利用进行研究,成为数字信息长期保护方面的主要知识来源。

2.2.2.4 OAIS 模型的实现

CCSDS 在颁布 OAIS 时声明其是一个高层次的概念框架,不涉及任何实施的细节,不保证实现的一致性与互操作性[5]。许多学者对于 OAIS 如何反映在实践中进行了研究。

Helen Hockx-Yu[6]认为 OAIS 提供了一个描述存储体系结构的通用术语和概念,可用来对不同类型的数字存储系统进行规划和设计。同时 Helen 认为,不是所有的 OAIS 设计功能都需要在一个单一的存储系统中得到实现,一些功能可以被外部服务提供商提供,即可以对 OAIS 模型进行分解,而不必一定要把 OAIS 作为一个整体来实现。

Jaqueline Spence[7]提出了 OAIS-SIMPLEX 的观点,机构可以根据自己的可用资源与建设

---

　① M. J. Grauer, I. K. Howley, J. B. Kopena, W. C. Regli, Towards a format registry for engineering data. 27th Computers and Information in Engineering Conference, pp. 887 – 892, 2008.

　② Stephan Strodl, Anderas Rauberd. Preservation Planning in the OAIS Model. iPERS (International Conference on Preservation of Digital Objects)会议论文,北京,2007 年 10 月。

　③ 采用 OAIS 的术语、基于 OAIS 信息模型的元数据方案有 CEDARS、中文元数据方案、NEDLIB。

　④ NLA 没有明显采用 OAIS 模型,但表示从其得到启示。NLA 宣称其元数据可以准确向 OAIS 信息模型映射。

　⑤ http://www.ccsds.org(检索日期 2008 年 7 月 12 日)。

　⑥ Helen Hockx-Yu. Digital preservation in the context of institutional repositories. electronic library and information systems, Vol. 40 No. 3, 2006, pp. 232 – 243.

　⑦ Jaqueline Spence. Preserving the cultural heritage. New Information Perspectives, Vol. 58 No. 6, 2006, pp. 513 – 524.

存档系统的动机(incentive)来决定实施 OAIS 的复杂性、OAIS 角色的分配以及建立映射以遵循 OAIS 的层次。

Mary Vardigan 与 Cole Whiteman①、HUC Claude②、Helen Hockx-Yu 与 Adam Farquhar③ 等人从不同学科应用 OAIS 参考模型的实践进行了研究。

2.2.2.5 数字存储仓库(digital repository)的研究

数字存储仓库是一切基于 OAIS 系统的核心。图书、情报、档案界的诸多学者对其进行了有益的研究。

Perla Innocenti、Andrew Mchugh、Seamus Ross 与 Raivo Ruusalepp 等人提出了数字存储仓库的 10 个特征:维护数据对象;组织适应性;法律和制度;有效的政策;收集和摄取标准;完整性、真实性和可用性;起源;分发;保存规划与行动;适当的技术基础设施,其逻辑结构见图 2 - 4。④ 学者进一步分析了信息数字仓库应具有识别风险与优先考虑风险、减少风险发生的可能性、建立有效的应急机制以减轻发生风险影响的能力。

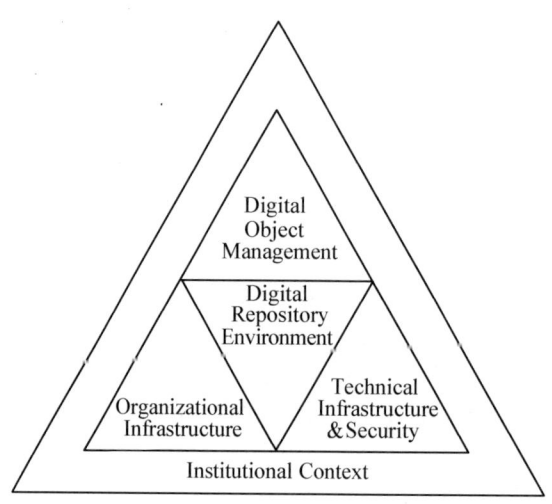

图 2-4 数字存储仓库的逻辑结构

2.2.2.6 其他相关问题研究

OAIS 参考模型的主旨就是为了数字信息的长期保存,涉及多个学科,内容广泛。许多学者从不同角度对其进行了研究。

① Mary Vardigan,Cole Whiteman. ICPSR to OAIS: applying the OAIS reference model to the social science archive context. Arch Sci(2007)7: 73 - 87.

② Huc Claude. Long Term Preservation of Digital Information in the Space field. From the OAIS Reference Model to Practical Applications. Zeitschrift für Bibliothekswesen und Bibliographie, 2001, Vol. 48, No. 3 - 4, pp. 188 - 193.

③ Helen Hockx-Yu,Adam Farquhar. A Practical Approach to Digital Preservation: Updates from Planets. iPRES 2007, 11 - 12 October,Beijing,China.

④ Perla Innocenti,Andrew Mchugh,Seamus Ross,Raivo Ruusalepp. Digital Curation Centre and Digital Preservation Europe Audit Toolkit: DRAMBORA. iPRES 2007,11 - 12 October,Beijing,China.

Paul Wheatley 在 OAIS 框架下从成本核算的角度对数字保护的生命周期进行研究[①]；LaPlant Lisa，Zwaard Kate 等人对基于 OAIS 的系统进行了信息内容真实性与完整性的研究[②]；Nancy McGovern 从组织、技术、协作等方面的基础设施与 OAIS 的一致性进行了研究[③]；Dirk Roorda 研究 OAIS 下将电子文件迁移到 XML 格式[④]。

2.3 研 究 评 述

2.3.1 研究起步较晚，但发展迅速；研究成果很多，但问题不少

国内对电子文件管理的研究从 20 世纪 90 年代中后期开始，大致可以分为几个阶段：第一阶段是 2000 年以前以冯惠玲教授为先行者的学界开始对电子文件管理进行研究，在消化国外后保管模式、新来源观、文件连续体等理论的基础上，结合我国档案工作的实际，提出了全程管理原则、前端控制原则等，为电子文件管理的实践尤其是电子文件管理系统的实施奠定了理论基础，电子文件管理作为一门独立学科开始出现。如果把这一阶段称为基础理论研究的话，那么第二阶段从 2000 年开始可以说进入了电子文件管理的实践阶段。这一阶段的特征是尽管电子文件管理的理论研究还在继续，但电子文件管理项目的实践出现了"大跃进"，电子文件管理项目、数字档案馆项目从无到有、从少到多，最后遍地开花。第二阶段电子文件管理项目的"大跃进"给电子文件管理研究带来有益的实践探索的同时，也产生了许多问题[⑤]。以冯惠玲教授为代表的学界开始对电子文件管理进行宏观思考与研究，从国家管理战略的高度研究电子文件管理，对电子文件管理项目的实践提出了新的思想。尽管这一研究还在持续，但相对于第二阶段，电子文件管理的研究已经上升到了一个新的层次，笔者把这个尚未结束的过程称之为第三阶段。以冯惠玲教授为代表的学界认为应尽快全面制定和实施电子文件管理国家战略，"以顶层设计带动总体规划，以国家战略带动全面发展"，从根本上解决电子文件的证据价值保障和永久保存等关键性难题；根本上控制各机构、各地区电子文件管理低水平重复现象，大幅度提高系统研发的效益；从根本上消除电子文件"信息孤岛"[⑥]。对于电子文件管理顶层设计，学者提出了从管理层次看，顶层设计的内容框架包括宏观、中观和微观三个层次。微观层是管理系统和数据资源层，旨在建立具有完备功能和可延展的，安全可靠、性能价格比高、互联互通的电子文件管理系统，以及资源丰富、具有可交换性的数据库群等，中

---

① Paul Wheatley. LIFE: Costing the Digital Preservation Lifecycle. iPRES 2007，11－12 October，Beijing，China.

② LaPlant Lisa，Zwaard Kate. A holistic approach for establishing content authenticity and maintaining content integrity in a large OAIS repository. ARCHIVING 2008，FINAL PROGRAM AND PROCEEDINGS，2008，pp. 109－113.

③ Nancy McGovern. Aligning Digital Preservation Policies with Community Standards. iPRES 2007，11－12 October，Beijing，China.

④ Dirk Roorda. Preservation by Migration to XML. iPRES 2007，11－12 October，Beijing，China.

⑤ 见冯惠玲《综合档案馆电子文件管理项目的功能定位》，《档案学通讯》2007 年第 6 期，第 69 页。

⑥ 见冯惠玲《尽快全面制定和实施电子文件管理国家战略》，《中国档案报》2006 年 10 月 15 日，第 3 版。

观层和宏观层则为微观层提供法律、制度、标准体系等保障①。学界进一步提出统筹安排各专项基础研究和方案设计,而 OAIS 作为一项专注于数字信息长期保存的国际标准应该也必然是电子文件管理的基础研究,是电子文件管理的方案设计。

纵观世界范围内的研究成果,学界对 OAIS 的研究比较晚,从 1990 年 NASA 的 CCSDS 承担起制定长期保存数字信息标准开始,不过只有 20 年的时间。如果从 1995 年 CCSDS 推出 OAIS 算起,则只有十几年。而在国内对于 OAIS 的研究更晚,通过检索中国期刊网,在国内最早能查到的公开发表的论文是图书情报学界张晓林教授 2001 年发表的关于数字信息长期保护问题的文章②,而国内档案界最早研究 OAIS 的文章则发表于 2007 年③。

国外对 OAIS 的研究较多,既有相关组织对 OAIS 的系统解读,对 OAIS 功能模块、信息模块的扩展研究④,也有学者对 OAIS 相关内容的深入研究。尤其是针对 OAIS 不指导实际实施的特点,学者从 OAIS 的可操作性方面进行了大量的研究,取得了较为丰硕的成果,一些基于 OAIS 的系统、元数据方案陆续出现。在 2007 年中国科学院国家科学图书馆召开的数字资源长期保存国际会议(iPRES 2007),相当多学者的研究内容都建立在 OAIS 的基础之上⑤。

国内档案界最初对 OAIS 是引进介绍、全面解读。如章燕华、刘霞在对 OAIS 参考模型进行了从 OAIS 的定义到其目标、适用性、责任、环境模型、功能模型、信息模型、信息包、信息包转换与互操作模型的全面解读后⑥,认为档案界对待 OAIS 的冷恰与图书情报界的热相反。近两年,档案界对 OAIS 的研究开始深入、具体,出现了一些论文和基于 OAIS 的系统,如李春旺与张晓林关于可信工作流的研究⑦、中科院档案馆系统、国家图书馆的数字保存系统等。

但问题依然存在。电子文件管理项目没有通用功能需求,没有通用的功能模型,受软件开发商主导因素影响太大,一些号称是基于 OAIS 的电子文件项目仅仅套用了 OAIS 参考模型的外形,并没有实现 OAIS 的功能,电子文件管理系统的开发还是基于普通的软件开发模式。从国外看,对 OAIS 的研究也有很大的拓展空间,如 OAIS 功能模块各功能实体以及模块可操作性的延伸、OAIS 互操作模型在我国档案管理工作中的应用、OAIS 对于电子文件凭证价值的作用与实现、可信的基于 OAIS 的系统框架、我国实施 OAIS 技术与经济方面的可行性、项目评估的标准与评估方法论等。

---

① 见冯惠玲、钱毅《关于电子文件管理顶层设计的若干设想》,《中国档案》2007 年第 4 期,第 7 页。
② 见张晓林《数字信息的长期保护问题》,《图书馆》2001 年第 5 期,第 7 页。
③ 见章燕华、徐海静《OAIS 的"冷"与"热"——我国档案界研究之理性反思》,《档案学研究》2007 年第 2 期,第 43 页。
　见屠跃明、黄永文《对 OAIS 参考模型的研究》,《档案学研究》2007 年第 2 期,第 45 页。
④ Digital Archive Batch Ingest Guide, http://www.oclc.org/support/documentation/pdf/da_batch_ingest_guide.pdf (检索日期 2008 年 7 月 18 日)。
　A Preservation Metadata and the OAIS Information Model,http://www.oclc.org/research/pmwg(检索日期 2008 年 7 月 26 日)。
⑤ http://www2.cas.cn/index/0V/31/index.htm(检索日期 2008 年 6 月 19 日)。
⑥ 见章燕华、刘霞《OAIS 参考模型:数字资源长期保存的概念框架》,《浙江档案》2007 年第 3 期,第 38 页。
⑦ Li Chunwang, Zhang Xiaolin, Wu Zhenxin. Preservation Management in Practice:Trusted Workflow. iPRES 2007, 11－12 October,Beijing,China.

2.3.2 国外的研究相对国内深入、多样、可操作性强

国内对于电子文件管理、OAIS 的研究不论是从理论上还是实践上都取得了可喜的成果。和国外研究相比，国内研究具有自己的优势，也有自己的缺点。

1. 对电子文件管理项目的研究

2000 年以来尤其是近两年电子文件管理项目实践出现了"大跃进"，我国机关层面的"电子文件解决方案"不胜枚举，市、区、县乃至省级"数字档案馆"项目的数量也极为可观。但是，各机关的方案中大多忽略或无法攻克电子文件证据价值和长久保存的关键性难题，现有"数字档案馆"项目的侧重点大多仅仅停留在纸质档案的数字化，而较少在电子文件(或电子档案)的保障体系上下工夫，很少具有接收和管理本地区所辖机关电子文件的功能，并不是完整意义上的"数字档案馆"。也就是说，各地自行建设电子文件管理项目，重复投资、低水平重复建设的现象非常严重。①

究其原因，大致有以下几点：

一是没有扎实的基础研究，没有优秀的示范项目和可操作性强的标准。电子文件管理系统通用需求尚未出台，又没有通用的、可操作性强的模型供系统开发时需求分析之用，建设的电子文件管理项目难免会出现目标不明确、功能不完善、性能不确定的现象。这是现有电子文件管理项目失败最主要的原因，应该是学界以后重点研究的方向之一。

一是出于应急之需，只有短期效果，难以保持持续性和稳定性。受管理体制、科研能力、经费预算等因素影响，我国的许多电子文件管理项目建设周期很短，一些大型项目可能会长达两三年，一些小型项目(尤其是一些市县级的项目)建设周期往往几个月。笔者参观过几个市县级档案馆的项目，从招标到系统试运行一两个月完成，到项目验收又是一两个月，整个项目建设不到半年时间。反观国外类似项目，往往要先进行项目的需求调研，这个过程持续时间很长，一些大型项目该阶段甚至需要几年，然后是技术、管理、标准等方面的准备，先建设一些功能子系统，最后才是整个项目的集成。

一是项目建设受软件开发商主导。档案部门尤其是基层档案部门工作人员知识结构有限，缺乏相应的专门人才，对于要建设的电子文件管理项目最终会是什么样没有概念，近两年引进的计算机人才不能很好地将计算机知识与档案管理知识相结合，提出的有限需求也是针对现有的工作，项目建设往往是软件开发商说什么就是什么。项目建设过程实质上就是软件开发商拿出一套自行开发的档案管理软件安装、运行，就号称数字档案馆建设成功了。国外类似项目的建设，往往汇聚了档案工作研究者、文件管理专家、档案实际工作者、计算机技术人员、法律人员等多方面的人才组成项目开发团队，多年研究，很少由软件开发商主导项目建设的内容、过程与结果。

2. 对 OAIS 的研究

国内对 OAIS 的研究更多还是在研读阶段，不够深入，研究成果可操作性不强，难以对实际工作进行直接指导。一个计算机项目的建设，模型构建是非常重要的。软件生产商主导的项目，

---

① 见冯惠玲《电子文件管理国家战略刍议》,《档案学通讯》2006 年第 3 期,第 4 页。

限于其对档案与电子文件前沿理论的理解,其模型构建必然局限于现有工作的实际,映射出的实际系统也必然是现实档案工作的反映。OAIS 模型必须有更深入的研究与扩展,才会有较强对实践的指导意义。笔者看过一些软件开发商的项目方案,方案号称是基于 OAIS,实际上就是将系统的原有功能仿照 OAIS 的功能模型做出一张系统功能结构图,项目的真正建设和 OAIS 基本没有关系。

2.3.3　研究重心向实证倾斜

电子文件管理是一个全程管理的过程,学者比较关注电子文件的全过程管理,基础理论研究是 20 世纪电子文件管理研究的主流方向。2000 年以来,电子文件管理基础理论基本明确,研究重点迅速向实际问题倾斜。

从国家社会科学基金和国家自然科学基金项目资助的情况来看,早期立项项目大都涉及一般性的模式、原则、方法,而越是近期的项目,越集中于某个专门领域或是具体问题。从高校教师的科研情况来看,近年来,有很多学者除了承接国家资助项目之外,相继开始接收具体单位的委托,开展实际工作方案的研究,比如何嘉荪教授参与的浙江电力电子文件管理研究,中国人民大学信息资源管理学校和安徽省档案局开展的电子文件中心研究全面合作。①

冯惠玲教授在电子文件管理国家战略中提出的"国家数字档案馆计划"是研究向实证倾斜最有力的一个例证。她指出,"国家数字档案馆计划"应以档案馆电子文件管理系统开发为中心,制定相关标准规范,并通过软件来实现规范化要求,为中央国家机关电子文件的管理和公众服务提供全套解决方案和系统实现,为地方电子文件管理中心和数字档案馆项目提供示范。

对于 OAIS 的研究也是如此。学界开始是对 OAIS 进行全面解读,近年来,开始对 OAIS 的应用展开了相应的研究。一些学者提出了基于 OAIS 的系统建设框架、基于 OAIS 信息模型的元数据方案,尽管一些研究离 OAIS 的功能还有很大的差距,但这些探索是有益的。

2.3.4　研究视角由机构层面向国家层面过渡,呈多学科发展趋势

我国近十几年间在电子文件管理领域开展了大量研究,取得了不少有价值的成果,如电子文件管理基础理论的建立、电子文件管理作为一门独立学科的出现等。这些研究的大部分主要在机构层面开展,相对忽略了国家层面的研究视角。

国家层面研究视角的缺乏,使得电子文件的国家控制力问题日益突出,各地区、各机关电子文件管理工作仍然具有强烈的自发性和分散性的特征,缺少国家层面的整体设计、统一规划、战略部署与方法指导,这种情况如果不及时加以改变,就很难保证当代社会电子文件的科学管理、完整保存和有效利用,自下而上的分散探索已经不足以满足国家层面电子文件管理的需要,这也是我国电子文件研究视角向国家层面过渡的重要原因。②

---

① http：//www. daxtx. cn/?uid-16-action-viewspace-itemid-390(检索日期 2009 年 1 月 18 日)。
② 见冯惠玲、赵国俊《电子文件管理国家战略刍议》,《档案学通讯》2006 年第 3 期,第 4 页。

从国外电子文件管理经验看,那些长期主要实行"分散制"文件管理的西方发达国家在经历了多年的探索之后,在电子文件管理战略上却几乎如出一辙地走上了顶层设计、全面规划和集中控制的轨道。可以说,世界范围的电子文件管理理论研究和实践,正在经历一场重大的战略转型,主要表现为从机构层面向国家层面、从分散式管理模式向集中式管理模式、从环节式分段管理向无缝式流程管理的转变。①

国内在 2006 年 5 月 27 日召开的中国人民大学信息资源管理学院论坛上,来自理论和实践部门的多位同仁一起呼吁"建构电子文件管理国家战略,全面提升信息资源国家控制力"。冯惠玲教授主持的多个国家级重点课题标志着我国电子文件管理的研究视角正由机构层面向国家层面转移。

电子文件的多学科发展是指电子文件研究领域多学科交叉、渗透、互联。电子文件管理是一个涉及档案学、计算机科学、信息管理学、公共管理学、经济学、法学、行政管理学等领域的跨学科的研究领域。学者们基于不同学科视角,对电子文件管理展开研究。档案学者对"电子证据"、"电子文件风险管理"、"知识产权"等跨学科领域提出自己的研究观点,计算机科学研究者从信息技术的角度研究电子文件的长久保存、电子文件管理系统的建设等,法学、公共管理科学学者关注电子文件管理的法律体系、电子文件法律效力等。冯惠玲教授提出"国家数字档案馆计划"要从管理体制、制度、技术、方法等方面为全国电子文件管理体系奠定基础,必然需要不同学科学者的共同努力。以档案学者为主导,不同学者的交叉研究才是电子文件管理国家战略设计、实施的成功所在。

OAIS 的研究也呈现多学科发展的趋势。通过论文前面部分其研究综述的内容可以看出,OAIS 研究者包括档案学者、信息管理学者、计算机专家、经济学家、管理学家等。

2.3.5 研究力量的多元化

我国最早关注并深入研究电子文件管理学术问题的人员主要有两类:高校教师和档案行政管理人员。研究电子文件管理的第一篇译文、第一本著作、第一个项目都是由这两类人员完成的。

随着国家信息化进程和对电子文件管理要求的提高,电子文件的国家控制力问题日益突出,这时,其他相关研究领域的许多学者也纷纷加入到电子文件管理研究的队伍中,一些机构、公司②也组成相应的研究团队。2007 年 10 月,中国加入国际知名合作项目"电子系统中文件真实性永久保障国际合作研究"第三期(简称 InterPARES3)的研究。InterPARES3 中国团队项目计划定位于应用研究——基于真实性保障的我国电子文件管理优化模式与典型示范实证研究。研究目标是:依托国际合作平台,集结国内理论与技术、研究与实践紧密结合的优秀团队,基于具有重大国际影响的一系列优秀项目成果和后续实证研究,打造与国际接轨、与国情吻合、具有可操作性的优化模式和典型示范,提高机构电子文件管理绩效,提升

---

① http://www.daxtx.cn/?uid-16-action-viewspace-itemid-390(检索日期 2009 年 1 月 20 日)。
② 机构如国家图书馆、中科院图书馆等,公司如北大方正、东方飞扬等。

国际影响。①

　　国外,有不同性质的研究机构包括国际性组织和非政府的民间组织,积极参与电子文件管理与 OAIS 的研究工作,取得了丰硕的研究成果。上文提到的 InterPARES 就是一个众多国际专家参与的国际性项目,前两期成果集成了各国许多优秀实验基地的经验,制定出一系列电子文件管理的原则、方法、指南、模板、功能需求等,这些成果在全球产生了广泛的影响,成为美国 ERA 等许多项目研发的重要基础和指南。

　　OCLC 发起了元数据的研究项目,并成立了相应的工作组,如 PREMIS(Preservation Metadata:Implementation Strategies)国际工作组制定了基于 OAIS 信息模型的保存元数据字典,定义与描述了一个能广泛应用于数字保护仓库的核心元数据集。

2.4　进一步研究的空间

　　学者们对电子文件管理项目的研究,取得了比较丰硕的成果。但研究的空间还应该也可以进一步拓宽。

2.4.1　加大对电子文件管理系统研究的力度

　　笔者于 2009 年 1 月 20 日以“电子文件管理”为篇名检索中国期刊全文数据库,共检索出与电子文件管理有关的研究文献 776 篇,再以“电子文件管理系统”为篇名进一步检索,检索出 30 篇文献,以“电子文件系统”为篇名,检索出 56 篇,以“电子文件管理项目”为篇名,检索出 1 条记录。因此,从研究成果数量上看,学界对电子文件管理问题研究较多,而对电子文件管理系统研究较少,说明对电子文件管理系统的研究还处于起步阶段。这种现象与电子文件管理系统在整个电子文件管理学科体系中的地位是不相称的。电子文件的特性决定了对电子文件的管理必须以电子文件管理系统的形式来进行,如前所述,进入 2000 年后,尤其是近几年,我国的电子文件管理项目在数量上有了一个井喷,而电子文件管理项目主体是构建符合全面、规范功能需求的电子文件管理系统。对电子文件管理系统研究不足必然会造成“各地自行建设电子文件管理项目,重复投资、低水平重复建设的现象”。因此,本文选择电子文件管理系统作为研究主题,希望通过加强对电子文件管理系统的研究,为我国电子文件管理的实践提供可行性借鉴,丰富电子文件管理的学科体系。

2.4.2　加大对电子文件管理系统开发与设计的方法论研究

　　传统信息系统的开发遵循从现实手工系统的工作流着手,通过实际工作业务调研、向工作人员询问等方法,描绘出其业务流程,通过对业务流程的抽象建立其逻辑模型,再用软件工程的方

---

①　见王健《InterPARES3 中国项目组正式启动　中国人民大学信息资源管理学院参与完成》,《中国档案报》2007 年 11 月 1 日,第 1 版。

法将逻辑模型转化为物理模型,最后经过编程与试运行,新的信息系统开发就算成功了。这个过程的前提是现实系统(手工系统或计算机系统)的工作流比较清晰,工作人员对业务需求比较明确。实际上现有的档案管理软件正是这样一个开发过程。

但这样的一个开发过程对于我国电子文件管理系统并不完全适用,原因就是档案管理人员对于电子文件管理业务的需求不清晰,尤其是基层的档案工作人员由于计算机与电子文件管理知识结构的不合理使其基本不能提出相关的功能需求,而我国电子文件管理系统通用功能需求规范尚未出台,这种情况下开发出的电子文件管理项目必然会有很大的盲目性与功能的欠缺。

反观美国 ERA 的开发,该项目首先经过 6 年之久的基础研究阶段,之后才开始了耗资 3 亿美元、为期 6 年的系统研发阶段。在基础研究阶段,为了将需求具体化,NARA 花了 6 年的时间来分析和定制这些需求信息。NARA 在充分吸收 InterPARES 等研究成果的基础上,通过与 NARA 内部的组织机构等合作方的多方探讨,重复进行机构范围的复议,对管理方法变革进行细化,同时还邀请技术部门和普通服务部门对相关需求进行点评,最终基于 OAIS 模型、用 IDEF 的方法确定了项目的需求。

因此,我国的电子文件管理项目的实施必须要有方法论做指导,而目前我国档案界这方面的研究基本为空白。基于此,论文从电子文件管理系统的建模出发,致力于构建一套适合我国电子文件管理系统实施的方法论,在该方法论指导下建立的功能模型也会对制定我国电子文件管理系统通用功能需求的方法论起到借鉴作用。

2.4.3 拓展对 OAIS 的研究

2002 年 OAIS 成为 ISO 国际标准以来,得到了世界范围内的重视与研究。许多专家从各自的角度对 OAIS 进行拓展,使其更加具有可操作性。笔者于 2009 年 1 月对中国期刊全文数据库以 OAIS 为主题进行检索,得到学术文献 45 篇,其中档案界学术文献 26 篇,以 OAIS 为篇名进行检索得到文献 25 篇。在检索得到的档案界研究文献中,真正对 OAIS 参考模型进行拓展研究的不过数篇。

OAIS 参考模型为数字信息的长期保存提供了一个概念与术语框架,其目的与电子文件管理系统是基本一致的,应该可以成为电子文件管理系统的参考模型。但由于其专著于概念与术语,主要是一个概念模型,不完全是一个逻辑模型,直接用 OAIS 来指导电子文件管理系统的开发还具有一定的难度,需要对其进行拓展,尤其是它的功能模型。

从国外的研究看,一些基于 OAIS 的研究或项目都是在 OAIS 的框架内或对其六个功能实体进行细分,或对其元数据模型进行具体化。国内相关研究很少,尤其是 OAIS 功能模型的六个功能实体的细分几乎没有,这在很大程度上限制了 OAIS 参考模型的实际应用。

因此,本论文在对国外相关研究梳理的基础上,尝试根据我国电子文件管理的实际对 OAIS 参考模型进行拓展,尤其是对起关键作用的摄取(ingest)实体(文中为了和档案术语一致,译为"收集")进行细分,使其成为一个真正的逻辑模型,将对我国电子文件管理项目的实践起到实际指导作用,对于我国电子文件管理的通用功能需求也有一定的参考价值。

2.4.4　构建基于 OAIS 的可信电子文件管理项目框架体系

如前所述,电子文件管理项目在我国出现了数量上的井喷,但很多是低水平的重复,一个很重要的原因是既没有通用的电子文件管理系统功能需求规范,也没有一个可以作为示范甚至借鉴的电子文件管理项目。

从涉及"电子文件管理系统"这一主题的文献看,其研究存在着"重理论、轻实践"的现象,片面强调电子文件管理系统的作用,强调要实现的功能,而较少涉及如何实现,研究的可操作性不强,对真正开发一个电子文件管理系统的实践指导意义不强。

本书构建一个基于 OAIS 的可信电子文件管理项目框架体系,重点关注综合档案馆电子文件管理系统的开发,通过软件系统的开发来实现其规范化要求,从标准体系、制度、技术、方法等方面为综合档案馆电子文件管理提供一个可操作的解决方案。

2.5　文献调研说明

2.5.1　国内文献的调研

论文就电子文件管理、电子文件管理系统、电子文件管理项目、电子文件归档系统、OAIS 等主题进行了文献检索,检索范围为中国学术期刊全文数据库、中国优秀博士硕士学位论文全文数据库、中国重要会议论文全文数据库、中国重要报纸全文数据库等文献数据库。检索结果如表 2-2 所示。

表 2-2　中文文献调研情况表

主　题 数据库	电子文件管理	电子文件管理系统	电子文件管理项目	电子文件归档系统	OAIS
中国学术期刊全文数据库	1 128	146	14	5	45
中国优秀硕博士学位论文全文数据库	43	3	0	2	1
中国重要会议论文全文数据库	34	0	0	0	0
中国重要报纸全文数据库	23	1	0	1	1
合　　计	1 228	150	14	8	47

2.5.2　国外文献的调研

论文就电子文件管理系统、电子文件归档系统、OAIS 等为主题进行了文献检索,检索范围为 ProQuest Digital Dissertation(PQDD,硕博士论文数据库)、EBSCO 系列数据库的 Academic Search Premier(学术期刊数据库)、Proquest 检索平台数据库中的 Academic Search Library(学术研究期刊数据库)、SpringerLink 全文数据库、万方外文文献数据库等数据库,检索结果如表2-3所示。关于OAIS的文献,综合型数据库检索出来有重复,实际数量在50篇左右。

表 2 - 3　外文文献调研情况表

数据库 ＼ 主题	电子文件管理	电子文件管理系统	OAIS
ProQuest Digital Dissertation	10 974	1 046	19
Academic Search Premier	—	—	29
Academic Search Library	—	—	27
SpringerLink 全文数据库	—	—	26
万方外文文献数据库	—	—	3
合　计			104

3 电子文件管理活动建模分析

本章首先分析电子文件管理项目建模的方法论,探讨 ERMS 建模的标准,然后分析 OAIS 参考模型应对于 ERMS 开发的适用性。笔者认为 OAIS 完全可以作为电子文件管理系统建模的参考模型,但应根据经费、所拥有技术支持、模型应用环境等有选择地实现部分或全部功能要求,即实现 OAIS-SIMPLEX。

3.1 通用建模理论

3.1.1 模型与建模

人们为了满足自身的需要,一直在同外部环境发生着各种各样的联系。当社会进入信息时代的时候,人们依赖的这种联系方式变得日趋复杂并多样化。为了努力理解真实世界、掌握与真实世界发生联系的方式,人们利用数学手段或其他方法对事物或事物间的关系进行描述,从而产生了为真实世界建立模型的活动。通过建模活动,人们根据自己的目的对研究对象进行一种抽象和理想化的描述,描述的结果就是模型。

3.1.1.1 模型的概念

1. 模型概念的理解

模型是对现实系统的一个抽象,是实际系统或过程的代表或描述,是集中反映系统有关信息的实体,是对一切客观事物及其运动形态和变化规律的一种定量描述。一般来说,可以对模型作如下通用定义: 模型是能够合理地抽象和真实地描述现实世界本质特性的替代物。①

模型是对现实原型的一种抽象,由于现实原型的复杂性,这种抽象往往强调现实原型的本质,忽略其次要因素。如果是对某些领域的抽象,则强调这些领域现实原型的共性,而忽略其差异,即模型可以澄清原型系统相互间关系、识别出关键元素、有意识地减少可能引起的混淆。可以说,模型是对原型系统中那些有用的或令人感兴趣的特性的抽象,是对系统某些本质方面的描述。因此,从某种意义上说,模型是原型系统的代表,是对原型系统的简化。

从各门学科的研究看,构造一个真实系统的模型,在模型上进行分析、实验成为原型系统分

---

① 见蔡筱英、金新政《信息方法概论》,科学出版社 2004 年版,第 264 页。

析、研究的十分有效的手段。为了达到系统研究的目的,模型用来收集系统有关信息和描述系统有关实体。也就是说,模型是为了产生行为数据的一组指令,可以用数学公式、图、表等形式表示。[①]

2. 模型的非形式与形式描述

模型的非形式描述主要说明实体、描述变量、实体间的相互关系等。非形式模型描述的格式可用如下表示:

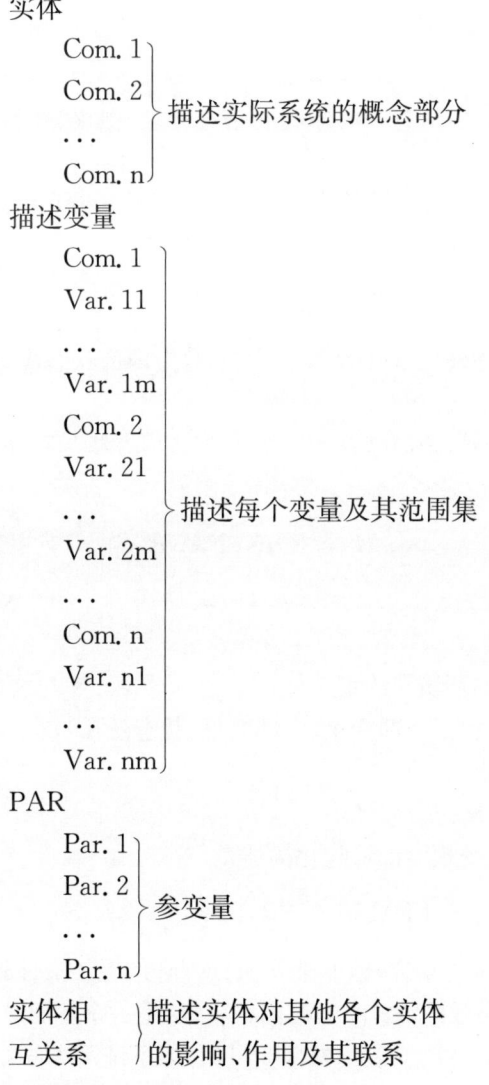

实体
    Com. 1
    Com. 2 ⎫
    … ⎬ 描述实际系统的概念部分
    Com. n ⎭

描述变量
    Com. 1
    Var. 11
    …
    Var. 1m
    Com. 2
    Var. 21
    … ⎬ 描述每个变量及其范围集
    Var. 2m
    …
    Com. n
    Var. n1
    …
    Var. nm

PAR
    Par. 1
    Par. 2 ⎫
    … ⎬ 参变量
    Par. n ⎭

实体相 ⎫ 描述实体对其他各个实体
互关系 ⎭ 的影响、作用及其联系

例如对于 OAIS 的外部环境模型就可以非形式描述为:

---

① 见王红卫《建模与仿真》,科学出版社 2005 年版,第 4 页。

实体

　　　　OAIS,信息生成者,信息用户,管理。

描述变量

　　　　OAIS：信息、处理

　　　　信息生成者：信息、生成

　　　　信息用户：信息、利用

　　　　管理：全部 OAIS 政策、设置

参变量：略

实体相互联系：

◇　信息生成者提供特定信息,OAIS 进行信息处理(保存、迁移、提供利用等),信息用户利用信息。

◇　管理实体设置全部 OAIS 政策作为一个更广泛政策领域的一个组成部分。

模型的形式描述[①]是：

$$S = \{T, X, \Omega, Q, Y, \delta, \lambda\}$$

其中, T 为时间基, X 为输入基, Ω 为输入段集, Q 为内部状态集, Y 为输出集, δ 为状态转移函数, λ 为输出函数。

考虑到本论文的研究领域是模型在计算机中的表示方法与存储形式,将模型上述形式化描述用一个 6 元组来表示：[②]

$$M = \{O, G, T, V, R, S\}$$

其中, O 表示模型的对象集；

G 表示模型的目标集；

T 表示模型系统所处的环境与约束条件；

V 表示模型的变量集(包括外部变量、内部变量、状态变量)；

R 表示变量间的关系集；

S 表示模型的状态集(从初态到终态)。

例如,电子文件管理系统模型的形式化描述是

$$\mathrm{ERMS} = \{\mathrm{PR}, \mathrm{LPR}, T, V, R, S\}$$

其中,PR 表示生成的电子文件集合；LPR 表示长期保存的电子文件集合；

$T = \{t_1, t_2, \cdots, t_n\}$,是政策、法律、标准的约束集,是一个广泛政策的领域；

$V = \{\mathrm{OUT}, \mathrm{IN}, \mathrm{CON}\}$,OUT 表示外部变量集,如系统需求的变化,IN 表示内部变量集,如

---

① 　模型中的七元组的含义与限制参见：王红卫《建模与仿真》,科学出版社 2005 年版,第 20 页。

② 　此处的模型表示是在本文研究领域内的形式化描述,本文是从信息处理与信息工程角度进行模型的分析,下文中如果没有特别指出,均为此领域的模型。

长期保存策略,CON 表示状态变量集,如用户需求变化要求系统相应的变化;

$R = \{r_1, r_2, \cdots, r_n\}$,是变量间的关系,如文件格式的变化(外部变量)引起长期保存策略(外部变量)的更改;

$S = \{s_1, s_2, \cdots, s_n\}$,是模型系统的状态集,$s_1$ 为初态,s_n 为终态。

3.1.1.2 模型的组成

根据模型的形式与非形式描述,一个完整的模型由系统、目标、组成成分、约束条件、变量以及相关等几部分组成。其中,系统是模型描述的对象,目标是系统要达到的目的,组成成分是构成系统的各种子系统或模块,约束条件是系统所处的环境及其约束,变量表示各成分量的变化(包括系统内部变量、外部变量、状态变量等),相关表示变量间的数量关系。可以用图 3-1 来示意模型的组成。图中,圆内为一个描述的系统,系统内有内部变量和状态变量,环境与约束条件是外部变量。在一定的约束条件下,外部输入通过系统的边界进入系统,通过模型描述的变量间关系,求解出相应的结果进行输出。

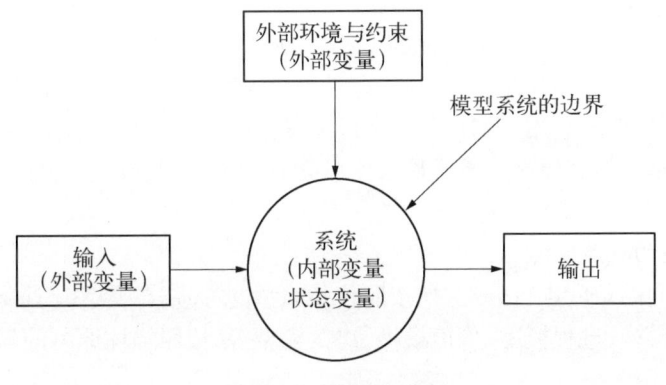

图 3-1 模型的环境

例如,OAIS 的环境模型(图 3-2)就是基于 OAIS 系统的顶层模型,表示了 OAIS 系统与外部环境的数据交换。

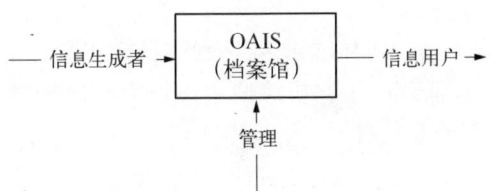

图 3-2 OAIS 的环境模型

3.1.1.3 模型的特性

根据对模型概念的理解,其特性有客观性、抽象性、简化性、通用性与适应性等。

所谓客观性,也可称之为相似性。是指模型必须能在某种程度上反映原型系统的本质特性,二者必须要有相似的属性特性和变化规律,否则便不能作为原型的模型。例如连续体理论中的文件连续体模型选择了电子文件保管、业务活动、凭证和来源四个要素进行分析,涵盖了从单份文件形成到文件作为档案保存和利用,包括电子和非电子的文件和档案管理。但如果缺少了这四个要素中的任意一个,如凭证要素,该模型就不能反映文件管理的实际情况,不能表明文件凭证作用的扩展方向,就不能作为模型来使用。

所谓抽象性,是指模型虽然是对原型的真实描述,但不应该是对原型的所有描述。这是因为,任何原型都有着非常复杂的特性和层次,不可能在模型中得到完全描述;二是建立模型总是为了特定目的,为了反映原型某方面的特征,也不必完全描述,因此在建立模型时必须进行合理的抽象。如软件开发人员在开发档案管理软件时,通过对现实档案工作的业务流程的分析,舍去实际工作中物的成分,抽象为数据流与数据处理的逻辑模型,进而再进行设计、编程。这样一个建立模型的过程,实际上就是抓住了档案管理工作本质上是一个信息处理过程这样一个特征。

所谓简化性,是指模型是一个被简化了的近似原型,忽略次要因素和某些非可测变量的影响。一般而言,在实用的前提下,模型越简单越好。如档案管理工作的建模就应该采用静态模型而不应该采用复杂的动态模型。

所谓通用性,是指模型要尽量采用标准形式,尽可能利用原有的相关成果,他人也可方便使用该模型。如 OAIS 模型中的功能模型与信息模型均采用了 UML[①] 来描述,研究人员既可以很清晰地去理解,又可以继续利用 UML 对其进行扩展。

所谓适应性是指模型在原有建模条件发生变化时,不做修改或稍作修改,模型仍是原型的合理抽象和真实描述。

3.1.1.4 模型的种类

模型可以从不同的角度进行分类,如按照代替原型的方式分为实体与抽象模型,按照描述原型的性质分为结构模型、过程模型、价值模型、决策模型等,按照描述原型的运动状态情况分为静态与动态模型等。

根据本论文研究的领域,这里主要考虑按照模型代替原型的分类方式,将其分为实体模型与抽象模型。所谓实体模型就是用实体去代替原型,如飞机模型、舰船模型等。所谓抽象模型,就是用语言、符号、图表、数学公式等来代替原型。从抽象的角度,又把模型分为三类:概念模型、逻辑模型与物理模型。

概念模型是最抽象的模型,是人们根据所要达到的目标和所具备的领域知识、经验等构造出来用以描述原型系统的主要特征。由于它描绘原型系统大致的轮廓,反映的是领域中重要的概念及概念间的联系,一般不会涉及具体的需求,因此可能很不完善,甚至无法实现,但对以后模拟、认识原型系统有深刻的意义。概念模型是为了更好地理解所在领域,是概念化的、抽象的、高层次的。

逻辑模型构造的基础是概念模型,它考虑了模型总体合理性、结构合理性与实现可行性,在逻辑上描述原型系统,着重用逻辑的过程或主要的业务来描述对象系统,因此其在原理上行得

---

① UML,Unified Modeling Language,统一建模语言。为面向对象开发系统的产品进行说明、可视化和编制文档的一种标准语言。作为一种模型语言,它使开发人员专注于建立产品的模型和结构,而不是选用什么程序语言和算法实现。

通,描述了系统要"做什么",或者说具有哪些功能,但并没有具体实现的细节。

物理模型是一个完全确定的模型,是一个可实现的、实在的模型。它在逻辑模型的基础上,经过对系统具体细节的说明,构成了具有具体实现细节的合理模型。这个模型描述了原型系统"如何做"、"如何实现"。

这三个模型的理解对于本论文是很重要的。因为 OAIS 正如 CCSDS 所声明的"为数字信息的长期保存提供了一个概念与术语框架",是一个抽象的、高层次的概念模型,如果要对现实系统有指导意义,需要映射为逻辑模型,再转化为物理模型。

3.1.2　建模过程

建立模型是通过对原型对象建立一个抽象的表示方法,用来表征原型并获得对原型本质的理解,从而建立原型对象的模型。建模不是简单的"原型复现",而是根据研究目的的实际需要,对反映客观事物的模型进行简化或细化,以及对模型进行分解或组合,从而寻找一个便于进行系统研究的"替身"。图 3-3 是建模过程示意图。

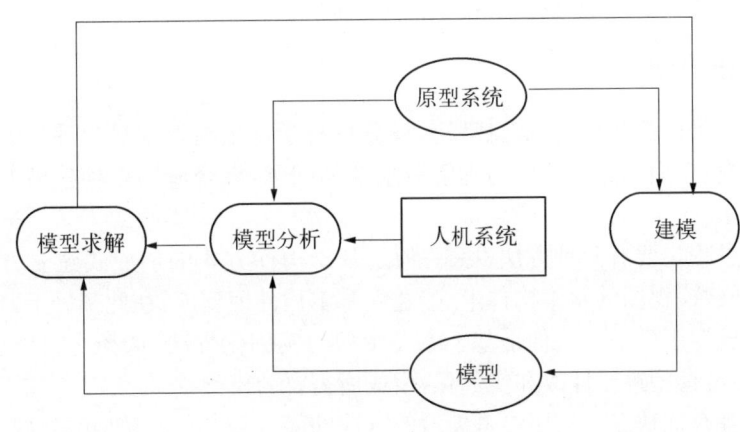

图 3-3　建模过程

为使模型满足研究的需要,达到建模研究的目标,在建模的过程中必须遵循以下基本原则:

1. 目标分解原则

复杂系统的目标多样,将大目标分解为小目标,继而将系统按照实现目标将其分解成子系统,逐步细化。

2. 结构分解原则

需要解决的问题往往很复杂,一个系统牵涉到许多因素,在建模的时候将大系统分解成若干个子系统,将复杂结构分解为若干简单小结构的组合。先分析子系统,再分析子系统的组合,从而使复杂结构简单化。

3. 功能和行为分离原则

功能描述系统做什么而行为描述系统如何做,建立模型的过程中,功能和行为必须清楚区分。这样,无论是修改功能还是改变行为都不至于对系统的其他部分产生太大影响。

4. 活动和资源分离原则

在模型中活动描述要做的事情,而资源是和执行活动相关的工具、环境和服务。同一资源可能对应多个活动,一个活动可能使用多个资源,将活动和资源分开可以减少它们的耦合程度,使得模型具有较好的可使用性。

5. 模块化封装原则

采用软件工程的模块化方法对系统建模,可以使模块内部具有高聚合性,模块之间具有低耦合性。这样能够较好地适应建模对象的变化,降低模型更动的难度。

6. 可重用性原则

建模的目的之一就是为了重复使用模型,所以在建模的过程中要注意模型的可重用性。模型或者复杂模型的组成部分可以重复使用或移植到别的模型中,这样可以加快建模的速度,降低建模的难度,提高建模的效率。

7. 通用性原则

在建模的过程中要注意模块的通用性,对于系统中有共性的问题统一处理,建立通用的模块。对于同一行业的同一问题,要注意模型的通用性。

3.1.3　建模方法

建模方法论就是以认知理论、信息理论、计算机科学理论与管理科学理论为基础,从问题领域的客观世界出发,全面充分地认识与理解所求解的问题,综合应用多种建模方法,使系统模型充分反映实际需求。

模型的建立过程主要有两种方法[①]。一种是基于构件方式的创成式建立方法,通过研究不同建模阶段、不同建模视图的基本构件形式,建立基本构件模型库,在此基础上,建立部分通用的模型。进一步生成专用模型。一种是基于参考模型的实例化方法,选择比较接近实际需求的已有参考模型,对参考模型进行修改和实例化,生成所需要的模型。

这两种方法各有优缺点。采用参考模型的方法的优点是在参考模型的基础上能快速生成模型,缺点是需要对参考模型进行深入的研究。采用构件式建模方法的优点是灵活性与适应性好,但建模工作量大,建模周期长。

目前常用的是采用构件和参考模型相结合的方法。在这种方法中,选择适当的参考模型,通过增加新的模型构件和修改参考模型中的构件,快速准确地生成符合实际情况的专用模型。这种方法要注意两个问题:一是如何选择参考模型。建立参考模型是对知识单元的重组,参考模型在视图结构上同样具有过程模型、功能模型、信息模型、组织模型和资源模型;一是选择了参考模型后如何对其修改和实例化,将其应用到当前工作实际中。

目前电子文件管理项目的建设不尽如人意,其中一个主要原因就是电子文件管理领域的建模工作没有在学界得到深入研究,软件开发者或没有选择适当的参考模型或选择参考模型后,不能将其实例化到电子文件管理实际工作中。

---

① 见高巍《企业应用开发中的建模工具和建模方法论》,《程序员》2002 年第 10 期,第 45－50 页。

3.2　电子文件管理领域的建模研究

3.2.1　电子文件管理项目建模的必要性

综观近年来的电子文件管理项目建设,大家普遍关注的是硬件实施和应用系统内的功能模块划分问题,如计算机配置、网络拓扑结构、三层结构等,而忽视了系统的目的、用途及工作模式,没有对电子文件管理业务进行很好的分析,造成开发出来的系统语义、语法、命名不一致,功能缺失、界限划分不清等,最终使得项目难以实现预定目标。

1. 模型可以提高对电子文件管理的认识与干预能力

建模工作的一般目的有两个:提高认识和提高干预能力,这两者是相辅相成的,也就是说模型具有目标上的二元性,如图3-4所示。

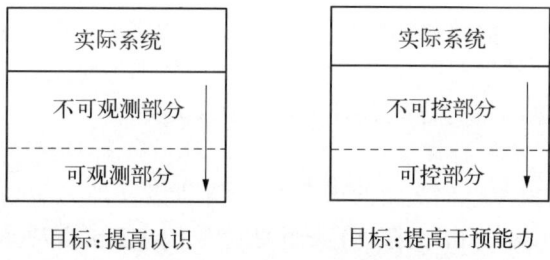

图3-4　根据目标建立系统

在提高认识的目标上,要求模型要提供一个准确的、易于理解的通信模式,以便在信息传递时减少引起误解的几率,同时需要一个相当规模的辅助思考过程。在提高干预能力的目标上,可以划分出三个不同的干预层次:管理、控制和设计。

对于电子文件管理而言,其模型同样具有上述作用。随着信息技术的不断发展,信息系统在各方面的应用越来越普及,其复杂程度也不断提高,电子文件管理系统要想对这些信息系统生成的电子文件进行全程管理的难度也相应增加。电子文件管理人员发现,当他们面对越来越多复杂系统的时候,脑海中电子文件管理系统功能、模型及其内部的联系也越发混沌与不清楚,迫切需要一种方法来描述电子文件管理系统,使系统的需求、结构、数据以及相互间的联系变得简单。因此,有必要对电子文件管理系统进行建模的工作。

模型可以使电子文件管理系统的不可观测部分(如真实性与完整性保障)转化为可观测部分,使电子文件管理的不可控部分(如长期保存问题)转化为可控部分,从而提高档案管理人员对电子文件管理的认识,提高档案管理人员对电子文件管理的干预能力,为真正实现电子文件的全程管理和前端控制两大管理原则奠定坚实的基础。

2. 模型建立是电子文件管理工作流程构建与再造的基础

对于综合档案馆建设而言,其目的是为了更好地接收电子文件,长期确保电子文件的真实性、完整性与可读性,加大电子文件的利用程度。为了达到这个目标,在电子文件管理项目建设中就必须对原有的电子文件管理流程进行很好的分析和研究,找出其不足之处。

目前许多档案馆的电子文件管理工作没有达到预期目标,有的甚至没有开展,原有的电子文件管理流程并不完善,甚至没有管理流程。需要对综合档案馆电子文件管理流程进行构建和再造。

工作流程的构建与再造不是系统本身能够自动实现的,而需要在电子文件管理系统设计之前进行很好的业务分析,即业务建模。只有找到了缺陷,才能提出更好的解决办法。因此,业务建模是整个系统设计的前提,也是电子文件管理工作流程再造的基础。

3. 建立模型是电子文件管理项目建设的前提

电子文件管理项目以电子文件管理系统为主体。任何一个计算机系统的建设必须要从业务模型的建立为起点,遵循从系统的概念模型、逻辑模型到物理模型最后到物理系统的实现这样一个过程。

目前电子文件管理系统建模工作主要是由系统开发者来开展。长期以来,系统开发者站在计算机的角度,按照计算机存储与处理信息的单一方法进行需求分析,只考虑了档案工作中现有电子文件管理的功能,不能全面地观察现实问题,对用户的要求重视不够,没有考虑到电子文件的档案本质,忽略了电子文件管理的最主要功能,造成重要的电子文件无法向档案馆进行移交,即使强行移交,也无法在档案馆电子文件管理系统中永久保存。

4. 模型建立是档案馆集成的基础

电子文件管理系统涉及综合档案馆的诸多方面,还涉及文件的前端。模型可以为不同系统之间信息交换提供公共的语法和语义模型,从而使完成不同任务的人员和系统对同一个问题有相同的理解,并在此基础上设计开发系统集成接口或者共享数据库。

5. 参考模型的选择是电子文件管理项目需求分析工作的基础

在我国的电子文件管理项目建设中,档案管理人员由于技术上的限制,应用系统的开发一般是外包给专业 IT 公司。在技术人员开发前,档案管理人员必须提出详细的需求说明,开发人员在此基础上对原业务进行深入的了解、提取、抽象、升华,从业务中提取出软件系统能够帮助用户解决的业务问题。

如果档案管理人员本身对电子文件管理工作就不清晰、不完善,开发人员在此基础上的业务理解必然不完善,开发出的项目则必然存在功能缺失。这一点在目前的电子文件管理项目建设实践中已经得到了证明。

为了解决这一问题,必须要选择一个参考模型作为电子文件管理系统模型建立的基础,开发人员对此参考模型进行继承、剪裁、细化、扩充、定制和重组等工作,建立具体的项目需求模型,然后再进行正常的软件开发过程。实际上,这样一个解决思路已经在国外相关的电子文件管理项目建设中进行了实践,并取得了良好的结果。

3.2.2　目前电子文件管理项目的建模思想

3.2.2.1　目前电子文件管理项目的开发过程

如前所述,目前电子文件管理项目主要由软件开发公司来主导。软件开发公司的建设思想基本上就是根据软件工程的相关理论,按照软件工程的开发过程进行分析、设计与编程实现的。具体过程如图3-5所示。

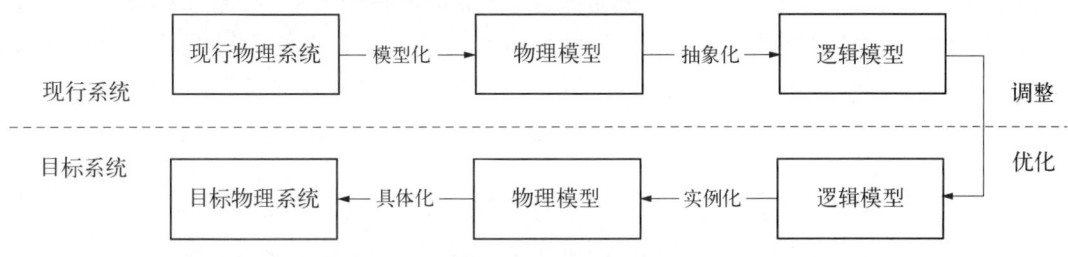

图 3-5 软件开发过程模型转化示意图

从图3-5所示模型的角度,可以将系统开发分为三个过程:

第一,获取现行系统的物理模型,将其映射为现行系统逻辑模型。现行系统可以是已经存在的计算机系统,也可以是手工处理的系统。开发人员通过对档案工作人员实际工作的调研,了解现行系统的运行情况,形成一个物理模型。该物理模型有大量的关于物理系统实现的细节问题,开发人员应用相关方法与工具将其抽象为现行系统逻辑模型。

第二,建立目标系统的逻辑模型,并进行调整优化。目标系统的逻辑模型建立在现行系统逻辑模型的基础之上。分析目标系统与现行系统逻辑上的差别,明确目标系统要"做什么",对现行系统逻辑模型进行调整、优化,导出目标系统的逻辑模型。

第三,获取目标系统的物理模型,编程实现目标物理系统。该阶段根据目标系统逻辑模型的功能要求,采用软件工程的方法,通过对逻辑模型的映射,详细确定目标系统的结构与具体实施方案,建立目标系统的物理模型,然后进行程序设计、测试实现目标系统。

从这个过程中可以看出,第一和第二阶段需要开发人员和档案工作人员协作完成,第三阶段则由开发人员独立完成。第一和第二两个阶段是至关重要的,它们决定了系统开发的方向,决定了开发出的系统是否符合用户的需求。

3.2.2.2 现行建设方法的缺陷

上述过程是软件工程标准的开发过程。应该说,在档案信息化的进程中,它起到了决定性的作用,据此开发的档案计算机辅助管理系统很好地完成了传统档案的计算机管理与传统档案的数字化。

如果把档案计算机辅助管理系统看作是一个目标系统,那么现行系统则是档案管理人员手工管理传统档案。传统档案的手工管理经过了几代档案人的理论探索与实践,已经比较成熟,档案人员普遍具有这方面丰富的理论知识与实践经验,可以就现行手工管理系统的运行情况、档案处理过程、日常业务数据处理的输入输出等问题与开发人员进行很好的交流,使得开发人员可以在充分了解档案计算机辅助管理系统功能需求的基础上,构建目标系统的逻辑模型,并可以就该逻辑模型与档案管理人员进行反复讨论、调整、优化,最终获取目标系统的逻辑模型,为目标系统物理系统的实现提供正确的需求方向。

由于综合档案馆的档案管理业务基本一致,因此软件开发公司完全可以在一次充分了解档案管理业务需求的基础上,开发出一个基本适用于所有综合档案馆的档案计算机辅助管理系统,而很少甚至不需要二次开发。

那么,对于电子文件管理项目建设,照搬该过程就未必能得到一个满足综合档案馆所需的电子文件管理系统。这是因为许多综合档案馆没有开展电子文件管理工作,也就不存在现行系统。个别开展了该项工作的档案馆,其业务也仅限于将电子文件输入(在线或离线)到系统中,按照传统档案的整理方式进行简单的著录,将电子文件检索输出。档案管理人员对于电子文件管理的知识也不全面,几乎没有实践经验,开发人员很难就电子文件管理系统的需求向档案管理人员进行调研,更不用说与其展开讨论,就其需求与用户进行交互式的确认。

开发人员简单考虑了综合档案馆现有的电子文件管理工作,将电子文件看作普通的计算机数据文件,将电子文件管理系统看作一个只有输入、存储、输出功能的简单的信息系统来开发,而几乎没有考虑电子文件的档案属性,没有考虑电子文件的凭证作用所需的真实性与完整性,没有考虑电子文件的长期可读性等。反映在开发方式上,就是现行系统的功能不能得到详细地分析与确认,其得到的逻辑模型就不能全面反映目标系统,由此得到的目标系统必然不是档案部门所需要的电子文件管理系统,如图 3-6 所示。

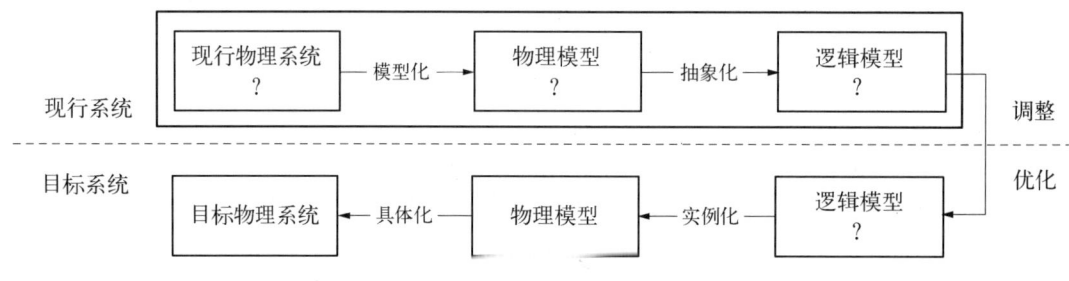

图 3-6 传统开发方式的缺陷

实践也证明,目前大多数电子文件管理项目的建设照搬了该开发过程,使得其功能仅局限于电子文件的接收、简单管理、提供利用,充当了一个简单的电子文件接收与发布平台,没有元数据管理、长久保存、真实性与完整性保障等功能,并不是真正意义上的电子文件管理系统。一些软件开发公司将一个需求不完善的电子文件管理系统作为一个通用软件,卖给多个综合档案馆,同时不做适应单个档案馆具体情况的二次开发,只会使电子文件管理系统处于低水平的重复建设,耗费档案馆来之不易的财力、物力,同时为电子文件管理带来了极大的风险。

3.2.3 电子文件管理项目的形式化建模

综合档案馆实施电子文件管理系统是一项复杂的工程,需要先进的实施方法论的指导。通过在电子文件管理系统实施的五个阶段(系统规划、需求分析、系统设计、系统实施和运行维护)建立项目模型,可以有效地提高综合档案馆实施电子文件管理系统的质量,降低实施成本,缩短实施周期。可以说建模是档案馆成功实施电子文件管理系统的必要工具和手段。

电子文件管理系统模型是对综合档案馆实施电子文件管理项目的活动、过程、信息、资源、目标和约束的计算机化表示。它有两个显著的特点：由一组模型组成；具有多视图特性。

电子文件管理项目模型用形式化描述就是

$$ERMS = (PM, OM, IM, RM, FM, Component)$$

其中，PM 是过程模型，OM 是组织模型，IM 是信息模型，RM 是资源模型，FM 是功能模型，Component 是模型构件。[①]

考虑到研究范围，论文主要对功能模型和信息模型进行形式化描述。

3.2.3.1　功能模型

功能模型是用来描述电子文件管理系统的功能，说明电子文件管理是通过哪些具体的功能活动来实现的，还描述各功能实体间的逻辑结构与相互关系。它将具有显式时间关系的过程视图映射到一个平面，侧重于系统静态的结构化描述。

在文件管理系统的建模中，常采用 IDEF0[②] 进行功能建模。IDEF0 所建立的功能模型由一系列有一定层次的图形组成，图形中的元素主要是简单的方块（boxes）与箭头（arrows），如图 3-7 所示。

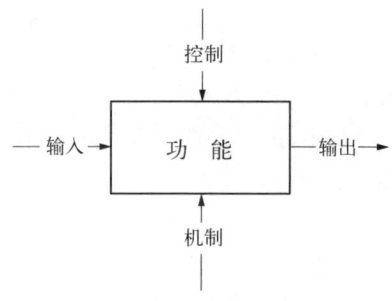

图 3-7　IDEF0 基本功能活动

一个功能模型是由一组按递阶层次分解的图形组成的，如图 3-8 所示。

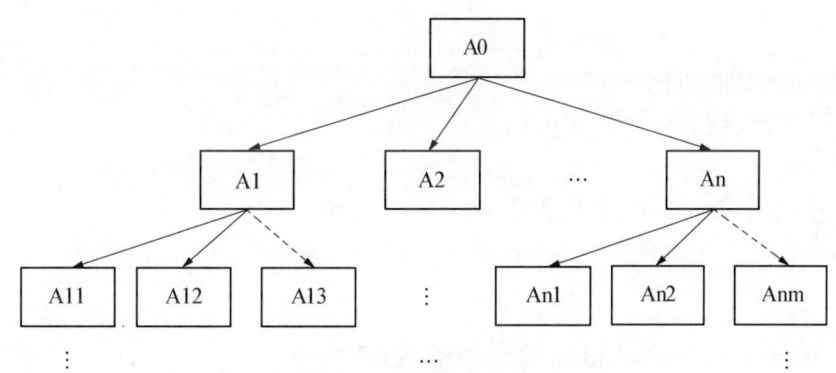

图 3-8　功能模型结点树

根据以上分析，可以得到电子文件管理系统功能模型的形式化描述：

$$FM = (Idef0set, Funboxset, Inputset, Outputset, Controlset, Machset)$$

---

①　这里考虑了系统的嵌套，即各子系统的模型包含在 ERMS 模型中，建模的过程在后面章节有详细描述。

②　IDEF0 方法，是美国空军为提高编程效率，提供共同通用的语言所发展出来的工具。其理论基础是建构于系统分析与设计的技术上，是由上而局部细分活动内容，逐步将实体系统分解。该方法在国外相关实践活动中经常应用。如美国国防部文件管理项目组与加拿大英属哥伦比亚大学的研究者进行合作，用 IDEF 方法建立了文件管理工作的活动模型（activity model）和实体模型（entity model），基于这些模型，他们提出了《47 项功能需求》（The 47 Functional Requirements）。

其中,Idef0set 是功能模型中所有 Idef0 图形的集合,Idef0set = {idef0$_i$|i=1, 2, ···, n},i >0,idef0$_i$ 是 IDEF0 图形;

Funboxset 是功能模型中所有功能活动的集合,Funboxset = {funbox$_i$|i=1, 2, ···, n},i>0,funbox$_i$ 是功能活动;

Inputset 是功能模型中所有输入的集合,Inputset = {input$_i$| i=1, 2, ···, n}, i>0,input$_i$ 是输入;

Outputset 是功能模型中所有输出的集合,Outputset = {output$_i$| i=1, 2, ···, n}, i>0,output$_i$ 是输出;

Controlset 是功能模型中所有控制的集合,Controlset = {control$_i$| i=1, 2, ···, n},i>0,control$_i$ 是控制;

Machset 是功能模型中所有机制的集合,Machset={mach$_i$| i=1, 2, ···, n}, i>0,mach$_i$ 是机制。

3.2.3.2 信息模型

信息模型用来描述电子文件管理系统的处理对象所包含的信息,它提供了建立高效可靠的电子文件管理数据结构的基础,是实施电子文件管理系统的重要基础。经常采用 IDEF1X 方法[①]来构建信息模型,其基本组成是实体、联系与属性。

简单地,可以将电子文件管理系统的信息模型形式化描述如下:

$$IM = (Idef1xset, Entityset, Attrset, Relset)$$

其中,Idef1xset 是信息模型中所有 Idef1x 图形的集合,Idef1xset = {idef1x$_i$|i=1, 2, ···, n},i >0,idef1x$_i$ 是 IDEF0 图形;

Entityset 是信息模型中所有实体的集合,Entityset = {entity$_i$|i=1, 2, ···, n},i >0,entity$_i$ 是实体;

Attrset 是信息模型中所有属性的集合,Attrset = {attr$_i$|i=1, 2, ···, n},i >0,attr$_i$ 是属性;

Relset 是信息模型中所有联系的集合,Relset = {relation$_i$|i=1, 2, ···, n},i >0,relation$_i$ 是联系。

3.2.4 电子文件管理项目建模思想的改进

3.2.4.1 电子文件管理项目建模方法

电子文件管理是档案学界研究的一个重要方向,目前尚有许多课题仍在探讨中,尚未定论。在理论尚未完全成熟的情况下,电子文件管理项目的建设需要有特殊的思想与方法。其中,构建模型来研究问题就是一种有效的方法。它可以帮助研究者和项目建设者从复杂的电子文件管理现象中抽取问题的主要因素来分析和讨论,把与电子文件管理无关或关系不大的因素在模型中

———————————

① IDEF1X 是 IDEF 系列方法中 IDEF1 的扩展版本,是在 E－R(实体联系)法的原则基础上,增加了一些规则,使语义更为丰富的一种方法。它具有图形化、可视化和直观化的优点。对于复杂系统的信息建模,采用 IDEF1X 可以降低难度、提高效率和正确率,用它建立的信息模型便于交流和共享。

去除,尤其去除了一些档案学者不精通的信息技术知识,使其可以从电子文件管理的理论角度去清晰把握电子文件管理项目的建设。

使用建模方法进行研究的目的是解决问题,模型建构方法应根据研究条件和研究目的。信息系统有多种建模方法,如面向需求分析的建模、面向对象的建模、面向数据的建模等。而电子文件管理系统应用传统的建模方法不能完全解决问题,需要用一种全新的建模思想来指导电子文件管理项目的实施。这是因为,电子文件管理应该遵循档案管理的一般规律,同时又有其自己独特的性质。电子文件管理系统作为一种特殊的计算机系统,包括所有与文件、档案管理有关的技术、管理、法律、标准、人员等相关因素在内。因此,这种全新的建模理念应该反映综合档案馆先进的管理思想,相应的建模方法论应对建模理念有很好的支持以及对电子文件管理项目实施具有很强的实践指导作用。

这种全新的建模思想应该将电子文件管理的相关基本理论纳入进来,如电子文件生命周期理论、文件连续体模型等,将其与信息系统传统建模方法相结合。基于以上考虑,论文以集成化建模方法[①]为基础结合电子文件管理基本理论进行调整、修正,构建其建模方法,如图3-9所示。

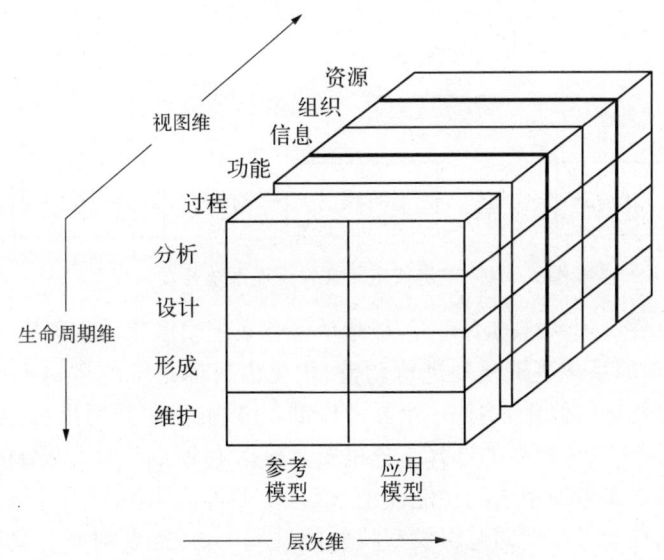

图 3-9　电子文件管理项目建模框架

集成化建模方法是由生命周期维、视图模型维和层次维组成的一个体系结构,从各个侧面描述电子文件管理项目所涉及的不同阶段、不同视图和不同建模构建层次。

生命周期维。由分析、设计、形成与维护四个阶段组成,构成了一个"建模—实施—建模"的循环过程,使得电子文件管理系统开发与综合档案馆电子文件管理工作的不断改进发展相适应。该维度蕴含电子文件生命周期的三个阶段:设计、形成、维护。

---

① 集成化企业建模方法是清华大学国家 CIMS 研究中心设计、开发的一个完整的工作流管理系统,包括建模工具、工作流机、管理工具、用户界面以及其他支撑组件等。

视图模型维。以过程视图为核心,以功能、信息、组织、资源等视图为辅助来集成化建模。该维度将全程管理、前端控制等电子文件管理基本原则纳入在内,不同视图模型的创建应以过程视图为核心来控制与维护其一致性从而逐步建立和完善。

层次维。考虑到电子文件管理理论的不完善,该维度由参考模型与应用模型两个层次组成。

该建模方法的优点在于不仅将电子文件管理系统的相关要素(技术、管理、法律、标准、人员等)均包含在内,体现在过程、功能、信息、组织、资源等视图中,还体现了电子文件生命周期、全程管理与前端控制原则等电子文件管理的基本理论,同时考虑了电子文件管理的发展现状,将适当的参考模型也纳入到该建模方法中。

3.2.4.2 电子文件管理项目建模思想的改进

根据以上电子文件管理项目建模方法论,论文对图 3-6 所示的信息系统传统开发方法进行改进,如图 3-10 所示。

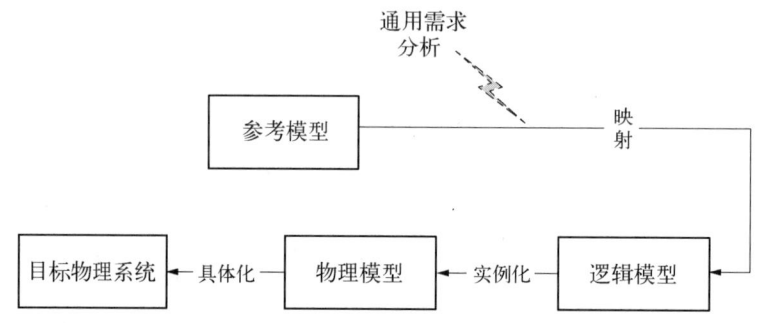

图 3-10 改进的电子文件管理系统开发过程

由于原有电子文件管理系统的不完善,很难从原有系统模型化出物理模型,映射其逻辑模型更不可能,也就不能对原系统逻辑模型进行调整、优化出目标系统的逻辑模型。因此,图 3-10 将对原系统的分析过程进行修正,增加一个参考模型,并以此为主映射出目标系统的逻辑模型。

改进后的开发过程,参考模型的选择十分重要。根据论文 3.1.1.4 部分的分析,该参考模型应该是一个概念模型。参考模型中的功能模型、信息模型等应为电子文件管理系统的通用功能需求指明方向,同时,在参考模型向逻辑模型映射的过程中,还需要对某一具体综合档案馆的电子文件管理业务进行具体分析,确定一些参考模型不可能涉及的具体细节,如电子文件格式、系统的网络结构与体系结构等。

3.3 OAIS 的适用性

3.3.1 电子文件管理系统选择参考模型的标准

电子文件管理系统开发是一个复杂的工作。开发过程中,如何选择、评价参考模型是一个关键问题。定义一组可操作的能够反映模型优劣程度的评价标准具有重要意义。参照已有的有关

模型评价准则①,结合档案学理论与实践,参考模型评价准则应该包含以下几个方面:

模型的形式化描述。即模型是否可以用合适的形式化方式来描述原型系统。对于一个电子文件管理规律的研究可以用文字来描述,也可以用图表来分析,还可以将其归纳为数学公式。显然图表可以更方便地对电子文件运动的信息流、控制流等进行分析,而数学公式则有利于对其管理规律归纳的推测。

模型的可理解性。即模型是否能够让所有使用者理解,尤其是为档案管理人员所理解。只有模型为档案管理人员所理解,开发者才能将特定需求与参考模型相结合。

模型的完全性。所谓完全性是指建立的模型包括所有用来解决问题所需要的信息。模型是对原型系统的抽象,在模型中去除了一些与问题关系不大或无关的因素,但模型必须包含和问题研究相关的那些主要因素,否则模型就是不完全的,在分析问题和研究问题时会造成偏差甚至是错误。现有的许多电子文件管理系统不是真正意义上的电子文件管理系统,其根本原因就在于模型的不完全。

模型的一致性。一个真正实用的电子文件管理项目模型由多个模型组成,这些模型间必须保持良好的一致性。

模型的可伸缩性。可伸缩性是指模型可以根据实际电子文件管理系统开发需要进行扩展或剪裁。作为概念模型的参考模型,包含内容广泛而不具体,对于电子文件管理系统的开发,有些内容需要拓展,而有些内容从经济或技术上考虑则可能要删减。

模型的范围和广度。它表示模型覆盖的范围。电子文件管理项目参考模型应提供所有与电子文件管理有关的信息。

模型的粒度与精度。它表示模型分解的精细程度。对于电子文件管理系统开发所需的参考模型,因为要为实践开发作指导,需要的粒度应该较细。如果选择的参考模型粒度较粗,应该有针对性地对其进行拓展研究,使其粒度变细。

模型的通用性。它反映了模型的适应能力。综合档案馆电子文件管理业务基本是一致的,这就要求参考模型具有较强的通用性,最好是国际或国家标准,而不仅仅满足于一个特定的电子文件管理项目的需求。

3.3.2　OAIS 参考模型在电子文件管理项目实施中的适用性

笔者认为,从电子文件管理实践的角度看,真正对电子文件管理项目实施有实践指导意义的是 OAIS 参考模型。它是 1995 年 5 月美国空间数据系统咨询委员会(CCSDS)推出的,是一个致力于数字信息长期保存和利用的基本框架体系,也就是说,OAIS 的目的与电子文件管理目标是完全吻合的,都是信息的长期保存和提供利用,这是 OAIS 参考模型应用于电子文件管理项目的基础。从实践看,目前 OAIS 参考模型已受到了档案机构、图书馆等具有数字信息保存与利用责任的相关机构的广泛关注与应用。

从模型的有效性去判断 OAIS 参考模型的适用性,可以从模型的行为水平、状态结构水平和

---

① 见范玉顺、王刚、高展《企业建模理论与方法学导论》,清华大学出版社 2001 年版,第 50 页。

分解结构水平进行系统描述，可以推出 OAIS 参考模型三个不同级别的模型有效：复制有效、预测有效和结构有效。然而软件开发人员建立的模型同样具有这三个不同级别的有效。因此，模型有效性的常用判断方法并不能认为 OAIS 参考模型更适用于电子文件管理系统。

这里笔者主要从上文得到的参考模型评价准则来分析 OAIS 的适用性。

1. 模型的形式化描述

OAIS 参考模型采用了文字与图表的形式化方式来描述原型系统。在 OAIS 参考模型中，功能实体、数据流与控制流构成了一个完整的功能模型图，OAIS 还提供了更有意义的数据流程图与管理环境图。

OAIS 参考模型可以很好地符合本文 3.2.3.1 提出的电子文件管理系统的功能模型。

$$FM = (Idef0set, Funboxset, Inputset, Outputset, Controlset, Machset)$$

这是因为，OAIS 参考模型本身就是用 IDEF0 的方法建模的。OAIS 功能模型分为三层：顶层是外部环境层，第二层是 OAIS 功能模型分解为六个功能实体，第三层是六个功能实体的详细分解与描述，如图 3 - 11 所示。

IDEF0set 就是图 3 - 11 中的 IDEF0 图形的集合（图 3 - 11 没有完全将 IDEF0 图形描绘出来）；Funboxset 是图 3 - 11 中所有功能实体的集合，Inputset 与 Outputset 是图中所有输入与输出的集合；Controlset 与 Machset 在图 3 - 11 中没有明确标示，但在 OAIS 参考模型中有管理控制与管理机制。

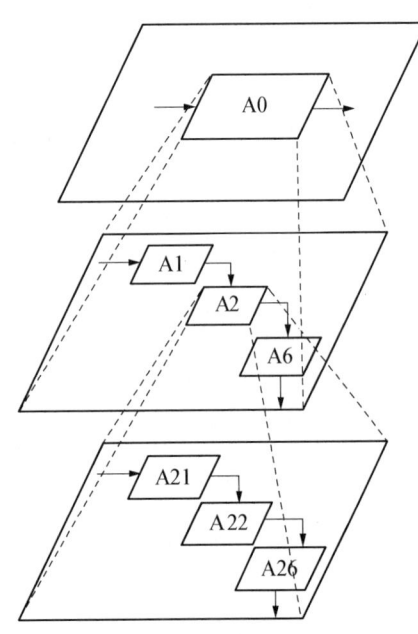

图 3 - 11　OAIS 参考模型的 IDEF0
方法分解示意图

2. 模型的可理解性

OAIS 参考模型具有很好的可理解性。它提供了一个共同的术语和概念框架，为负有长期保存数字信息职责的档案馆提供了最基本的功能描述，任何基于 OAIS 的系统都可以通过这些共同的术语与概念框架相互通信，从而为档案人员、开发人员、管理人员、研究人员等提供了一套便于沟通的体系结构。

一些人员说 OAIS 难以理解、难以实践，并不是因为模型本身的可理解性，而是因为 OAIS 是一个概念模型，对于那些专注于本学科的研究人员来说是一个新的知识，其次 OAIS 没有针对图书、档案、情报等特定学科。

3. 模型的完全性

这是 OAIS 参考模型不同于现有软件开发公司使用的电子文件管理系统模型的根本所在。OAIS 参考模型将涉及数字信息长期保存与利用的全部主要因素包含在内，去除了一些涉及特定学科的与长期保存关系不大或无关的因素，如 OAIS 是 CCSDS 推出的，但其应用范围却远远超出了空间数据领域。

许多软件开发公司应用传统的软件工程模型来实施电子文件管理系统,其模型主要是从实际工作系统中抽象出来的。众所周知,电子文件管理实际工作目前在综合档案馆主要是简单收集、存储与检索,电子文件管理的主要问题(长期保存)并没有反映在软件开发公司的模型中,这样,利用模型在分析问题和研究问题时会造成偏差甚至是错误。这就是现有的许多电子文件管理系统不是真正意义上的电子文件管理系统的根本原因。

这里要区别模型完备性和模型完全性这两个容易混淆的概念。模型完备性是针对模型本身而言的,主要是判断模型本身是否为一个完整的模型,例如在过程模型中,任何一个过程必须有且只有一个开始标志,至少有一个活动和结束标志,如果一个过程缺少这些元素,那么所建立的过程模型是不完备的。而模型完全性是针对模型和项目而言的,主要是判断模型是否包含所有用来解决问题所需的信息。模型的完全性检查无法用计算机实现,只能请一些待解决问题领域的专家,用提问的方式对所建立模型的完全性进行检验,通过从模型不断抽取信息回答专家提出的需求,可以初步确定所建立的模型是否完全,更进一步的检验需要在后续的模型使用过程中不断进行,根据检验的结果不断完善。

4. 模型的一致性

OAIS 由功能模型、信息模型、互操作模型等多个模型组成,这些模型本身以及模型之间具有较好的一致性。如功能模型分为三层,这三层的输出与输入数据流是一致的。互操作模型应用到功能模型的数据存储实体,也是一致的。对于模型的一致性,可以通过定义若干个一致性规则,利用计算机来实现对模型一致性的维护和检查。

5. 模型的可伸缩性

OAIS 具有良好的可伸缩性。OAIS 包含了所有与数字信息长期保存与利用相关的信息,包含内容广泛,有些内容对于我国小型综合档案馆电子文件管理业务而言并不是必须的,综合档案馆可以根据自己的经济与技术条件适当裁减;作为一个概念模型,OAIS 并不针对系统的实施,有些内容仅在功能中提及,但该功能与其他功能的关系等需要进一步拓展,如 OAIS 功能模型的保存规划实体提及了数据格式的选择,但如何进行格式管理并没有进一步涉及。

本文将要研究的简化版 OAIS 概念是 OAIS 具有良好可伸缩性的最好例证,具体在 3.5 节作详细分析。

6. 模型的通用性

OAIS 参考模型在 1995 年推出后作为 ISO 的推荐草案得到了广泛评阅。经过扩充修改,OAIS 于 2003 年作为 ISO 国际标准(ISO14721:2003)正式颁发,这是 OAIS 通用性的最好证明。目前,国际上许多电子文件管理项目都声称是基于 OAIS 参考模型。

3.3.3 OAIS 参考模型的应用需要拓展

根据以上分析,在本文所分析的改进的电子文件管理系统开发过程中,OAIS 是适合作为开发的参考模型的,但并不是说 OAIS 完全可以不做任何进一步的精细分解就用在综合档案馆电子文件管理项目中。也就是说,从精度和粒度考虑,还需要对 OAIS 扩展,才能适应电子文件管理项目的实施。

电子文件管理系统开发所需的参考模型,经过和综合档案馆电子文件管理实践的需求分析相结合,映射为逻辑模型。综合档案馆电子文件管理的实践比较薄弱,需求不能完全、清晰明确,这就要求参考模型的粒度必须要细,涉及的内容尽可能具体,才能以参考模型为主,实践需求分析为辅,来映射出逻辑模型。

对于 OAIS 参考模型来说,其粒度是比较大的。这是因为 OAIS 针对所有长期保存数字信息的机构或组织,它将所有涉及长期保存数字信息的学科知识进行归纳,概括出了数字信息长期保存知识的共性,忽略了单一学科的特性,并不针对档案学界,不针对电子文件管理,从这个意义上说,OAIS 对于档案学科其粒度是较大的,如它将数字信息的凭证作用作为次要问题较少涉及,而这是档案学科重点强调与要求的。档案学界需要结合自身学科的研究内容与特点,对其进行细化。这个细化,就是将档案学的研究内容充实到 OAIS 模型中。

OAIS 有自己的功能模型,提出了包含数据处理、数据流、外部实体的数据流程图,是一个针对数字信息保存的概念模型,是实际系统分析与开发的起点。但为了追求通用性,OAIS 不提供任何实施这些概念的特殊方法,不假设或局限于任何特定计算机平台、系统环境、系统设计范例、系统开发方法、数据库管理系统、数据库设计范例、数据定义语言、命令语言、系统界面、用户界面、技术、所需媒体。因此,OAIS 只将功能模型分解到三层,每层只分析了主要的功能实体,相关问题尤其是第三层的功能实体没有达到不可再分的操作,也使其粒度变大,可操作性大大降低。

OAIS 参考模型的粒度较大,精度较小,电子文件管理项目的建设者必须根据我国电子文件管理的实际情况对 OAIS 中所提功能进行组合或者分解,才能将 OAIS 参考模型作为实际系统建立的基础与依据。

需要注意的是,本书的目的是为我国电子文件管理项目建设提供一个基于 OAIS 的通用框架体系,因此这里提到的电子文件管理实际情况并不是某一具体综合档案馆的实践,而是基于我国电子文件管理顶层设计的实际情况。

3.4 OAIS 参考模型基本内容

OAIS 是 CCSDS 与 ISO 联合制定的一项国际标准(ISO:14721),旨在对数字信息的存取和长期保存制订一组通用的概念和框架体系。对于寻求电子文件长期保存的综合档案馆来说提供了电子文件长期保存所涉及的步骤、功能、信息单元、管理要求,贯穿了电子文件从获取、归档、存储、数据管理、访问和发布的整个过程。

3.4.1 OAIS 的来源

1990 年 CCSDS 和 ISO 决定合作开发一套航空数据处理标准。在研究过程中,CCSDS 认识到在归档领域没有一个被广泛接受的标准定义框架,没有统一的概念和术语,也没有统一的数字归档系统的基本功能需求,数字信息的长期保管缺乏明确的、一致的需求,而建立一个统一的平台,对于标准制定者、参与者和利用者之间的沟通与交流是很有必要的。1995 年 CCSDS 决定开发一个参考模型来确定一套数字信息长期保存的词汇表和通用概念,即"开放档案信息系统参考模型"。

CCSDS 在开发参考模型的过程中,认识到数字信息的归档问题并不是空间领域所特有,应该将范围扩展到数字信息长期保存的基本问题,以便能切入到其他领域的实际应用,尤其是传统档案馆和图书馆也应该参与到该参考模型的制定工作中。CCSDS 工作组将参考模型的创建过程,在互联网上向任何感兴趣的个人和机构开放,使得众多来自政府、私人企业以及学术机构的有识之士参与,最终形成了对数字保管需求的共同理解。OAIS 从初稿到两次修改,每一个过程都是在开放、交互的状态下完成的。终于于 2000 年 6 月作为 ISO 标准(草案)颁发。2002 年 1 月,参考模型最终通过审核,正式成为一项新的国际标准(ISO:14721)。

3.4.2　OAIS 基本概念

a) 开放档案信息系统(open archival information system)中的"open"有两个含义:一是指 OAIS 参考模型以及以后在其基础上发展出来的所有建议和标准都处于开放式发展的状态,并不意味对 OAIS 的信息的使用不受限制;一是指那些想使用该模型的人可以公开获取该模型。

b)"information"是指可以交换的任何知识,而不论其形式如何。数据是信息的表现形式。

c)"archival information system"是一个由硬件、软件和负责所归档信息获取、保存和发布的人力资源组成的系统。负有职责的人力资源并不单纯指人员,而应该是将人员、政策、法律、标准以及管理包含在内。

OAIS 为所有愿意或从事数字信息长期保存的机构提供概念与框架体系。那么这里还需要对两个概念进行明确。

d) 保存(preservation)。数字实体的保存意味着对该数字实体能有效地识别与检索出它的所有数字组成部分,这些数字组成部分是逻辑和实体对象,必须能重新组成这个概念上的数字对象。也就是说,数字保存不能与数字对象的访问分开,只有能以人或计算机系统可用的形式重新创建该数字对象后才可以说保存了该对象。因此,保存意味着访问。在 OAIS 中对于数字信息长期保存的处理正是基于这个思想。对于电子文件的保存来说也是如此。电子文件保存的过程实际上就是将电子文件的相关组成部分分散保存的过程,对档案人员来说是透明的,只有在检索到后才知道它保存的逻辑地址与粗略的物理位置。

e) 长期(long term)指受技术变化影响足够长的时间,包括对新媒体,新数据格式的支持,或者对用户群体变化的支持等。也就是说,长期并不必然意味着几十年或几百年,它可以仅意味着从技术应用到技术过时的这一段时间。

3.4.3　OAIS 的主要目的

该模型为描述和比较数据模型和归档体系结构而建立一套术语和概念、识别档案馆环境下重要实体及其联系、阐明档案系统关键的功能和信息组件,最终作为建立标准的框架。

a) 定义数字信息长期保管系统的基本组成要素；

b) 对关键的内、外部系统的接口进行详细描述；

c) 明确系统所存信息的主要特性；

d) 列举档案系统所需满足的一套最低要求；

e) 为数字信息长期保护和访问所需的归档概念提供一个可理解的、全面的、一致的框架。框架允许研究者对现在和将来的档案馆进行结构体系与操作规程方面的对比,描述和比较不同的长期保存策略和技术；

f) 为日后相关标准的制定,提供一个可靠的基础,并为软件商开发数字保护产品提供参照点；

g) 阐述关于数字信息的长期保存与访问的一致观点,构建一个厂家所支持的更大市场；

h) 需要强调的是 OAIS 模型不是一个实施说明书。

3.4.4　OAIS 的内容

OAIS 参考模型涉及档案信息保存的全部范围,包括收集(ingest)、档案存储(archival storage)、数据管理(data management)、访问(access)和分发(dissemination),还涉及数字信息新格式、新介质的迁移,涉及用来描述信息的数据模型、信息保护软件的角色、数字信息的交换。它标识档案功能的内部与外部接口,标识在这些接口上的高层服务,还提供一些最佳实践的推荐书。其中,最重要的内容是信息模型、功能模型、数字迁移、档案馆间合作。

1. 信息模型

OAIS 框架的一个重要组成部分直接涉及保存元数据问题的信息模型,它描述与长期保存数字对象相关的元数据要求。该信息模型使用了结构化的数据模型,且独立于数字对象类型和特定技术,可以作为数字保存的高层次元数据框架。OAIS 信息模型分别讨论了数据对象、表示信息、内容信息、保存描述信息、封装信息、描述信息与三类信息包[①],论文从要保存的数字对象或实体对象到 OAIS 要处理的三类信息包将其连接为一个整体,如图 3 - 12 所示。

OAIS 环境下,信息以两种方式存在：实体对象(纸质文件或实体档案)和信息对象(如 PDF 文件和 TIFF 文件),然后通过结合用户的知识库和与数据对象相关的表示信息将数据对象解释为富有意义的信息。为长期保存需要,将信息对象分为内容信息、保存描述信息、封装信息与著录信息。这四种信息组合在一起就形成了信息包。提交信息包(SIP)由信息生成者发送到档案馆,存档信息包(AIP)是档案馆实际存储的信息包,而分发信息包(DIP)是由档案馆响应用户利用需求并分发到用户的信息包。其中存档信息包(AIP)是被长期保存的信息包。

从以上分析可以看出,OAIS 信息模型的主要目的是清晰识别要保存的主要信息,即内容信息。为了长期保存以及数字信息的完整性、真实性,与内容信息相关的其他一些信息也要保存,

---

①　这些概念的详细分析可参见 Reference Model for an Open Archival Information System(OAIS),http：//public. ccsds. org/publications/archive/650x0b1. pdf(检索日期 2008 年 7 月 18 日)。

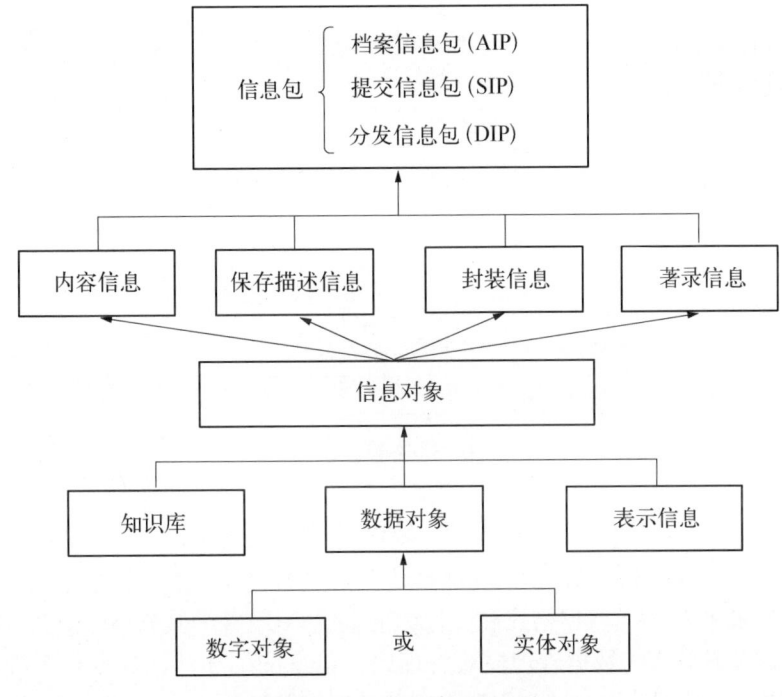

图 3-12　OAIS 信息模型

OAIS 信息模型将这些相关信息识别为保存描述信息、封装信息与著录信息，以和要保存的主要信息相区别。例如，主要信息是以整数或实数形式存储的科学仪器测量的值，就必须保存描述数据文件语法语义的电子文档，如果电子文档有标准，还要保存电子文档格式信息。同时 OAIS 信息模型将要保存的内容信息与其相关补充信息联系在一起，保证了内容信息的完整性与真实性，从而为数字信息的元数据模型提供了一个可以借鉴的模板。

2. 功能模型

OAIS 是一个由人和系统组成的组织，该组织的职责是长期保存信息并将信息提供给用户利用①。那么 OAIS 必然有其运行环境、实现业务处理的功能实体以及功能实体之间的数据联系，这在 OAIS 功能模型得到了较为充分的体现，如图 3-13 所示。

OAIS 功能模型显示了 OAIS 运行的环境是由四个功能实体相互作用形成的：文件生成者、利用者、管理者和 OAIS 档案馆。文件生成者向 OAIS 档案馆提供要长期保存的信息，利用者使用那些被保存的信息。管理者是那些制定全部 OAIS 政策的人所扮演的角色，它在档案馆广泛政策领域内制定 OAIS 的政策，如资金管理与运作，这里所说的管理不包含日常的 OAIS 系统运作，日常管理包含在 OAIS 功能模型的一个管理功能实体中。

---

① "An OAIS is an organization of people and systems that has accepted the responsibility to preserve information and make it available for a Designated Community." http：//public. ccsds. org/ publications/ archive/ 650x0b1. pdf(检索日期 2008 年 7 月 18 日).

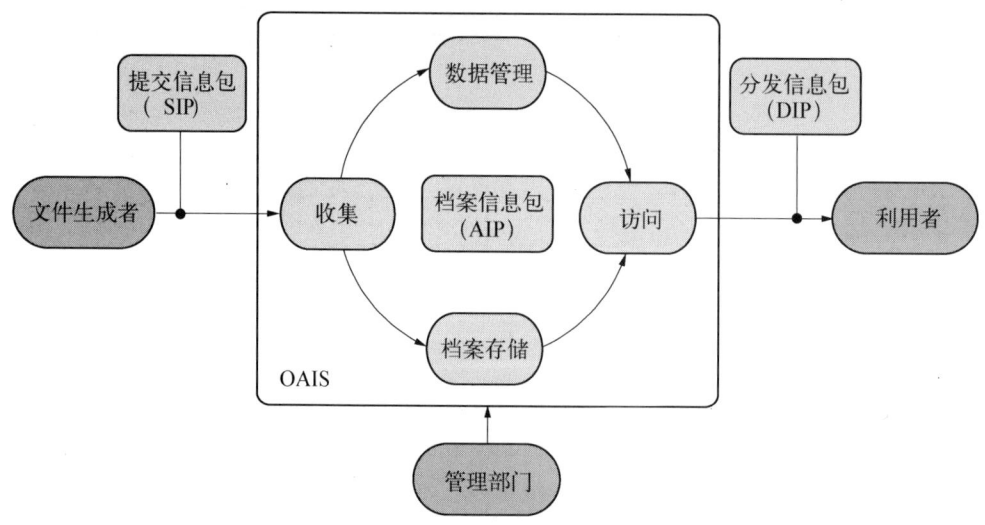

图 3-13　OAIS 功能模型

图 3-13 描述了 OAIS 信息模型的功能模块及其数据交换关系。收集模块负责从文件生产者那里接收文件,根据档案馆数据格式和文件标准生成 AIP,并为其归档作准备。档案存贮模块处理 AIP 的存贮及其管理。数据管理模块管理归档信息的描述性元数据及系统信息以支持档案馆其他功能模块。访问功能帮助利用者识别和获得相关信息的描述,生成 DIP,并且从档案馆向利用者提交所需信息。

除了以上四个功能模块,还有两个功能模块是管理与保存规划,虽然它们没有直接涉及 OAIS 信息包的流转,没有在图 3-13 中显示,但这两个功能模块对于 OAIS 也是不可缺少的。管理功能处理对档案的日常操作,为档案馆系统提供全部操作和服务。保存规划为 OAIS 环境监控提供服务以保证 OAIS 存储的信息仍能为利用者长期所访问。总的来说,这六个功能模块描述了 OAIS 档案馆共有的主要处理环节。

除了以上的实体,还有各种通用服务,如操作系统服务、网络服务、安全服务等,这些服务在 OAIS 功能模型中组成了另一个功能实体。该功能实体出现在许多分布式计算机应用中,已经比较成熟,本文就不再对其进行研究。

3. 数字迁移

无论 OAIS 对当前所保存的信息保存得多么好,最终都需要将其多数保存信息迁移至不同的介质或迁移到一个硬件或软件环境中来保证其可用性。而数字迁移是一个费时、费用较高的过程,在这个过程中存在信息丢失的极大可能性。因此,OAIS 专门对数字迁移问题进行了考虑和分析。

OAIS 参考模型实施的关键是三个信息包的转换。这种转换的过程尤其是 AIP 的实现方式可能会影响信息丢失的几率。OAIS 为了分析 AIP 迁移的影响因素,将迁移分为了四类:

(1) 更新

将一个保存有 AIP 的介质通过比特流拷贝到一个同类型的介质上。这种迁移,OAIS 不需要做什么改变,就可以继续定位、访问这些 AIP。

（2）复制

封装信息、内容信息和保存描述信息不做变化,其比特拷贝到同类型或全新的介质上。这种迁移需要 OAIS 的档案存储模块的映射体系做出相应改变。

（3）重新封装

封装信息的比特要有所改变,内容信息和 PDI 则不变。

（4）转换

内容信息和 PDI 的比特要有所变换以保存所有的信息内容。

OAIS 还简单提及了软硬件的仿真模拟。

4. 档案馆间合作

利用者可能想在一个访问网址或使用通用检索工具在几个档案馆中定位信息,文件生成者可能希望其所有文件单独存放,而档案馆可能希望降低成本、提高利用者的满意度,以上希望实现的较好办法就是档案馆之间进行一定程度的合作。由于 OAIS 档案馆构建在统一可理解的、全面的、一致的框架下,相互间的合作是可能的。OAIS 对合作类型进行了简单的分类。

（1）独立型档案馆

该类档案馆只为单一的特定用户服务,和其他档案馆没有交互,没有合作。

（2）合作型档案馆

一个档案馆是另一个档案馆的利用者,即该档案馆必须能将另一档案馆的 DIP 格式作为自己的 SIP 格式,如图 3-14 所示。

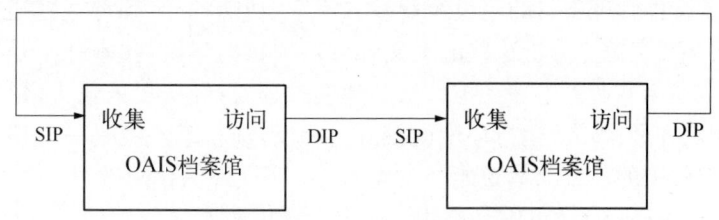

图 3-14 合作型档案馆示意图

（3）联合型档案馆

这类档案馆允许利用者用单一检索定位任一档案馆的信息包,但可能在档案馆间没有正式的著录信息交换机制,因此需要增加一个外部实体(公共目录和管理员)作为联合型档案馆内信息的公共访问入口。

（4）功能域共享型档案馆

为了节省资源尤其是昂贵的存储设备、服务器、外围设备、超级计算机等,若干档案馆共用这些资源。在 OAIS 模型上,则是具有共同的某些功能模块,如档案存储、数据管理等。

OAIS 档案馆的互操作模型为我国档案馆间的合作、构建我国全国电子文件管理体系提供了很好的模型支持和思路,论文在第 5 章将作详细研究。

3.5　OAIS 应用于档案部门的可行性研究

　　OAIS 参考模型从其功能上看,是符合电子文件管理要求的,尤其是综合档案馆的电子文件管理。但并不是功能完备、符合实际工作要求就可以在实践中应用,还需要考虑模型实现的成本、技术与模型应用的环境。

　　OAIS 功能完备,涉及了电子文件长期保存的各个方面。它的完全实现需要较大的投入、较高的技术,并要求档案馆提供良好的运行环境。这样的要求许多大型的档案馆、图书馆都很难做到,对于一些小型的数字信息保存机构就更难了。Hodge 认为 OAIS 的目标是完美的,但对于许多档案馆来说是很难完成的。他在考察澳大利亚国家图书馆后评论说,澳大利亚国家图书馆现有的基础设施需要大约 7 倍的人力来完成数字材料的归档[①]。一个国家级的图书馆尚且如此,小型的机构要想保存数字信息就必须考虑其可行性了。

　　作为以保存社会和历史记忆为主要任务的综合档案馆必须认识到长期保存电子文件是职责所在。对于规模较大的国家级及部分省级综合档案馆,资金与人力资源较为充足,实现 OAIS 可能还不是太大的问题,但对于大多数的小型档案馆,没有较大的资金投入,没有理解 OAIS 所需的专业知识,没有恰当的过程工作流和系统分析,很难做到从逻辑模型到物理模型的映射,使得这些档案馆对 OAIS 参考模型敬而远之。如果国家级档案馆采用 OAIS 参考模型来保存电子文件,其他各级档案馆最好也采用 OAIS 参考模型来保存自己的电子文件,这样,将来覆盖全国的电子文件保存与访问网络才可能实现。

　　目前,大量电子文件管理项目的建设经费投入不一,功能各异,却都宣称建成了所谓的电子文件管理系统或数字档案馆。分析这些电子文件管理项目的建设,技术并不是项目不成功的主要原因,因为技术主要由专业人士来承担。从其建设过程看,经费投入较大,建设成的电子文件管理系统功能就相对齐全、强大,运行环境就较好。相反,项目基本就是一个档案计算机辅助管理系统。因此,经费较少的小型档案馆能否在成本与电子文件保存间做到一个平衡,从而使得这些档案馆经济上能否承受成了 OAIS 研究中一个必须考虑的课题。

　　国外学者已经对此开展研究,并取得了一定的进展,如 Sanett 的成本模型[②]、Lavoie 的数字保存经济模型[③]等。尤其是后者,常被作为理解应用 OAIS 参考模型的推动力与障碍的方法。

　　本节将应用 Lavoie 的数字保存经济模型、Jaqueline Spence 的评分法[④]来应用于我国档案部

---

　　① G. Hodge, Digital Archiving: Bringing Stakeholders and Issues Together-a Report on the ICSTI/ICSU Press Workshop on Digital Archiving, http://www.icsti.org/forum/33/#Hodge(检索日期 2008 年 8 月 18 日).

　　② S. Sanett. The cost to preserve authentic electronic records in perpetuity: comparing costs across cost models and cost frameworks. RLG DigiNews, Vol. 7 No. 4.

　　③ B. Lavoie. The Incentives to Preserve Digital Materials: Roles, Scenarios and Economic Decision-making, http://www.oclc.org/research/projects/digipres/incentives-dp.pdf(检索日期 2008 年 12 月 18 日).

　　④ Jaqueline Spence. An investigation into the feasibility of the OAIS model for application in small organizations, http://www.emeraldinsight.com/0001-253X.htm(检索日期 2008 年 12 月 18 日).

门电子文件管理的可行性，为 OAIS 的应用提供一个方法论，全面维护 OAIS 应用的一致性。

3.5.1　Lavoie 的数字保存经济模型

3.5.1.1　数字信息保存的动机与角色

Lavoie 认为数字信息保存最基本的经济学问题是保存的动机。保存动机有两个层面：机构是否意识到需要采取措施长期保存数字信息（需要层面）；机构是否愿意开发与实施针对数字信息长期保存技术（意愿层面）。

在数字保存过程中，有三个关键经济角色：拥有者、档案馆和受益人。这三个是角色，而不是实体，可能一个实体能扮演多个角色。这三个角色与 OAIS 外部环境模型中的三个角色有相应的对应关系。OAIS 外部环境模型的三个角色是生成者、利用者和管理者。生成者对应着拥有者，利用者对应着受益人，OAIS 的管理角色和 OAIS 系统本身结合对应着一个经济角色——档案馆。尽管有对应关系，这两类角色也有细微的区别。OAIS 角色面向归档环境的功能与工作流视角，经济角色强调的是归档环境的关键决策成分。经济角色和动机的两个层面也有联系。动机的第一个层面关联着受益人角色，动机的第二个层面关联着档案馆角色。

3.5.1.2　数字信息保存的组织模式

Lavoie 认为这三个经济角色足以分析数字保存的动机问题。根据实体承担不同的经济角色，可以构造出五种进行数字保护的组织模式。

向心模式：该模式下三个角色都由一个实体扮演。该模式的特点是保存动机的两个层面（需要保存数字信息与愿意实施保存）体现在一个单一的实体，保存的权力也归属于该实体。

离心模式：该模式下，三个角色都是独立的实体。一个实体体现需要保存的数字信息，一个实体表示愿意为数字信息保存提供服务，第三个实体拥有实施保存的决策权力。

供方模式：该模式中，拥有者和档案馆是同一实体，受益人是独立实体，即愿意提供保存服务与实施保存的权力在同一个实体中，独立实体包含保存数字信息的需要。该模式的主要特征是保存动机的一个层面（提供保存服务的意愿）被实施保存的合法权力所增强。

需方模式：拥有者和受益人是同一实体，档案馆是独立实体，即保存信息的权力和保存信息的需要在同一个实体中，提供数字保存服务的意愿在独立实体中。这种模式的主要特征是保存动机的需要层面被实施保存的权力所增强。

合并模式：档案馆和受益人是同一实体，拥有者是独立实体。该模式下，动机的两个层面（保存数字信息的需要和通过提供数字保存服务来承担数字保存的意愿）体现在同一个实体中。该模式的主要特征是尽管保存动机的两个层面在同一个实体中出现，但没有一个层面能被实施保存的权力所增强。

这五个模式描述了一个特定的数字保存活动的结构，体现了动机与数字信息法律环境的相互影响。当动机的一个或两个层面被实施保存的权力增强时，进行数字保存活动的期望值明显提高。例如在需方模式下，拥有数字资源的机构有采取行动对数字资源长期保存的动机，另一个组织愿意提供服务满足其保存需要。

Lavoie 的数字保存经济模型，可以分析每一模式足够的保存动机出现的前景、保存动机减少甚至消除的原因,以及足够的保存动机不能自然出现的法律救济。该模型对于数字信息的保存是非常有用的。但 Lavoie 是在市场条件下分析数字信息保存的经济性,并不完全适合我国的档案管理体制,尤其是综合档案馆对电子文件的长期保存。必须对该经济模型进行修正,才能用来分析我国电子文件的长期保存。

3.5.2　OAIS 应用的可行性

本书的 3.4 章节部分已经对 OAIS 的 6 个主要功能实体进行了结构化分析,下面将根据我国档案部门电子文件管理的工作实际,运用修正了的 Lavoie 数字保存经济模型与 Jaqueline Spence 评分法来分析档案室、市县级档案馆和国家级档案馆应用 OAIS 的可行性。

3.5.2.1　档案室

档案室是各单位统一保存和管理本单位档案的内部机构,是国家档案工作组织体系中最普遍、最大量、最基层的业务机构。

根据我国档案法规,档案室保管本单位生成的档案,主要为本单位提供档案利用,因此,其保存电子文件的动机是单位记录本单位活动为日后利用的需要。也就是说,档案室所在单位生成、保存与利用电子文件是为了自己的利益,机关外部的访问需要经过特别授权,因此 Lavoie 模型的三个角色都包含在本单位这一个实体中。根据 Lavoie 数字保存经济模型,其电子文件保存的组织模式应该是向心模式,电子文件保存动机的两个层面(保存电子文件的需要与实施电子文件保存的意愿)体现在一个单一的实体中。而根据《政府信息公开条例》,机关档案利用者范围扩大到社会,超出了本单位的范围,应该是一个供方模式。由于法律之间的一定冲突,机关电子文件保存的组织模式是以向心模式为主、供方模式为次的混合模式。由于《政府信息公开条例》颁布的比《档案法》晚,二者的法阶也不一致,考虑到法律修改的规律,机关电子文件保存的组织模式将转向以供方模式与向心模式并重的混合模式。不论哪种混合模式,供方模式与向心模式都会增强机关保存电子文件的动机。

根据 Lavoie 模型到 OAIS 角色的映射,OAIS 中的生成者、利用者、管理者与 OAIS 系统本身是同一个实体,即机关本身,也就是说机关具有较强的保存电子文件的动机与实施 OAIS 的期望。

作为一个基层的档案业务机构,档案室利用本单位资金建设一个电子文件管理系统的能力受限于机关的设备、专业知识等,存在着较强的保存电子文件动机与 OAIS 实施期望值和建设能力不相匹配的问题。如前分析,OAIS 的实施并不一定要同时完全实现其所有的功能,可以先进行简化版 OAIS 的实施。

下面以 OAIS 的收集与档案存储为例,利用 Jaqueline Spence 评分法来分析档案室实施简化 OAIS 的策略。

Jaqueline Spence 评分法类似于风险评估中概率与影响分析相乘的方法,采取功能与单位的相关性乘以单位对该功能的实施能力,其结果表示档案室对该功能实施的可行性。通过该表,档案室可以构建一个与 OAIS 相一致的电子文件管理系统的实施优势与劣势的总揽。

表 3－1 和表 3－2 分别是某中型机关档案室与 OAIS 相一致的电子文件管理系统收集与档案存储的功能评分表。表中对相关性和实施能力的分值从高到低取 1 至 5,这个分值并不是一

个绝对值,而是一个相对值,实体每一个子功能的相关性与档案室实施子功能的能力相乘得到的分值是 OAIS 每一个子功能总分值,最后所有子功能分值的和就是该功能的分值。可能一个功能与档案室高度相关,但档案室可能因为缺乏专业知识或足够的资源不能实现。档案室不要追求每一个子功能的满分,不能夸大或缩小自己的能力,而是通过该系列表表明本单位实施 OAIS 的可行性,可以用来与其他单位作比较。

表 3-1 某机关档案室电子文件管理系统收集实体评估

OAIS 功能	简化 OAIS 功能	相关性	实施能力	分值	功能实际实施	备 注
接收电子文件提交	提供适当的存储设备	5	3	15	离线接收部分在线接收	
质量保证	验证提交成功	3	3	9	系统日志文件记录过程	
生成 AIP	转换或重组文件	4	2	8	建立元数据与电子文件的关联	没有文件格式转换
生成著录信息	生成著录信息	4	3	12	人工录入	
协同更新	文件进入存储库	0	0	0	文件直接提交到数据库	
分值合计				44		

表 3-2 某机关档案室电子文件管理系统档案存储实体评估

OAIS 功能	简化 OAIS 功能	相关性	实施能力	分值	功能实际实施	备 注
接收数据	提供适当的存储设备	5	4	20	文件提交到电子文件库	元数据到数据库
存储分级管理	单级存储管理	3	5	15	单级存储	磁盘阵列
替换介质	RAID 管理	3	4	12	磁盘阵列 RAID 管理	
错误检查	数据错误与完整性检查	3	2	6	错误日志记录	
灾难恢复	数据备份	2	2	4	本机备份	
提供数据	服务器下载到客户端	3	5	15	检索数据库查找唯一标识符	
合 计				72		

经过评估,该档案室实施收集功能的评分是 38 分(满分 125 分),实施档案存储功能的评分是 72 分(满分 150 分),OAIS 的子功能与实施该功能的能力比较清晰地在表中得到显示。

3.5.2.2　市县级综合档案馆

我国各级综合档案馆中,市(地)、县级档案馆是基层档案馆。市县级档案馆处于我国档案管理体制的基层,具有承上启下的中转站作用,上承上一级档案馆,是上一级档案馆网体系中的一个节点,下启机关档案室,从档案室接收档案。

市县级档案馆从立档单位接收档案,为社会提供利用服务。根据 Lavoie 的数字保存经济模型,其电子文件保存的组织模式应该是离心模式。但根据我国的档案管理体制,电子文件从立档单位移交后,尽管要考虑原立档单位的利益,但管理权相应进行了转移。因此,县市级档案馆保存电子文件的组织模式应该是供方模式为主,离心模式为次。即受益人是一个独立的实体,另两个角色则体现在档案馆。从动机角度看,提供保存服务的意愿与实施保存的权力在同一个实体中,独立实体包含保存数字信息的需要,这种模式下,保存动机的一个层面(提供保存服务的意愿)被实施保存的合法权力所增强,也就是说,社会的利用要求对电子文件进行长期保存。

根据 Lavoie 模型到 OAIS 角色的映射,OAIS 中的生成者、管理者与 OAIS 系统本身是同一个实体,即市县综合档案馆本身,也就是说机关具有较强的保存电子文件的动机与实施 OAIS 的期望以满足社会大众的需要。

但如同档案室一样,市县档案馆作为基层档案馆,也存在资金、专业知识等方面的限制,存在保存电子文件动机与 OAIS 实施期望值和建设能力不相匹配的问题。

表 3-3 以某县综合档案馆实施 OAIS 的收集为例,利用 Jaqueline Spence 评分法来分析档案室实施简化 OAIS 的策略。

表 3-3　某县综合档案馆收集实体评分

OAIS 功能	简化 OAIS 功能	相关性	实施能力	分值	功能实际实施	备　注
接收电子文件提交	提供适当的存储能力以接收各立档单位的电子文件	5	3	15	离线接收部分在线接收	
质量保证	存储前文件检验	4	3	12	验证前文件存储在接收库中	生成日志
生成 AIP	根据文件、元数据格式进行数据转换	5	3	15	接收前验证,各立档单位文件格式转换	
生成著录信息	生成著录信息	4	5	20	数据库提取与人工录入	
协同更新	文件从接收库到可信长期存储库	4	4	16	验证转换后进行库的转换	
分值合计				78		

经过评估,其得分为 78 分(满分 125 分),各子功能的相关性和功能实施的能力比较均衡。从表中看出,大部分收集的子功能相关性很高,档案馆的实施能力也足够强。

3.5.2.3　国家级综合档案馆

从电子文件长期保管的组织模式上看,国家级档案馆和市县档案馆本质上是一样的,都是供方模式为主,离心模式为次。和市县级档案馆相比,国家级档案馆拥有较为丰富的人力、物力和财力,有较好的专业知识,保存电子文件动机与 OAIS 实施期望值和建设能力不相匹配的问题较小。

表 3-4 中所有的六个功能的相关性高,实施能力强,其分值体现了与 OAIS 较好的一致性。在这个级别上,实施 OAIS 国际标准的动机达到了最高值。所有收集功能都可被实现,不再需要简化 OAIS。

表 3-4　某国家级综合档案馆收集实体评分

OAIS功能	相关性	实施能力	分值	功能实际实施
接收电子文件提交	5	5	25	同 3.4.2 节内容
质量保证	5	4	20	
生成 AIP	5	5	25	
生成著录信息	4	5	20	数据库提取与人工录入
协同更新	5	5	25	电子文件入文件库,著录信息入数据库
合　　计			115	

3.5.2.4　三类档案部门的比较

以上仅是对收集实体进行了评估,其他五个实体也必须进行类似的评估,最后得到的整体评分如表 3-5 所示。

表 3-5　三类档案部门总分表①

功　　能	子功能数量	满分值	某档案室实际得分	某市县级档案馆实际得分	某国家级档案馆实际得分
收　　集	5	125	44	78	115
档案存储	6	150	72	120	144
数据管理	4	100	63	85	94
系统管理	8	200	56	113	158
保存规划	4	100	10	30	57
访　　问	3	75	55	65	70
OAIS总分		750	300	491	639

---

① 该节数据来自笔者在郑州市档案局、郑州市某局档案室实地调查时与工作人员一起确定的评分。国家级档案馆是在进行文献调研的基础上按照常规所估值,非笔者实地调研所得。

　　三类档案部门在实施电子文件管理系统中与 OAIS 的一致性也是不同的。

　　该档案室一些功能(如接收电子文件提交、接收数据)相关性很高,单位的实施能力也足够强,这是单位在建设 OAIS 系统时一定要实现的功能;一些功能相关性较高,但单位没有足够的能力去实现,这时或用较低的功能要求替代原功能,或在不影响系统整体功能情况下暂且实现一个该功能的接口以待将来的无缝集成;一些相关性不高的功能,单位则可以视经费与成本而考虑其是否马上实现。在表 3-5 中,保存规划得分最低(10 分),说明档案室对其功能要求很低。进一步将其分解为下一层功能实体再进行评分,如表 3-1 和表 3-2,收集实体中的协同更新评分为 0,质量保证 3 分,说明该档案室不需要协同更新功能,对于质量保证则是很简单的日志管理,更复杂的也不是急需。其应用的 OAIS-SIMPLEX 系统突出收集功能,简化存储功能和数据管理功能,忽略保存规划功能,这样,既能减少系统开发与维护成本,又可节省购买大设备的费用,还完成了电子文件管理工作。

　　该县档案馆完全可以建设一个基于简化 OAIS 模型的电子文件管理系统,实现主要功能,对于一些暂时没有涉及的功能可以暂时留下接口。开发时要做好模块的封装,以便将来容易更换功能简单的模块。

　　该国家级综合档案馆完全可以根据 OAIS 参考模型开发电子文件管理系统,开发出的电子文件管理系统满足了 OAIS 的主要功能,可以对电子文件进行长期有效的管理。

　　从以上分析可以得出如下结论:

　　每一个主要功能根据保存动机和档案部门的资源不同而不同,但 OAIS 参考模型在档案部门指导电子文件管理项目建设是可行的。那些有电子文件保存的动力、经济能力和专业能力的档案馆才能满足 OAIS 所有功能。小型档案部门可以应用简化版的 OAIS。如果一个档案部门由于资源限制,OAIS 的一些主要功能不能实现,也可以根据 OAIS 的互操作模式,建立两个或多个 OAIS 系统的相互协作,共享某些资源。

　　以上的分析更多被看做是方法论,相对粗略,可以对 OAIS 收集的子功能再进行细分,对分解出的更小子功能再进行分值评估,得到的结果会准确评价档案部门建立电子文件管理系统与 OAIS 的一致性,其实践指导意义就更强一些。通过这样的评分过程,可以详细了解该档案馆(室)实施电子文件管理项目所需的资源与功能的管理,档案馆可以以最少的资源实现尽可能多的功能。

4 实 证 研 究

OAIS 应用于电子文件管理的实证研究是电子文件管理系统体系构建的重要基础和必要前提。本章将对国内外电子文件管理系统与 OAIS 参考模型相结合的个案进行分析。通过比较分析,探讨我国电子文件管理项目建设存在的主要问题,国外 OAIS 的研究与实际应用给我们的启示。

4.1 国内电子文件管理系统分析

为了了解 OAIS 参考模型在国内电子文件管理项目建设中的应用,笔者对江西省档案馆、中国科学院档案馆、郑州市档案局、太仓市档案局、北大方正研究院、东方飞扬公司、郑州市档案局等的电子文件管理实际建设项目或商业化的电子文件管理系统等进行了调研。下面对紫光软件公司的江西省档案馆电子文件接收管理系统项目建设方案、东方飞扬公司飞扬数字档案馆(ES-OAIS)方案、郑州市电子文件档案中心进行简要介绍。

4.1.1 江西省档案馆电子文件接收管理系统方案

项目建设前,江西省多数直属机关档案室仍处于狭义的文档一体化管理阶段,电子文件管理较为混乱。据省档案局的调查,约 30％左右的立档单位已经运行或正在开发办公自动化系统,其中基于 XML 标准规范的仅有 11 个系统,多数系统只设置十余个元数据项,极少数 OA 系统能捕获 30 个左右的基本核心元数据项。仅 26 个单位的归档电子文件按年度等分类标准进行了光盘备份管理,许多机关的电子文件处于无序管理与自然消失的状态。各机关形成的电子文件格式种类繁杂,如书生公司的 SEP 文档、微软的 DOC 文档、方正公司的 CEB 文档、ADOBE 公司的PDF 文档、金山公司的 WPS 文档、永中 OFFICE 的 EIO 文档等,还有极少数单位使用WordPerfect Office 及 RedOffice 字处理软件。

省档案馆新馆的建成为电子文件管理提供了较好的基础设施,尤其是三网的建设为电子文件的在线接收提供了网络基础,使得电子文件接收管理系统建设成为可能。

该项目由紫光软件系统有限公司电子档案事业部进行研发,从公开的资料看,紫光软件的中标金额为 178 万元①,项目于 2008 年初启动。

4.1.1.1 项目建设总体目标

江西省档案局在对国内相关项目调研后,提出了要解决电子文件真实性问题、确保电子文件长期保存的目标,所有的建设必须围绕该目标进行。

a) 依托江西省党政内外网、江西省数字证书认证中心,实现对省直属机关归档电子文件的统一接收;实现对经本系统接收的归档电子文件、省档案馆馆藏电子文件及数字化资源的标准化管理与利用;建成符合法律要求的电子文件真实性保证体系;最终形成连接国家档案局(馆)、省直属各立档单位、设区(市)与县国家综合档案馆、贯穿多级网络的电子文件管理体系。

b) 以 OAIS 参考模型为基础框架,构建《江西省档案馆电子文件接收管理系统》的逻辑体系结构,以实现电子文件长期保存。

c) 全面采用 OAIS 参考模型及信息包技术,并以该技术为基础进行数据处理、存储,使长期保存的电子文件摆脱对"存取软件"的依赖,对系统软件的依赖降到最低。

d) 各类信息包(SIP、AIP、DIP)全部采用 XML 格式,数字内容对象以开放、可识别的代码方式保存。为避免未来技术更替风险,建立各类电子文件对版本保存计划。首先,保证长期保存档案信息包的同时,还应保存:由字处理软件产生的原格式电子文件(包括 SEP、CEB、WPS、DOC 等)及其 TXT 文档;以上所有类型电子文件经标准化处理转换后形成 PDF/A(ISO/DIS19005)文档;数码照片与音视频档案的原格式电子文件;以上所有类型电子文件相应的 DBF 数据库。其次,要采用数字签名等技术,解决多版本电子文件在长期保存期间的真实性保障问题;支持 SEP、CEB、WPS、DOC 等各种格式电子文件向档案信息包的转换,并保存其显现版式,包括电子印章。

4.1.1.2 基于 OAIS 的系统功能介绍

根据本系统建设的总体目标要求及省档案馆、省直属立档单位档案信息化建设的实际进程,电子文件接收管理系统由以下主要子系统与功能构成:立档单位电子文件、实体档案管理系统;基于 XML 电子文件交换系统;电子文件、馆藏档案集成管理系统;电子文件元数据管理系统;电子文件存储管理系统;电子文件保存策略系统;系统管理中心系统;利用访问控制系统;电子文件、馆藏档案利用服务系统;电子文件管理工作流引擎等,如图 4-1 所示。

从图中可以看出,该系统把 OAIS 的六个功能实体映射为六个子系统,由这六个子系统具体实现 OAIS 功能模型,而档案管理的一些传统业务如整理、鉴定、保管、统计等分别体现在相应的子系统中。

1. 电子文件集成管理子系统

该子系统对应 OAIS 的接收实体,实现接收实体的所有功能:块接收来自基于 XML 电子文件交换系统(或离线)的提交信息包,以及本系统内部提交的提交信息包(SIPs)。

a) 在线/离线接收来自基于 XML 电子文件交换平台的信息包,《电子文件交接文据》;

① 电子文件接收管理系统软件开发项目中标公告,http://www.ccgp-gov.cn/showNews.asp? id=24&t=4(检索日期 2008 年 12 月 28 日)。

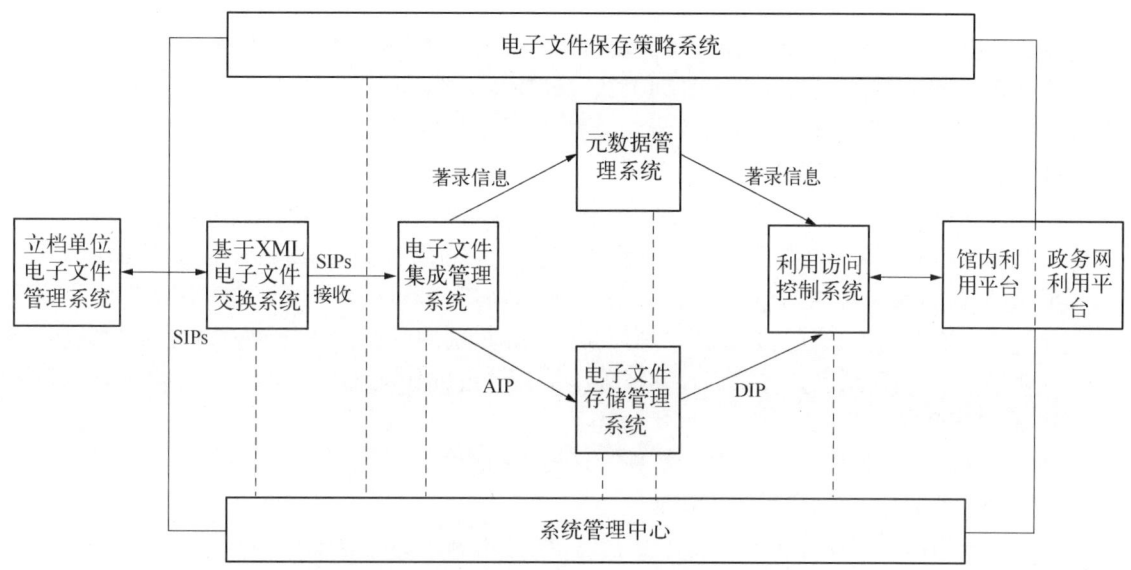

图 4-1　电子文件接收系统总体框架图

　　b) 按电子文件元数据标准提取提交信息包中的元数据,并对其进行审核、验证、分类、组织、编目、标引、元数据补录、统一资源编号;

　　c) 电子文件真实性、完整性、有效性验证,应有自动验证、人工验证两种方式;

　　d) 按 OAIS 参考模型的要求将数字内容对象与元数据封装为档案信息包(AIPs);产生档案信息包的描述信息,描述信息由档号、题名、责任者、文件编号、文件形成时间、主题词或关键词等元数据项组成;

　　e) 将档案信息包、描述信息、原格式电子文件等送到临时集结地,同时将《数据存储报告》发送至系统管理中心;

　　f) 接收"系统管理中心"审查结果,通知"电子文件存储管理系统"与"电子文件元数据管理系统",激活协同更新功能;

　　g) 当提交发生错误时,应发出重新提交的申请。

　　2. 电子文件元数据管理系统

　　该子系统对应 OAIS 的数据管理实体,实现数据管理实体的功能,如自定义档案门类及其元数据;根据立档单位提交的电子文件扩展元数据注册报告,对元数据进行管理、维护和存取服务;根据"电子文件、馆藏档案集成管理系统"发来的《数据存储报告》、《数据更新报告》,更新元数据库;标记《数据存储报告》、《数据更新报告》,回执给"电子文件、馆藏档案集成管理系统"及"系统管理中心";与"系统管理中心"、"电子文件、馆藏档案集成管理系统"、"访问利用控制系统"等协同跟踪、记录、更新电子文件的管理元数据;接收并处置"访问利用控制系统"发来的《利用申请报告》,校验用户身份与权限;向"访问利用控制系统"反馈经确认的《利用申请报告》、传送相应描述信息至集结地;通过设置系统数据库实现对系统的管理,比如日志、登录、审计、用户等。

3. 电子文件存储管理子系统

该子系统对应 OAIS 的数据存储实体，实现数据存储实体的功能，如从电子文件、馆藏档案集成管理系统接收档案信息包，并添加到永久存储库中；档案信息包的分级存储管理；更新档案资源的存储媒体；进行例行的或专门的错误检测；提供灾难恢复功能；控制档案信息包的存取；支持多版本电子文件分类有序的存储。

该子系统映射了 OAIS 几个功能实体间的联系，即该子系统与其他子系统间的数据交换。如该子系统接收电子文件集成管理子系统提交的 AIP 后进行存储，然后将存储操作与存储级别标记于《数据存储报告》、《电子文件迁移存储任务单（格式）》，回执给"电子文件/馆藏档案集成管理系统"及"系统管理中心"；分级存储管理如果有存储级别的变更，将变更报告发送至"系统管理中心"；如果实施迁移，则确认并反馈迁移任务单给"系统管理中心"等。

4. 系统管理中心子系统

该子系统映射 OAIS 的管理实体，实现管理实体的功能，如信息审查、信息更新、物理存取控制、迁移管理、备份管理、用户管理等功能。

该子系统的迁移管理功能较好地体现了 OAIS 的思想。如：

格式迁移。根据《数据存储报告》、《电子文件新格式报告》决定迁移计划，向"电子文件保存策略系统"发送《电子文件迁移存储任务单（格式）》，监督迁移操作直至得到系统确认，在相应元数据库中自动标记迁移操作。再将《电子文件迁移存储任务单（格式）》发送至"电子文件存储管理系统"，并接收确认。

存储级别迁移。根据《电子文件分级存储变更报告》制定迁移计划，向"电子文件存储管理系统"发送《电子文件迁移存储任务单（存储级别）》，监督迁移操作直至得到系统确认。

存储载体迁移。根据系统扩容、新增存储载体的实际情况，制定迁移计划，向"电子文件存储管理系统"发送《电子文件迁移存储任务单（存储载体）》，监督迁移操作直至得到系统确认。

5. 电子文件保存策略子系统

该子系统对应 OAIS 功能模型的保存规划实体，实现保存规划实体的功能。OAIS 中保存规划实体主要是为格式管理、介质更新、迁移等决定政策和策略以确保电子文件的长期保存，真正在系统中实现有较大困难。方案对该子系统的设计主要是监控系统内电子文件原格式的变化、监控并登记系统软件、硬件的变化情况等。

6. 访问控制子系统

该子系统映射 OAIS 功能模型的访问实体，实现访问实体的功能，如为用户的数据访问提供服务，它支持用户对 JXDAERIMS 所存数字资源的存在、描述、位置和可用性做出测定，允许用户申请、接收信息；然后进行 SIP 的生成与分发。

为了适应政务内外网、互联网不同用户检索查询的需求，系统建设了政务网互联网电子文件利用平台（档案信息网站）、馆藏档案利用平台，作为用户利用该整体系统的用户界面，从而使访问控制子系统对用户也是透明的。

4.1.1.3　电子文件管理流程控制的思路

纸质档案的收集、整理、鉴定、保管、统计、利用等环节是个线性的管理流程，电子文件的管理则是非线性的,尤其是基于 OAIS 参考模型的电子文件管理更是如此,电子文件的捕获、登记、分类、长期存储、利用和跟踪、实施处置等管理过程可以同时进行,或者进行的次序与前面所述有所不同。系统设计并实现了电子文件管理工作流引擎功能,能根据省档案馆的业务规则、职能分类对电子文件管理流程以及各流程内部进行流程定制、描述与监控。

4.1.1.4 电子文件可读性的解决方法

系统的信息包内含电子文件的内容、背景信息、结构、显现及数字签名校验等,为保证电子文件的真实性、完整性、可读性及其凭证作用,系统专门设计了信息包阅读器,其主要功能如下:

a) 阅读电子文件的内容、元数据与数字签名校验功能;

b) 还原电子文件原版式功能;

c) 严格的授权访问(包括阅读、打印、还原输出)功能;

d) 严格的身份验证功能(如数字签名、CA 认证等);

e) 电子文件 OCR 功能;隐蔽性数字水印功能;

f) 分发信息包可阅读的时限功能。

OAIS 信息包阅读器的设计应具有可迁移性。当信息包阅读器需要按国际,或国家,或行业标准进行迁移时,系统必须保证档案信息包的安全迁移与正常阅读。

4.1.2 北京东方飞扬公司飞扬数字档案馆系统(ES-OAIS)

东方飞扬软件技术有限责任公司是国内较早研究 OAIS 参考模型并将其用于数字档案馆研发的软件公司。它是根据中国科学院数字化档案馆[①]、中国长江三峡总公司档案管理系统等项目的建设中采用了基于 OAIS 参考模型的开发。2007 年,它承担了国家创新基金及中关村科技园区创新资金项目"ES-OAIS 飞扬数字档案馆系统"的研究,并于 2008 年 12 月通过了中关村科技园区管委会的验收[②]。

由于 ES-OAIS 尚未投入实际应用,根据相关文献材料,论文将简单介绍 ES-OAIS 的主要内容。

1. ES-OAIS 的功能模型介绍

ES-OAIS 以 OAIS 为参考模型,分为接收中心、管理中心、利用中心、网络安全与个人空间五大子系统,如图 4-2 所示。

接收中心。实现对下属各立档单位数据的移交和接收功能的同时在此建立通用接口实现与各业务系统的无缝连接,实现归档数据自动接收,一站式登录访问,最后该模板还提供对各类电子文件运行环境及格式的注册管理功能,保证电子文件长期可读。其中,信息生产者是立档单位或个人;个人提交是个人捐献档案,可在线著录档案元数据;立档单位提交是指立档单位在线将 SIP 批量远程传输至 INGEST 功能。

---

① 中科院档案馆档案管理系统使用介绍,http://www.acas.ac.cn/index.jsp。

② "ES-OAIS 飞扬数字档案馆系统"高分通过创新基金验收,http://www.flyingsoft.cn/2008-12-15/001803034.shtml(检索日期 2008 年 12 月 28 日)。

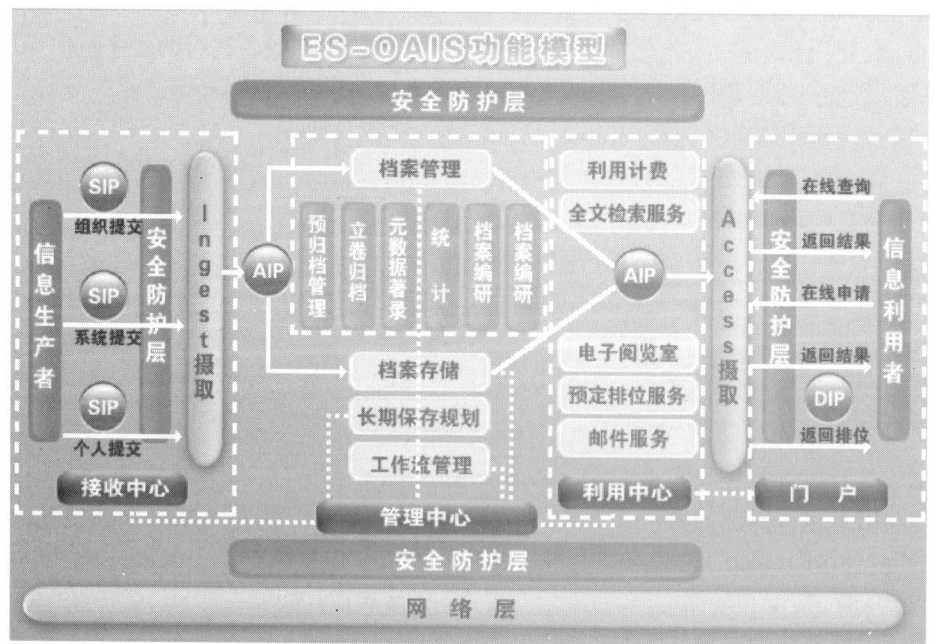

图 4 - 2　ES-OAIS 功能模型图

管理中心。通过元数据管理、工作流管理提供档案业务管理的各项功能,同时对电子档案的安全存储提供管理策略和技术支撑。其中工作流管理是指通过用户自定义的工作流引擎,完成信息提交、摄取、归档、利用审批、销毁审批等业务流程,管理员可实时监控流程进度。

利用中心。在此提供对档案信息的浏览、查询、下载、邮件以及电子阅览等特色服务,并提供"信息推送式"的情报搜集服务。其中,在线预订是指利用者在线向 ACCESS 功能提交超过权限范围的数字档案利用请求,经管理员审核后,由 ACCESS 功能产生分发信息包(DIP)通过电子邮件服务发送至利用者。

网络安全。提供数据的传输和存储加密。其中,安全防护层:包括数字传输加密、电子文件加密。

个人空间。对所有用户提供个性化访问空间,各角色按分配的职能范围和权限访问该系统,获取信息。

2. 电子文件可读性的解决方法

ES-OAIS 设计了一个叫做"关联的文件阅读工具"的程序来解决电子文件的可读性。通过"关联的文件阅读工具"属性管理电子文件阅读工具的存储及运用,即阅读电子文件的工具软件也是档案长期保存的对象。当某种格式即将被淘汰时,可以进行格式迁移,将旧的格式转换成可以被广泛使用的普遍的格式,同时注册新的格式及相关的阅读工具,确保电子档案可以长期保存。"关联的文件阅读工具"可以是一个可执行的 EXE 文件软件包,或者是支持文件阅读的相关的软件开发包(SDK),或者是支持文件格式转换的 SDK,利用这些 SDK 通过二次开发可以实现对特殊格式文件的阅读及处理。

3. 电子文件长期保存的解决方法

系统的档案存储管理提供电子文件长期保存的保障。

错误校验,即校验文件的真实性,通过定期或非定期的校验电子文件的完整性校验比特流在传输过程中是否损坏。系统采用的是 MD5 算法来检验文件,先生成电子文件原始的校验码,将原始的校验码与实时生成的校验码进行比对,二者相同表示电子文件未被修改,不同则表示电子文件已被修改。

介质替换是系统长期保存电子文件的又一个方法。系统的介质替换管理模块实现数字电子文件的介质迁移,当存储电子文件的介质过时或由于介质容量的不足时,将原来 FTP 服务器管理的电子文件批量地复制到新的存储。

4.1.3 郑州市档案馆电子文件档案中心

根据郑州市档案馆的规划,电子公文档案中心建设的主要目的是,实现市各级党政机关电子公文的实时归档,其电子公文、部分数字化档案信息集中存储在市档案局,由市档案局集中管理并对外实现信息发布工作,同时提供多种快捷、简便的查询手段,建立公文档案对外服务窗口。经过招标,方正软件技术研究院中标。

方正软件技术研究院为电子文件档案中心设计了图 4-3 所示的功能总体结构图。

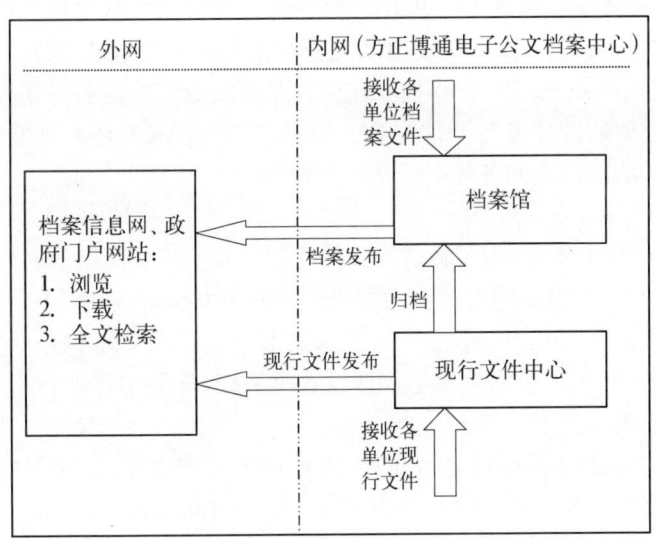

图 4-3 郑州市电子公文档案中心功能总体结构图

系统分为现行文件与档案文件的采集、现行文件中心管理、档案馆管理和外网发布四个部分。

这些子系统基本构成了一个简单的电子文件管理流程,如自动数据采集与接收、电子公文审核、整理、报表统计、检索利用等,基本档案管理的功能都具备。从系统运行情况看,主要功能是从郑州市政府信息中心接收电子文件,将其暂时存放在系统的预归档库,经过审核归档,进入文件归档库(即图 4-3 所示的"档案馆"),再进行档案的传统管理模式。

这个系统的核心应该是现行文件中心,方正公司设计的功能是现行文件的上载、审核、整理、发布,统计等,"档案馆"功能是著录、标引、统计、检索等传统档案管理业务。最终由方正技术研究院的通用软件方正博通公文档案一体化管理平台来实现以上功能。

该项目是目前国内在建或已建电子文件管理项目的一个典型代表。郑州市规划电子文件档案中心时决定把其作为电子文件的永久留存地,和现有实体档案馆区分开。但项目在需求分析与设计时按照传统信息系统的开发方式,方正公司主导了项目的实施,对电子文件管理的核心业务基本没有考虑,没有电子文件长久保存的任何流程,也没有设计和电子文件管理相关的主要操作。如果定性的话,这个项目应该是一个强化版的档案计算机辅助管理系统,管理的对象是电子文件而已。当然,限于 2004 年对电子文件管理的认识和实践,这个项目还是使郑州市档案信息化工作提升了一个档次。

4.2　国外电子文件管理项目分析

4.2.1　ERA

ERA 是美国国家文件与档案署(NARA) 探寻有关保护联邦数字遗产的方案,于 1998 年启动的一个数字档案馆项目,其主要目的是真实地保存所有类型的电子文件,使其摆脱对软硬件的依赖性。ERA 号称是未来档案馆,它将捕获并保存联邦政府产生的各种类型、格式电子文件,且独立于原形成时的任何软件环境与硬件平台。ERA 将伸 NARA 在未来能够履行接收、保存和利用政府机关、国会、法院形成的各种电子文件的使命。

1. 合作范围广泛

ERA 的需求极其庞大复杂,为了将需求具体化,NARA 花了几年的时间来分析和定制这些需求信息。先是与 NARA 内部的组织机构等合作方的多方探讨,还邀请技术部门和普通服务部门对相关需求进行点评①;随后,NARA 转向信息技术企业寻求实际的开发方案。2005 年 9 月,最终选择了 Lockheed Martin 公司来建造和研发这个系统,任务主要以 OAIS 为参考模型设计一个面向服务的系统架构。

NARA 将整个系统的开发周期定为 6 年,预计整个系统将于 2011 年完工。系统的一期工程于 2007 年 9 月启动,主要实现文件的在线创建、依据时间表向 NARA 进行文件的提交等功能。根据该功能的实现,系统将逐步使电子文件能够向国家档案馆进行在线移交。

目前系统用户限制在系统内部人员以及其他四个机构,如美国海军军方、能源部、劳工部以及专利与商标办公室等政府机构。随着系统建设的深入,ERA 承诺会逐步扩大用户面,并在 2009 年第三期工程中提供公众获取信息的渠道。

---

① ERA 网站详细列举了三十多个协作机构及参考项目,http://www.archives.gov/era。

2. OAIS 用于指导 ERA 需求分析

ERA 参照并吸收了多个国际项目的研究成果,如 InterPARES、OAIS 等,其中 ERA 不单在架构上参照了 OAIS 的功能模型,而且其需求在按照功能需求、执行需求、非功能性需求、行为需求和信息需求等进行初步划分后,都是"进一步按照 OAIS 模型来定义和分类"的[①]。图 4-4 为 ERA 需求报告提供的总体需求外部环境图。

ERA 的功能需求是用 IDEF0 方法分析得出的,在图 4-4 中,数据输入是 Producer,数据输出是 Consumer,控制是 Financial 和 Space Mgt.,机制是 Administrative。ERA 将需求分为 9 大类:文件管理、保存、档案存储、安全性、输入、利用、用户界面、系统管理、系统特征[②]。很显然,这些分类与 OAIS 之间存在比较明显的对应关系,在 ERA 的需求文档中也明确指出了这种对应关系。据此,ERA 的需求列表又将其展开成 33 个小类,近九百条功能需求。由此可见,OAIS 在 ERA 需求管理方面体现了明显的指导价值。

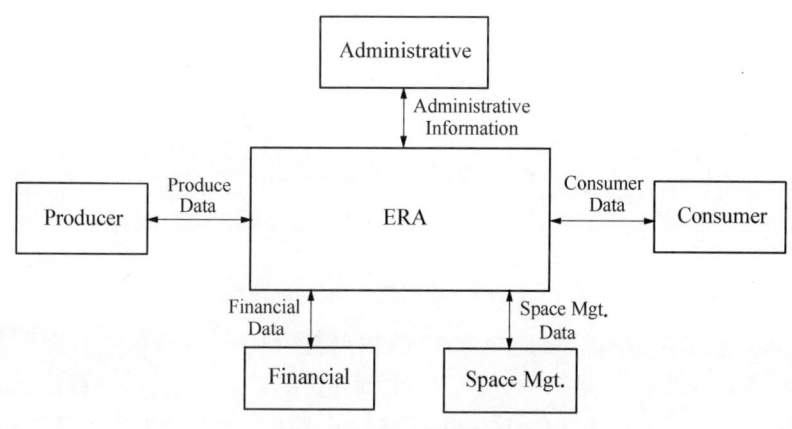

图 4-4 ERA 外部环境图

3. 基于 OAIS 功能模型的 ERA 系统模型

在多年的需求分析结束后,ERA 构建了一个庞大的 IDEF0 表示的逻辑模型。在需求明确后,ERA 提出了一个"ERA 虚拟工作区"的模型以和用户进行继续沟通和确认,"ERA 虚拟工作区"总体结构如图 4-5 所示。该虚拟工作区由摄入工作台(Accessioning Workbench)、电子文件存储库(Repository)、查询工作台(Reference Workbench)以及文件生命周期管理(Records Lifecycle Management)、工作流管理(Workflow Management)五大部件组成的电子记录存档(ERA)系统。可以看出,ERA 的虚拟工作区是 OAIS 功能模型的具体实现。

图 4-5 中,ERA 的摄入工作台接收来自总统、国会、机构和捐赠人的电子文件,这些电子文件可以经由数字介质物理移交和在线移交,工作台对移交来的电子文件进行检验、描述,并将其转换为存档格式,生成著录信息与归档包,这个过程都在一个标准存储库中进行。从 EAR 的设

① ERA 招标文件:Attachment 2 to Section J ERA Requirements Document(RD)。

② ERA Requirement,http://www. archives. gov/era/about/documentation. html(检索日期 2009 年 1 月 2 日).

计与实现分析,其摄入是一个可信的摄入过程①。

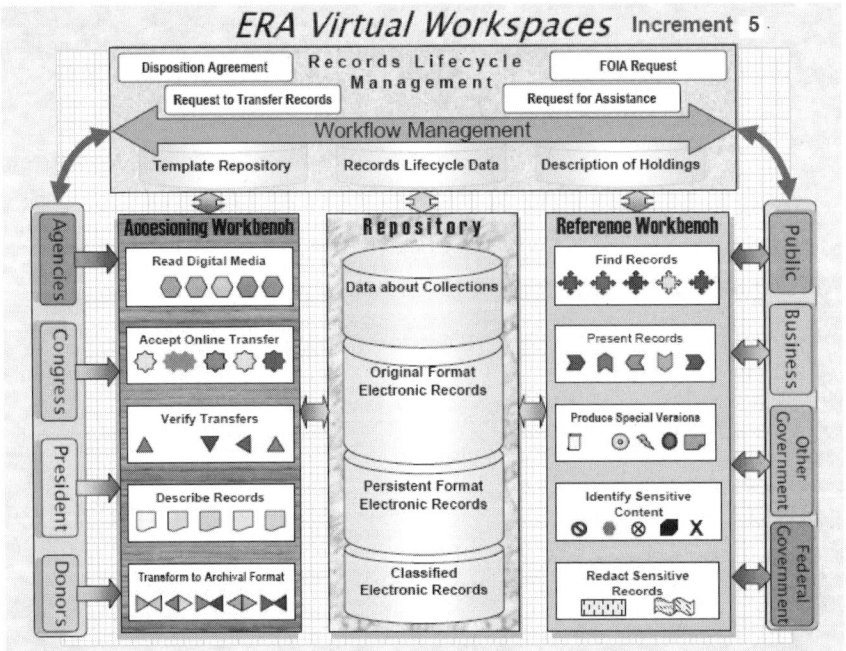

图 4-5　ERA 虚拟工作台(功能模型)

电子文件经转换为存档格式后,提交电子文件存储库(Reposity)保存。这个存储库符合可信数字存储库的特征和职责②,是一个可信的存储库,它保存电子文件的元数据、原始格式、转换后的长期保存格式和分类的电子文件,是一个完整的文件生命周期数据集。

查询工作台则为联邦政府、其他政府、商业和公众提供文件利用服务。在向用户提供服务过程中,要鉴定敏感内容,对敏感文件要编辑后才为那些没有敏感内容权限的用户提供利用。

根据虚拟工作台,ERA 按照 OAIS 参考模型设计了功能模型,如图 4-6 所示。在图的下方,ERA 功能模型专门和 OAIS 的功能模型做了一个映射。ERA 将系统模型分为三大部分:鉴别、保存和提供利用。每一部分中的功能模块和 OAIS 相对应,同时增加了档案管理特有的功能,如电子文件的销毁处置等。对于 OAIS 功能模型中略去的公共服务③,在 ERA 中也有了明确的标示。

4. ERA 的培训与教育

EAR 的培训包含两方面内容:对电子文件管理人员的业务培训和用户的应用培训。

对电子文件管理人员的业务培训包括诸多方面。ERA 在其网站上罗列了 ERA 背景信息、

---

① ERA System Design Information and Documentation,http：//www. archives. gov/era/about/documentation. html(检索日期 2009 年 1 月 4 日).

② Quality Management Plan,http：//www. archives. gov/era/about/documentation. html(检索日期 2009 年 1 月 4 日).

③ OAIS 参考模型 4. 1. 1. 1 部分：Common Services。

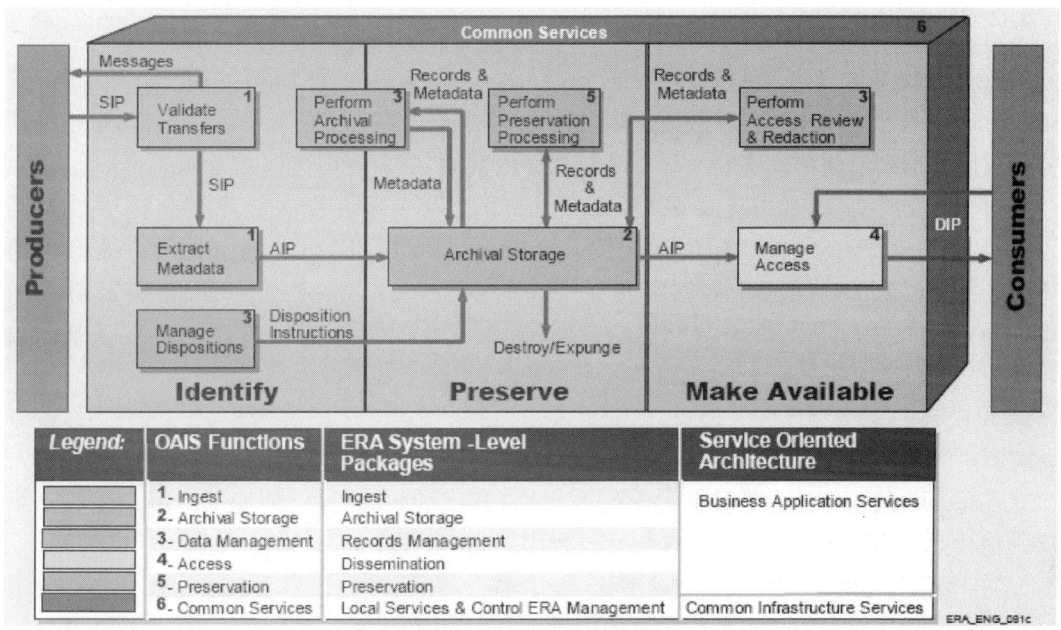

图 4-6 ERA 功能模块图

ERA 系统设计信息和文档、NARA 论文和演示文稿等七大类培训信息,每一类培训信息中又细分小类。如 ERA 系统设计信息和文档中有 ERA 需求、相关文档、ERA 方案、ERA 论文、NARA 文档等,ERA 规划中又有独立检验和确认方案、配置管理方案、质量管理方案、需求管理方案、测试管理方案、ERA 生命周期等,甚至还有项目管理办公室组织机构图、NARA Business Process Reengineering(BPR) Models and Information 等,几乎涉及了 ERA 建设的每一个方面[1]。这些内容或以 PDF 文件或以 Word 文件尽可在网站下载。有些文档的详尽程度几乎已经是一个完整的逻辑模型或操作手册。这些文档为管理人员提高自己对 ERA 的深层次认识提供了极大的帮助,管理人员通过了解、研究这些文档融入系统的开发工作中。

ERA 培训一个比较有特色的做法是将 NARA 行政管理部门、管理部门和业务人员所写的关于 ERA 的技术论文、演示文档和研究著作按年度分类别挂在网上,以 PDF 格式文件的方式供下载。[2] 这些学术研究对于提高档案管理人员的业务素质、理论知识和实践水平起到了较好的促进作用。

ERA 负责对系统使用者培训使用系统所必需的知识和工具,这是每一个信息系统所必备的。目前,ERA 的培训仅限于 NARA 的选定人员和四个机构用户。

---

[1] ERA System Design Information and Documentation,http://www. archives. gov/era/about/documentation. html # documentation(检索日期 2009 年 1 月 6 日).

[2] ERA Papers,http://www. archives. gov/era/papers/.

ERA Presentations,http://www. archives. gov/era/presentations/index. html # presentations.

ERA Research,http://www. archives. gov/era/research/.

4.2.2   ICPSR

ICPSR 全称是美国密西根大学校际政治及社会研究联盟（The Inter-university Consortium for Political and Social Research）。它主要目的是收集并保存大量的社会科学数据，提供一些定量方法方面的培训以便帮助研究人员更有效地使用数据，减少使用数据的困难。[①]

经过多年的发展，1962 年成立的 ICPSR 已经成为一个主要的定量社会科学数据档案馆，保存维护了超过 500 000 的离散文件。2006 财政年度，它通过网站为用户提供了超过 25TB 的数据。为了确保这些数据资源能够长期被研究者有效利用，ICPSR 决定对其保存数据实施有效长期保存的策略，使数据在技术标准变化时存储到新的存储介质以保证数据的可用性。

从 ICPSR 的策略与设计思想看，它的摄入与访问操作与 OAIS 参考模型之间建立了映射关系；作为一个社会科学数字信息的存储库，ICPSR 与可信 OAIS 存储库的档案责任是一致的。ICPSR 与 OAIS 的映射让大型社会科学研究机构在定量的社会科学环境下理解 OAIS，认识并解决其他社会科学档案馆在数据长期保存过程中遇到的突出问题。

1. ICPSR 信息对象与其表示对象符合 OAIS 信息模型

社会科学信息保存的一个数据对象的典型例子是一个数值测量文件，它用来理解和解释文件中数值代码的相关技术文档组成了表示信息。一个数据文件最终只是一串数字，本身没有可理解性，只有通过使用技术文档才能被解释和理解。因此，根据 OAIS 的信息模型，数据文件及其文档组成了内容信息[②]。

在 OAIS 模型中，表示信息包括语义信息和结构信息。语义信息就是技术文档中描述该份数据文件变量的位置、研究的什么问题、对问题的回答等；结构信息则是编码结构或组成文件的比特序列。理解了表示信息，该份文件将来才具有可理解性。

在 ICPSR 中，表示信息的递归性也得到了体现。文件的基础信息用来理解数值型数据，但基础信息本身也需要相应的表示信息。如上述例子中，用户可以通过 ICPSR 保存的另一个文档（如问卷调查时的原始问卷）来理解当时调查的问题以及问题与现在数据文件的变量怎样关联的。

2. ICPSR 信息流映射 OAIS

ICPSR 设计了一个"数据管道"的概念，即数据从数据收集开始，经过数据处理，到数据保存和分发所流过的路径。经过 ICPSR 的努力，OAIS 的映射活动可以用来评估其"数据管道"流程，如图 4 - 7 所示。

图 4 - 7 提供了 ICPSR 的数据管道到 OAIS 的六个功能实体详细的映射。ICPSR 的一些功能和任务可能需要几个部门来完成。例如，OAIS 保存规划任务很复杂，在 ICPSR 中由保存工作组和计算机与网络服务工作组来完成，两个工作组紧密协作实施大规模的数据迁移。

---

① ICPSR 官方网站，http：//www.cpirc.org.cn/ICPSR/ICPSR - 1.htm。
② Mary Vardigan，Cole Whiteman. ICPSR meets OAIS. Arch Sci(2007)7：73 - 87.

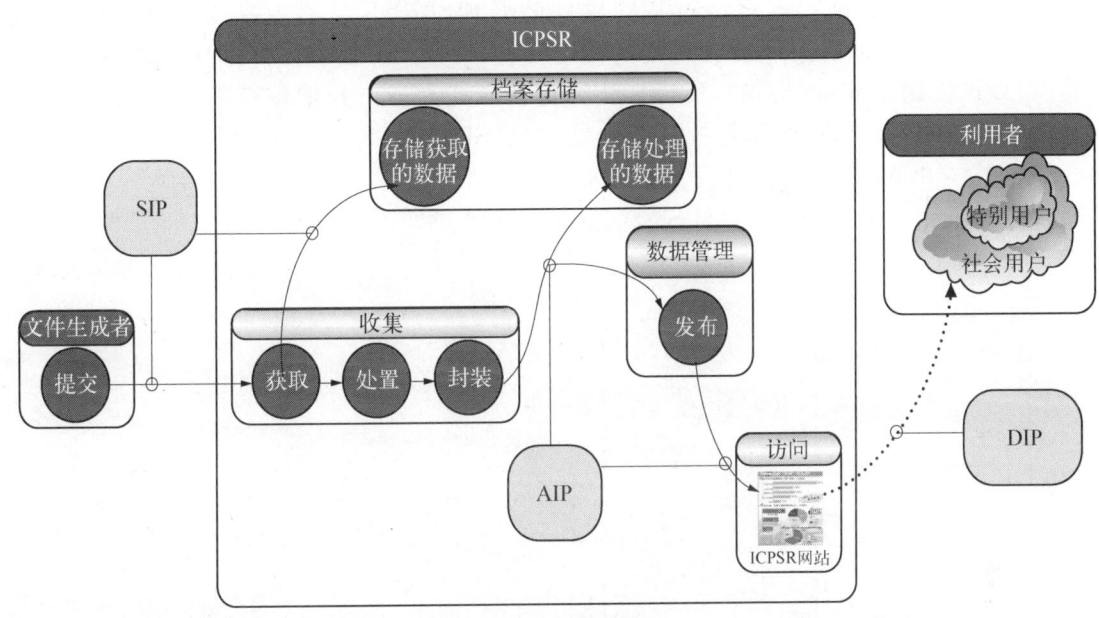

图 4-7　ICPSR 数据管道

（1）提交

ICPSR 的数据提交有多种方法，如自愿和主动提交、按协议要求提交。目前其经常采用主动识别其感兴趣的数据再协商收集入库的方法。

为了保证提交者准备与提交数据的质量，ICPSR 制定了《社会科学数据准备和归档指南》，以此来约束提交数据者。提交 SIP 应包含数据和相关的表示信息，例如，提交的 SIP 包含统计软件包（如 SPSS）适当格式的数据文件、一个编码本和 Word 格式问卷调查表组成的技术文档。

对于文件版权问题，ICPSR 做了特别设置。提交者捕获一些类型的保存描述信息和其他元数据，用一个电子表格和数字文件一起安全上传。提交者在电子表格上标明其拥有版权并授权 ICPSR 有权保存和分发数据。

（2）收集

SIP 一旦接收，就被保存在收集的临时数据库中，该数据库和 ICPSR 的已归档数据分开以保证安全。对于主动数据提交，ICPSR 评价其相关性以保证与《ICPSR 收集发展政策》相一致。ICPSR 对 SIP 进行鉴定以确定其密级，即使文件生成者已确认数据不包含任何个人标识符，ICPSR 还是要进行一个独立公开的分析。

鉴定结束后，ICPSR 要对提交的数据集合进行文件格式转换、表示信息转换与增加、SIP 内容信息重组等处理工作，这是一个增值的处理，是数据管道的主要组成（OAIS 模型对上述处理工作进行了很简短的提及）。处理过程中，ICPSR 要对提交数据进行再次的一致性检查，对于涉及机密的数据，ICPSR 和数据生成者一起决定数据的公开利用版本和限制版本。

　　由于社会科学数据很多都经过特殊软件的处理,ICPSR 将有专利权的文件格式(如 SPSS)转换为一个独立于软件更适当的归档格式,如带有 SPSS 设置文件的原始 ASCⅡ 文本数据(可以再创建成 SPSS 格式),ICPSR 认为这种方式是适合长期保存的。ICPSR 进一步自动将处理数据转换为三个流行统计分析软件包(SPSS、SAS 与 Stata)可用的"点击"分发格式,如图 4-8 所示。在收集阶段,表示信息也要转换,Word 文件通常转换为 PDF/A,该阶段同时准备元数据文件。ICPSR 将原始信息包和处理后的版本都进行长期保存和维护。

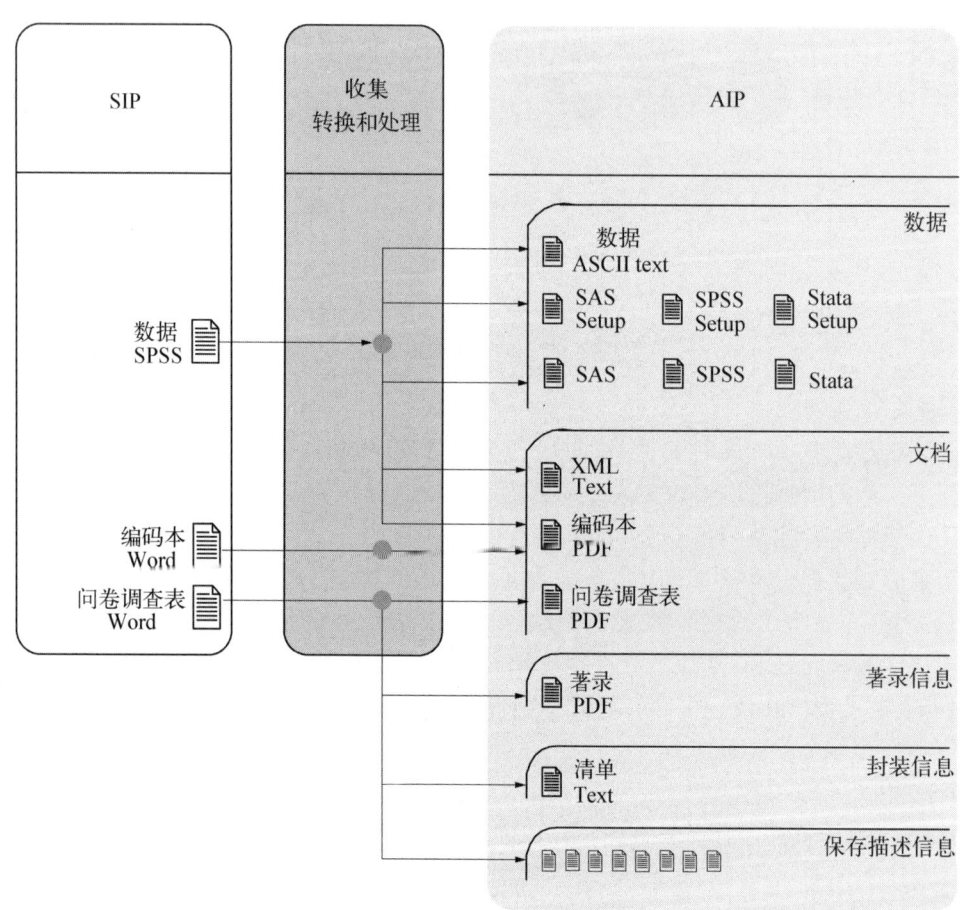

图 4-8　ICPSR 收集过程的格式转换示例

　　收集阶段,ICPSR 建立了几个质量控制机制(如自动检查和人工检查)对收集过程的每一步进行质量保证。

　　(3) 数据发布和档案存储

　　AIP 完成后,ICPSR 生成一个副本发送到网站服务器,数据管理宣布该数据已可在 ICPSR 网站检索获取。另一个副本发送到离线介质,如数字线形磁带。网站上的 AIP 形成一个或几个用户所需的 DIP,DIP 则以 ZIP 压缩的格式提供给利用者,DIP 的相关封装信息以文件清单(列出下载的文件)的格式一并提供。

(4) 访问

对于数据公开版本的访问利用,如同 OAIS 所描述的,利用者使用 OAIS 查找工具(ICPSR 搜索引擎)输入著录信息(ICPSR 元数据文件目录)来查找感兴趣的数据集合。对于 ICPSR 成员,提供 OAIS 中描述的数据定制服务。

3. 与 OAIS 相一致的 ICPSR 文件存储库职责

OAIS 参考模型的一个关键是设置电子文件库的职责。为了被认为是可信的,电子文件库的职责应该与 OAIS 相一致。ICPSR 认为它的存储库满足了可信存储库的几个主要职责。

可信存储库职责之一是与信息生成者协商并接受适当信息,ICPSR 完成并签署一个数据保存格式,该格式可以抽取出所保存数据集合的特征信息,保证机密信息被去除。

再如,可信存储库的另一个职责是获得足够的信息控制保证信息长期保存。ICPSR 的数据保存格式要求数据生成者确认对数据集合的版权、有权对 ICPSR 分发数据给予授权。ICPSR 也准许该格式迁移或转换内容以便数据长期保存。

4.2.3 基于 OAIS 信息模型的元数据案例

OAIS 提供了描述与长期保存数字对象相关的元数据要求的信息模型,这个模型框架本身就起到一个"高级数字式保存元数据框架"的作用。因为它使用了一个根植于完全的数字式归档架构中的结构性数据模型,并且独立于数字对象类型和保存环节等具体技术,具有技术无关性。因此,OAIS 信息模型被很多其他项目当作开发具有普遍适用性的保存元数据框架的基点。如 CEDARS[①] 的保存元数据框架、NEDLIB[②] 的核心保存元数据集、NLA[③](澳大利亚图书馆)的数字馆藏保存元数据,见附录1。

由上述案例可见,OAIS 信息模型最大的贡献在于其可以作为电子文件管理项目元数据的构建基础,尤其是针对长久保存元数据的设计。保存元数据是一个仓储系统中对数字保存过程进行支持的信息,具体而言,是在电子文件管理项目中维护电子文件可生存能力、可呈现能力、可理解能力以及真实性、同一性的信息。

上述元数据方案有一个共同点,就是在元数据架构的顶层设计中分成输入(归档)、长久保存管理(档案管理)、输出(利用)三大块。然后再结合 OAIS 信息模型的主要思想进行长久保存元数据结构的搭建。如图4-9所示。

与图书情报领域大规模采用 OAIS 模型相比,OAIS 系统模型在档案界的发展相对比较

① CEDARS:是英国的三个 CURL 机构(Universities of Leeds、Oxford 和 Cambridge)在1998年进行的研究项目。CEDARS 项目致力于确认数字信息收藏体系长期保护的战略框架和具体方法,并在此基础上建立支持数字资源长期保存的 CEDARS 元数据,支持数字信息内容的语义提取,还支持有关的描述性、管理性、技术性以及合法性元数据描述。

② NEDLIB:欧洲版本国家图书馆电子出版物保存系统,其目标是构建一个基于网络的欧洲保存图书馆的基础框架,确保在目前可用的电子出版物在将来同样可供利用。

③ NLA 表示澳大利亚国家图书馆(NLA)的 PANDORA(Preserving and Accessing Networked Documentary Resources of Australia)项目,是关于选择、收集、保护和长期提供澳大利亚电子出版物的政策和程序体系的研究。

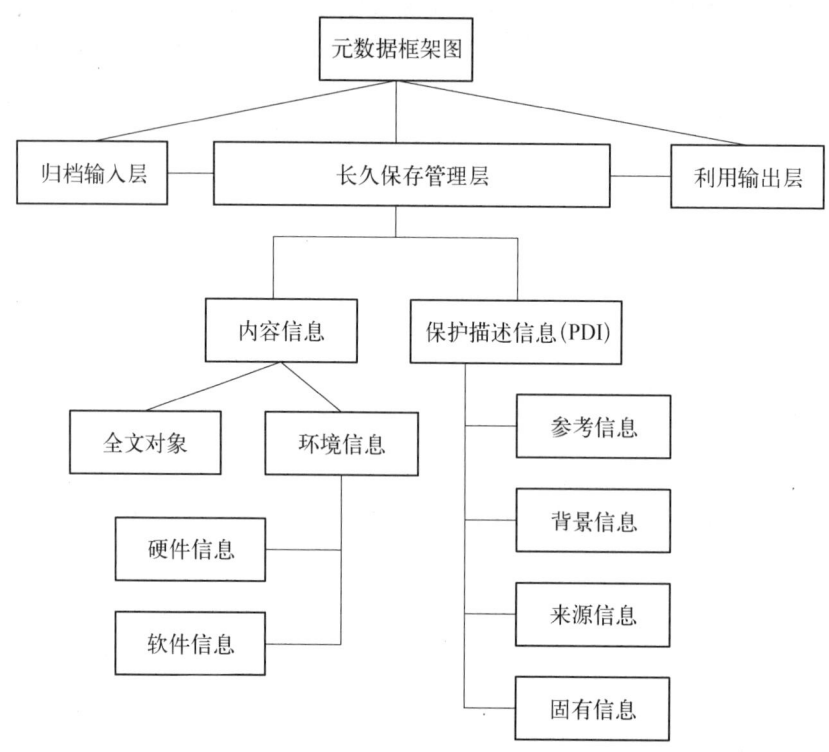

图 4 - 9   基于 OAIS 的数字信息元数据框架图

缓慢。但在电子文件长期保存领域的探讨与实践领域仍不乏个案，如 CEDARS、ERA（美国国家电子文件档案馆项目）以及我国目前正在制定的《电子文件元数据规范》，或多或少都吸收了 OAIS 信息模型的设计思想。因此，数字档案馆在长久保存元数据方面，同样可以参照 OAIS 框架进行建设，保证档案资源的真实性与凭证价值，从而对其进行有效管理，方便查询、利用、保护与长期保存，使其具有长久有效性。可见，元数据管理是数字化档案信息资源管理的核心问题。而 OAIS 信息模型恰恰为数字档案馆制定描述管理机制的元数据集合提供了方案。

4.3   国内外基于 OAIS 的电子文件管理项目建设比较分析

通过对我国电子文件管理项目的调研，可以看出，我国应用 OAIS 参考模型的电子文件管理项目建设已经取得了一些成绩，但还存在许多薄弱环节。通过对 ERA、ICPSR、CEDARS 和 PREMIS 等的文献调研可以看出，国外的电子文件管理项目已取得了较大的突破与进展，积累了许多可以借鉴的成功经验。

4.3.1 对电子文件管理进行顶层设计

冯惠玲教授指出,各地区、各机关的电子文件管理工作具有强烈的自发性和分散型特征。国家层面整体设计、统一规划、战略部署与方法指导的缺失,导致我国电子文件管理整体水平提升缓慢,信息孤岛现象逐步加剧,电子文件的真实性、完整性、长期可保存性与国家控制力面临大量风险。自上而下的分散探索已经不足以满足国家层面电子文件管理的需要,顶层设计日益成为文件、档案管理转型期的战略重点。[①]

从国外电子文件管理的实践可以看出,以国家档案馆为中心,形成电子文件管理和服务的网络体系,集中保管具有永久保存价值的电子文件的方法已被越来越多的国家所采纳。许多国家按照一定的标准与方法精心设计本国的国家档案馆电子文件管理系统,由于国家档案馆在整个档案管理体制中的顶层地位,其电子文件管理系统集中管理政府部门电子文件的建设实践为其他各级档案馆提供了示范案例,在协调全国电子文件管理系统的互联互通方面发挥了核心和枢纽作用。例如,美国的 ERA 项目计划在建设成功后,其软件系统将下发各州使用,对各州政府电子文件的管理将产生全面的示范效应。

因此,我国应尽快启动"国家数字档案馆计划",建设国家电子文件管理体系。作为一个国家档案馆电子文件管理项目,我国的国家数字档案馆建设是一项长期、艰巨的综合系统工程,需要用科学的方法论、标准化的建模方法作指导,需要相关基础理论的深入研究,真正将国家档案馆建设成为符合国际标准、国家标准、档案行业标准的一个电子文件管理项目,为将来建立以国家档案馆为中心的全国性电子文件共享与长期保存系统体系奠定基础。

4.3.2 扩大电子文件管理实践的合作范围

在国外数字信息长期保存项目,特别是电子文件长期保存项目,是多方参与的结果。如果直接由信息技术企业来主导项目的整个建设,从国内外的经验看,该项目往往是不符合至少是部分不符合电子文件管理的要求的。

例如 ERA 项目,NARA 花了几年的时间来将需求具体化。在这个分析、明确、定制需求的过程中,有多个机构的合作,除了 NARA 内部组织机构间的探讨,还有与技术部门与普通服务部门的需求点评。ERA 网站详细列举了一些协作机构,如 ARL(美国陆军研究实验室)、DoD(美国国防部)、Department of Energy - National Energy Technology Laboratory(能源部—国家能源技术实验室)、DLF(数字图书馆联盟)、Federal Geographic Data Committee(联邦地理数据委员会)、InterPARES 项目、NCSA(国家超级计算机应用中心)、NASA、MIT(麻省理工学院)、IEEE等三十多个协作机构或项目。[②] 经过六年对需求的反复确定,NARA 才转向信息技术企业寻求实际的开发方案。最终于 2005 年 9 月,选择了 Lockheed Martin 公司来建造和研发这个系统,任务主要以 OAIS 为参考模型设计一个面向服务的系统架构,整个系统的开发周期又定为 6 年。

[①] 见冯惠玲、钱毅《关于电子文件管理顶层设计的若干设想》,《中国档案》2007 年第 4 期,第 7 页。

[②] Partnerships & Collaborations,http://www.archives.gov/era/partnerships/(检索日期 2009 年 1 月 5 日).

我国的电子文件管理项目往往涉及除了档案馆之外的几乎所有政府部门,还有一些国有企事业单位,和构建一个企业或一个部门内部的信息系统相比,需求极其复杂。如果由信息技术企业来主导项目建设,往往会出现对档案现有工作的需求分析比较准确,但对整个电子文件管理的环境、要求、遵循的标准,特别是立档单位的实际很难整体把握。

我国现有的电子文件管理工作与流程,很不完善,需要定制新的流程才能满足电子文件管理的需要。理想的电子文件管理项目最关注的是如何利用信息技术实现目标,如何用新技术做好当前和过去没做过的工作,要求必须创造性地应用信息技术。这必须由档案部门、大学研究人员、相关研究机构、立档单位、利用者、技术部门(非商业技术公司)等多部门合作才能完成。

目前国内除了个别电子文件管理项目由多方参与取得了较好的成果(如安徽电子文件中心项目的建设)外,绝大部分尤其市县级综合档案馆电子文件管理项目是以商业信息技术公司为主导,档案部门甚至没有任何参与,没有提出需求、没有进行软件工程监理,没有严格的软件测试等。商业信息技术公司为了追求利润的最大化,往往是进行简单的需求分析,需求分析没有标准的模型作指导,而是完全基于现有工作,建成的项目满足于对现有工作的实现,对于电子文件管理复杂的核心内容很少或几乎没有涉及。

4.3.3 大力开展基础研究

造成电子文件管理项目由商业信息技术公司主导的一个很重要原因就是电子文件管理的基础研究相对薄弱。

1. 加强电子文件管理需求分析方法论的研究

需求分析是任何一个信息技术项目建设首先要遇到的问题,也是决定项目成败的最关键因素。需求分析的方法论则是指导项目正确进行需求分析的方法指南。

电子文件管理项目与一般信息系统相比,有自己的特殊性,这是由电子文件的档案本质属性决定的。一般信息系统重在信息处理与利用,而电子文件管理项目重在电子文件的长期保存,商业信息技术公司用一般信息系统的需求分析方法论来指导电子文件管理项目的需求分析,项目不能满足需求甚至失败是在意料之中的。

电子文件管理需求分析应该在集成化建模方法的基础上结合电子文件管理基本理论与实际工作现状进行调整、修正。国际上看,电子文件管理没有现成的模式,我国的电子文件管理目前也没有相应的需求标准,因此如何借鉴国外的成功经验促进我国电子文件管理的发展是需要研究的方向之一,从 ERA 等项目需求分析成功开展的经验看,将 OAIS 参考模型融入项目的需求分析与设计过程中是很有必要的。因此,将 OAIS 参考模型与集成化建模方法相结合的研究是电子文件管理实践基础研究的一个内容,亟须大力加强。

2. 加大对电子文件管理的模型研究力度

电子文件生命周期模型与连续体模型是电子文件管理的理论模型,构成了电子文件管理的理论基础,对实践具有宏观的理论指导意义。从信息系统开发的角度看,电子文件管理项目的开发还需要概念模型、逻辑模型的支持。从国内外研究情况看,OAIS 参考模型正是一个适合电子文件管理的概念模型。

国外的实践也证明了这一点。如美国的电子文件管理战略和 ERA 项目正是基于ISO15489《信息与文献——文件管理》和 ISO14721《开放档案信息系统参考模型》，并吸纳了世界范围内具有广泛影响的研究成果，如 InterPARES，文件连续体理论，文件生命周期理论等。

耶鲁大学的 Kevin Glick 和塔夫茨大学的 Eliot Wilczek 认为如果电子文件从一个文件生成系统经过基于 OAIS 的可信收集过程移交到电子文件保存系统，这个收集过程就基于文件生命周期模型；如果文件生成者是一个 OAIS 档案馆，有独立的文件生成系统与文件保存系统，那么这个收集过程就可用于文件连续体模型。[①] 在这些专家的研究中，OAIS、电子文件生命周期与文件连续体模型完美地结合在一起，共同指导电子文件管理实践。

可信的收集与可信的文件存储库是电子文件管理项目的两个关键组成部分，国外进行了大量的研究，对我国电子文件管理有较大的借鉴作用。但这些研究更多地建立在宏观的数字信息这个大的概念范畴下，没有完全针对电子文件的特性，不能完全照搬。

因此，加大对电子文件管理模型的研究力度是保障电子文件项目功能实现的有力措施。根据我国电子文件管理的实际，运用电子文件生命周期基本理论与文件连续体模型及 OAIS 参考模型来指导电子文件管理模型的建立，研究适合我国电子文件管理实际的可信收集与可信文件存储库的流程、功能需求、数据交换等，它们是 OAIS 参考模型中重点论述的内容，也是模型研究的重点。

3. 加大对电子文件管理流程的研究

从 EAR 项目的建设过程看，NARA 极为看重信息技术企业参与前的工作。这是因为电子文件管理系统会涉及将来的档案馆工作流程与管理结构，需要对现有的工作流程进行优化、重组、构建新的流程以适应将来的档案馆，而不能单纯地将现有工作简单计算机化，否则，必然不能适应将来电子文件管理的需要。实际上，信息技术真正的优势不仅在于它能使传统的工作方法更有效率，更在于使档案馆打破传统的工作规范，创建全新的流程模式。理想的计算机项目都不是对原有业务流程的简单计算机模拟，而是要对原有的流程进行业务流程重组（BPR），对于电子文件管理项目更是如此。

一般说来，电子文件管理项目应以作业流程为中心实施改造，在战略上精简分散的过程，职能上纠正错位的过程，执行上删除冗余的过程，面向管理目标整合业务流程。

OAIS 参考模型根据长期保存目标，明确了六个实体的功能及其相互关系，进一步对这六个实体进行了自上而下的功能分解，但没有描述相应的流程，这不是 OAIS 参考模型关注的范围，这也就是一些研究者与应用者抱怨 OAIS 高度抽象、缺乏实践指导的重要原因。

因此，必须加强电子文件管理流程的研究。以 OAIS 参考模型六个实体的功能为基础，以实体间相互关系为纽带，研究实现这六个实体功能的流程，确定可信的收集、存储、管理与访问的流程，保证电子文件长久保存目标的实现，才能使 OAIS 从术语与概念框架转化为清晰指导电子文件管理的逻辑模型。

4. 加强对电子文件管理系统核心技术的研究

OAIS 参考模型从总体上对包括电子文件管理系统在内的数字保存系统进行了考虑，并提

---

① http：//dca. tufts. edu/features/nhprc/index. html(检索日期 2009 年 1 月 16 日)。

供了一个概念框架,但它只是概念模型而非逻辑模型,需要在实践中针对 OAIS 的功能模型和信息模型进行实例化。

通过对国外电子文件项目实际案例的分析,基于对目前我国电子文件管理的认识,尤其是考虑到县市级电子文件管理实践的现状,应从长久保存技术、数据存储技术、嵌入式真实性与完整性验证技术、格式管理的自动化等方面进行深入研究[①]。

长久保存技术包括迁移、仿真、开放描述、封装等技术。从国内外实证研究看出,迁移是质量较好、实践性较强的常用方法。迁移是"在保证文件真实性、完整性、可靠性和可读性的前提条件下,将文件从一个系统转移到另一个系统的行动"[②]。OAIS 参考模型对于迁移做了重点分析,将其分类并对每一类别作了定义上的描述。迁移可能涉及格式、介质、封装信息等的改变,如何由电子文件管理系统作出迁移决策、自动执行迁移活动、验证迁移活动等,是电子文件管理人员需要认真研究加以解决的问题。

数据存储技术在国内外任何一个电子文件管理项目中都有应用,其研究的深入程度决定了应用质量的好坏。从理论上说,可信的电子文件存储库需要数据存储技术来保障,数据存储技术实现可信电子文件存储库的职责与认证,然而从实践上看,国内尚未有相应的研究。

嵌入式真实性与完整性验证技术是指在电子文件管理系统中实现电子文件的真实性与完整性验证。在国内外的实证分析中经常看到真实性与完整性验证技术的应用,如数字签名、MD5 校验等方面。但这样的技术如何嵌入到系统中使验证自动实现,尤其是对批量文件甚至海量文件的验证,尚未见到应用的实例。

格式管理的自动化是指系统根据信息技术的发展,自动判断文件格式废弃与否,是否为新格式所替代,并自动对文件进行格式转换,并获取相应格式的表示信息保存在系统中。

笔者在对国外基于 OAIS 的相关项目进行文献调研时,以上核心技术部分在相关文献中提及并进行了简要分析,部分是项目下一步要研究的内容。对国内调研发现,国内相关技术的研究部分停留在信息技术阶段,尚未有与档案管理相结合,部分尚未开展研究。

因此,大力开展相关核心技术的研究,是实现电子文件管理系统长期、真实保存电子文件的有力保障。

4.3.4 加强培训和教育

从 ERA 的培训经验看出,电子文件管理项目的开发与正常运行必须要有两方面的培训。考虑到我国档案馆对电子文件管理知识的相对缺乏,还应该增加相应的培训。

造成电子文件管理项目由商业信息技术公司主导的一个很重要原因,就是相当一部分档案管理人员对电子文件管理项目到底要建成什么样、建成后有哪些功能不清楚,实际上就是对电子文件管理理论、电子文件管理实践不清楚,必须加强电子文件管理基础理论与相关实践的培训。对于档案馆进行电子文件管理工作的技术业务人员,或精通于信息技术而不了解档案知识,或精

[①] 这些技术在 OAIS 中有概念性的提及。
[②] 文件管理国际标准 ISO15489 - 1。

于档案知识而对信息技术知之甚少。必须对直接进行电子文件管理工作的人员进行这两方面的知识培训，这两方面知识的拥有是进行 OAIS 参考模型知识培训的前提。

在电子文件管理项目建设成功后，还要结合项目的建设过程对档案人员再次进行电子文件管理的培训。这次培训，重点在于项目实现的电子文件管理流程与其他相关业务的培训。如前所述，电子文件管理项目的实施应该是对原有业务流程的重组、新流程的构建，必然有和项目实施前不一样的地方，加强这方面的培训，可以让档案人员重新认识本单位的电子文件管理工作，减少其对新项目的抵触情绪。

还有一个培训是对新建电子文件管理系统的操作培训，这是实施每一个信息系统必须做的工作。

由此可见，加强培训和教育，既是电子文件管理系统需求分析的必然需要，也是系统正常运行的保障。

4.3.5 完善电子文件管理项目建设的标准保障体系

电子文件管理是非常复杂的管理活动，涉及诸多利益相关者，既有电子文件的形成者、利用者，又有对电子文件进行长期保管并提供利用的档案馆等机构；既有生成电子文件的业务系统，也有对其进行保管的档案系统；电子文件管理涉及的诸多活动中，既有形成文件的业务流程，又有文件管理流程；管理活动既需要良好的管理规范，又需要大量成熟的技术支撑；既要保证电子文件在机构内部的顺畅流转，又要保障其与外部具有良好的共享交换平台。总之，电子文件管理是很复杂的技术管理活动，许多事物和概念重复出现，有必要对其进行统一的、成体系的规定，提高电子文件管理的效率和效益。

单纯从电子文件管理系统实施的角度看，也需要构建一个标准体系，保证电子文件管理系统整个开发过程的质量。从国外项目的文献调研看，各国或研究机构建设电子文件管理项目时，均采用了相关标准先行的做法。这些标准涉及方法论与方法学方面的标准（如档案馆提交方法论标准）、管理标准、开发过程中的标准、项目监理方面的标准等等。

从国内数字信息保存标准方面的研究看，图书情报界根据研究对象的特点注重对元数据标准的研究，已经研究出多个版本的中文元数据方案；信息技术公司从商业利益出发，关注电子文件格式标准的研究。对于电子文件管理人员，仅仅关注某些方面的标准是不够的，需要从电子文件管理项目的生命周期（不同于电子文件的生命周期）出发，结合项目的开发过程，制定出电子文件管理项目建设的标准保障体系。

如项目开发的方法论标准，需求分析阶段的电子文件管理系统通用功能需求标准，设计阶段的 SIP 提交协议、可信收集的验证标准、格式管理标准、可信电子文件库的职责与验证、电子文件真实性与完整性验证，项目监理过程中的相关标准如配置管理、质量管理、需求管理、测试管理等，在开发过程中与 OAIS 相适应的一些相关标准如基于 OAIS 档案馆间的接口标准、跨介质和格式的信息迁移标准、档案馆电子文件元数据提交标准等。

需要指出的是，这里讨论的标准体系的建立是指电子文件管理系统实施所需的标准体系，而不是电子文件管理标准体系。

5　可信电子文件管理系统的体系结构构建

信息技术的飞速发展给档案馆的电子文件管理带来了严峻考验,同时又带来了档案工作的发展机遇,电子文件管理工作是提升档案工作重要性与社会地位的一个极为重要的契机。如何抓住社会信息化给档案工作带来的这个契机,构建可信电子文件管理系统的框架体系,成为档案工作关于电子文件长期保存与提供利用这两大目标实现的关键所在。本章构建了基于 OAIS 的可信电子文件管理系统的框架体系,并对体系的各组成部分展开深入研究,力求为我国电子文件管理工作提供可操作的理论借鉴。

5.1　基于 OAIS 的可信电子文件管理系统的体系结构

5.1.1　可信的电子文件与可信的电子文件管理系统

"可信"是一种信任的度量。可信的电子文件是指真实性与完整性得到确认的电子文件。

Henry Gladney 认为数据的完整性与电子文件信息的可信性在某种程度上很容易说明:电子文件的真实性和起源可以通过可信机构签署的报文认证编码来证明[1]。报文认证编码即常说的数字签名,一些行业已经用其来保障电子文件的完整、真实与交换的不可抵赖。对于档案馆来说,如果信任拥有密钥对的文件生成者,就会信任用此数字签名的电子文件,也就是说,用此数字签名的电子文件是可信的。档案馆信任密钥对拥有者的基础是对 PKI 的信任,PKI 可以让档案馆确定拥有密钥的文件生成者的身份。档案馆可以通过某种可信的安全方法(如从权威机构或可信的中间人获取)直接获得文件生成者的公钥,利用 PKI 去确定其公钥来验证数字签名。一旦数字签名通过了验证,用其签名的电子文件的真实性与完整性相应得到了验证。这个过程中,信任起到了很关键的作用。

因此,电子文件的真实性与完整性与"可信"的概念密不可分。Clifford Lynch 甚至认为,数字环境中完整性与真实性的实际确定最终依赖于可信,可信扮演了中心角色[2]。

---

① 　Henry Gladney,Digital Document Quarterly,http：//home. pacbell. net/hgladney/ddq_1_1. htm.
② 　Clifford Lynch,Authenticity and Integrity in the Digital Environment：An Exploratory Analysis of the Central Role of Trust，http：//www. clir. org/pubs/reports/pub92/lynch. html(检索日期 2008 年 11 月 8 日).

　　真实性与完整性是电子文件的客观属性,但它们的度量却需要人们的主观确定。从这个意义上说,可信并不是绝对的,而是一种主观概率。例如由于身份确定政策的不同,一些 PKI 的可信性就比另一些 PKI 要高,如政府认证中心颁发的数字签名就比某些公司颁发的可信性要好。

　　可信性随着技术的发展也会发生变化。假定现在档案馆保存了一份电子文件,其真实性与完整性由数字签名来确定,若干年后,人们要利用它,如何看待其真实性与完整性,就有两种观点:一是利用者完全信任档案馆始终维护了文件的真实性与完整性;二是利用者自己通过数字签名来验证。第二种情况下,认证机构与 PKI 操作者可能已消失很久,利用者就要深入研究认证机构政策的历史演变,研究密钥分配与期满的历史,研究加密算法的演变。这就要求档案馆管理和保存基础设施的演变文档来保障对文件真实性与完整性的长期管理。实际上,第二种情况仍然存在着一种信任,即若干年后利用者对档案馆管理和保存的关于基础设施演变文档的信任。相比第一种观点的完全信任,这种信任的主观概率较低。但如果没有这种信任,电子文件的真实性就失去了主观确定的基础。

　　从以上分析看出,电子文件的真实性与完整性并不完全依赖于技术(PKI),还要依赖于双方的互相信任,依赖于对技术的信任,依赖于对权威机构或中间人的信任。缺少验证过程中的任意一个信任,电子文件的真实性与完整性就不能得到准确判断。

　　对于一个电子文件管理系统来说,其可信就在于对电子文件可信性的保证,如果系统在可信电子文件输入后,经过一定时期的保存后,其输出仍然是可信的电子文件,那么该电子文件管理系统就是可信的。一个可信的电子文件管理系统必须满足以下要求:其设计与实施符合政策和标准;有一个可信的数据存储基础设施在软硬件发生变化时,仍能长期保存电子文件;有一个可信的文件处理流程;内置审计跟踪功能,有能力审计流程中任何能引起(或潜在引起)访问、生成、修改、删除机密或敏感信息的行为。审计生成的数据必须有足够的粒度来支持跟踪审计事件①;提供多种工具识别、增强电子文件的真实性、完整性与可读性;包含一系列功能和机制来生成可信的环境,如侦测丢失的信息并进行恢复;可信任组件间的通信;用户安全性等;可以识别其他可信电子文件管理系统,并与之通信。

5.1.2　可信电子文件管理系统的框架体系

　　电子文件管理系统建设是一项复杂的系统工程,是一系列相互关联、相互作用的各种因素的集合。基于电子文件生命周期和 OAIS 参考模型,论文构建出一个可信电子文件管理系统的框架模型。可信电子文件库是系统的数据存储基础设施,和可信的电子文件工作流一起组成了系统的物理核心,实现系统的功能;通用公共服务提供一系列功能和机制为系统生成可信的环境,同时提供多种工具识别、增强电子文件的真实性、完整性与可读性;标准和政策是系统设计与实施的依据。图 5-1 是可信电子文件管理系统体系模型。

---

① National Computer Security Center(NCSC). A Guide to Understanding Audit in Trusted Systems.

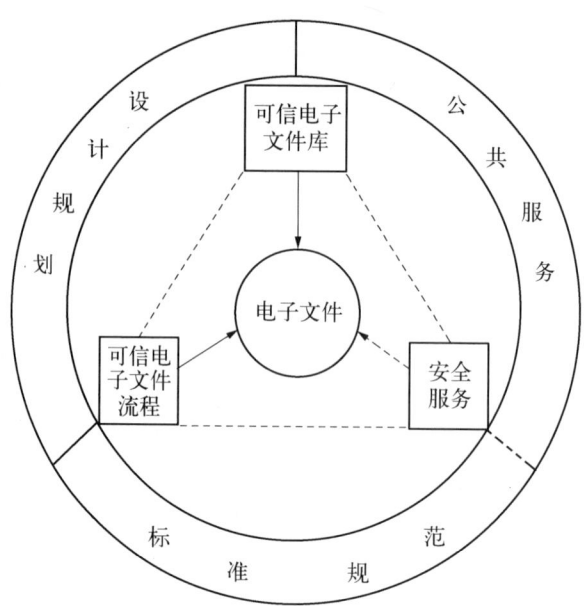

图 5-1　可信电子文件管理系统体系模型

5.2　可信的电子文件库

数字信息的长期保存要求有一个能支持档案馆分布式系统的基础设施,基础设施的一个关键组成部分是能为数字信息提供存储、迁移和访问服务的可信电子文件库①。

5.2.1　可信电子文件库的定义

可信的电子文件库是一个能在现在和将来对其所保存的电子文件向用户提供可靠、长期访问的文件存储库。定义中"可靠"是指访问的电子文件应该是可信的,即电子文件应该是真实完整的,"长期访问"是指可信的电子文件具有长期的可读性。

OCLC 将可信的数字存储库分为两种形式:一是机构自己建设,二是第三方提供存储和维护,机构对存储库进行逻辑和知识管理②。从我国档案工作的实际情况看,第一种方式,即综合档案馆自己建设可信的数字存储库是可行的,也是可能的。

一个可信的电子文件库必须能对数字资源进行长期的维护,为现在和将来提供利用,这是电

---

① John Garrett and Donald Waters. Preserving Digital Information: Report of the Task Force on Archiving of Digital Information, http://www.oclc.org/asiapacific/.

② OCLC 的报告《Trusted Digital Repositories: Attributes and Responsibilities》中定义: A trusted digital repository is one whose mission is to provide reliable, long-term access to managed digital resources to its designated community, now and in the future.

子文件库的基本功能。从其功能的客观实现看,档案馆应该提供组织和经费的支持确保电子文件库的长期运行,应该根据普遍接受的准则和标准来设计支持它的系统,确保电子文件的管理、访问和安全;从其功能的主观实现看,可信的度量需要人们的主观确定,因此,档案馆应建立一个电子文件管理系统评估的方法论来满足外界对其可信性的期望,通常的作法是政策或法律加上审计与测定,建立一个认证系统;从其功能的技术实现看,建立一个认证系统来实现对可信电子文件库的认证,档案馆必须在所有电子文件元数据集里增加与该系统交互的信息。相应地,元数据标准和最佳实践应该包含一个认证信息的标识符。从目前的实际情况看,基本没有实现。因此,调研和定义电子文件长期保存所需最小元数据集是一个较好的办法,并利用工具自动化生成或提取尽可能多的元数据。图 5-2 是电子文件库的逻辑构成。

5.2.2 可信电子文件库的特性与职责

1. 可信电子文件库的特性

理解电子文件库首先应识别它的特性,进一步构建一个可信电子文件库的最小特性集。分析 OCLC 及相关学者的研究,结合我国电子文件管理的实际情况,电子文件管理库的最小特性集如下:

（1）与 OAIS 相一致

可信电子文件库要求电子文件管理系统必须与 OAIS 参考模型相一致。如同论文前面分析,OAIS 为描述、比较电子文件管理的结构与操作提供了一个包括术语与概念在内的通用框架。OAIS 功能模型的档案存储与访问的具体功能需要电子文件库来完成;OAIS 信息模型可以用来创建支持电子文件长期保管和访问的元数据。综合档案馆建设电子文件库应该在深入理解 OAIS 参考模型的基础上确保整个电子文件管理系统的所有方面与 OAIS 相一致。

（2）良好的管理

可信电子文件库应当贯彻行业标准和最佳实践,继而扩展到满足其物理环境、备份恢复和安全特性方面的国家和国际标准。此外,风险管理和突发事件处置预案也是建设和管理电子文件库要考虑的问题。

（3）适合的保存策略

可信电子文件库应该考虑所有相关的可选保存策略及其适合性。根据所选择的保存策略,配置适当的软硬件,制定技术更新的政策与规划。电子文件库应该遵循所有与保管策略相关的标准与最佳实践,并要求档案人员有足够的电子文件管理知识来理解、实施这些标准和最佳实践。档案馆要审计它的电子文件管理系统各组成部分来明确保存策略的实施程度。

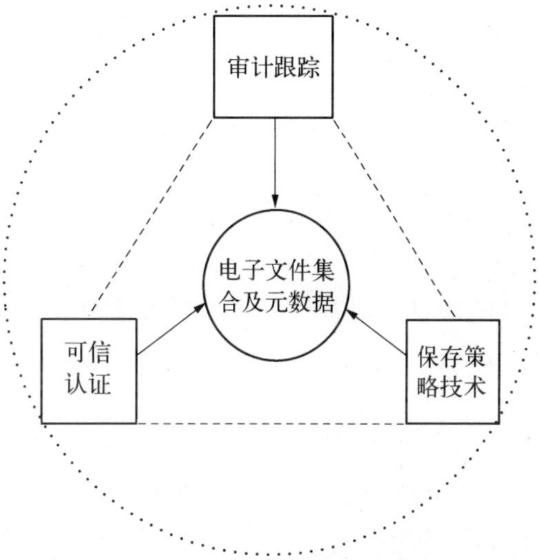

图 5-2 电子文件库的逻辑构成

（4）良好的系统安全

支持电子文件库的电子文件管理系统要保障电子文件的安全。应制定与复制过程、必需的数据冗余、认证系统、防火墙、数据备份以及灾难响应与恢复等有关的政策与制度。特别应关注数据完整性，避免数据丢失，检测数据变化，并恢复丢失或被破坏的数据，这个过程一定要记录在档。

（5）良好的工作规程

可信电子文件库需要制度和规程来完成其所承担的相关任务和功能。如对电子文件库的操作要记录在档以备日后可查，采用适当的监控机制来测量和保障所有系统和程序的运行，应记录所采取的保存策略并在最佳时间的环境中进行调整，还要有适当的反馈机制等。

2. 可信电子文件库的职责

OAIS 参考模型的一个关键是设置电子文件库的职责。为了被认为是可信的，电子文件库的职责应该与 OAIS 相一致。OCLC 将可信数字存储库的职责分为两部分：高水平的组织和保管职责与运行职责。OCLC 认为前者应该从收集的范围、保存和生命周期管理、信息的所有权及其他法律问题、费用等因素去分析；认为后者包含与信息生成者协商接收适当的信息、对信息进行控制、明确特定用户、保障所保存信息的可理解性、对保存信息提供利用、鼓励数字资源生成的标准化等方面[①]。

以上数字存储库的许多职责其实在档案界已经得到了广泛应用，如收集范围早已在我国档案行业标准中有所规定；生命周期管理也已经是档案管理的理论基石之一；信息的所有权与保管的成本费用是档案馆要考虑的问题，但我国档案体制又决定它们不是档案馆最迫切关注的问题；其他法律问题如隐私权与知情权等在档案界得到了较为深入的研究。因此，对于电子文件库职责的研究应该重点放在其运行职责上。

（1）接收适当的信息

如同传统档案的接收一样，电子文件库接收的是立档单位有保存价值的电子文件，这是毋庸置疑的。考虑到电子文件的真实性、完整性与可读性，电子文件库还应该重视电子文件元数据的接收，通过元数据来保证电子文件的长久保存。OAIS 的信息模型为元数据集的构建提供了良好的建议，根据 OAIS，接收的元数据应该包括权限、起源（文件的生成历史）、技术元数据、管理元数据、著录元数据、结构元数据等类别。

（2）对保存文件进行足够的控制

这是电子文件库很重要的一个职责，它决定了电子文件长期保存的成败。电子文件库为了能长期保存内容信息与保存描述信息，必须对其进行足够的控制。AIP 的封装信息是在 OAIS 系统内定义的，系统必然能对其进行完全控制。

对内容信息和保存描述信息的控制具体包括：分析电子文件的内容，找出它的重要特征，如可接受的文件格式、与生成环境的独立性等；选择电子文件可持续性访问的保障策略，尤其是在

---

① OCLC 的报告《Trusted Digital Repositories：Attributes and Responsibilities》中可信数字存储库的职责：High-Level Organizational and Curatorial Responsibilities，Operational Responsibilities。

技术发生变化后要定期评估其长期访问的可能性。如果电子文件高度依赖于某一复杂的技术环境或生成时的技术,那么将来是保存该复杂技术还是进行仿真将会影响到要保存的技术元数据。如果选择了在电子文件库的支持系统中嵌入一个仿真器,还应该考虑符合电子文件管理的仿真器的标准①。

(3) 档案存储

元数据存储、更新与补充有多种方式,如关系型数据库、与相关电子文件绑定、XML 数据库、面向对象数据库等。如果电子文件库需要迁移或标准化,应通过文件的格式或审计跟踪转换的过程,并建立原始的元数据、新版本的元数据与电子文件间的联系,特别应关注转换的日期、迁移的目的、转换过程的固化、迁移的技术后果等因素。

元数据与电子文件的存储有多种方式:

a) 电子文件存储在文件系统,元数据存储在关系型数据库管理系统。这种情况下,元数据和著录信息可以存储在 OAIS 功能模型数据管理实体的同一个数据库,电子文件库与其是分离的。如果档案存储实体采用了数据分级管理,可以将电子文件进行离线存储,如存储在磁带、光盘塔,元数据存储在在线的数据库中,通过分级存储管理软件建立二者关联。

b) 电子文件存储在文件系统,元数据存储在 XML 数据库中。

c) 电子文件存储在文件系统,元数据存储在关系型数据库管理系统,同时复制元数据将其副本和电子文件一起存储在文件系统。同样,如果档案存储实体采用了数据分级管理,可以将电子文件及其元数据进行离线存储,如存储在磁带、光盘塔,元数据副本存储在在线的数据库,通过分级存储管理软件建立二者的关联。

d) 电子文件存储在文件系统,一些元数据(如用于检索的著录信息)存储在 RDBMS,另一些元数据(特别是保证电子文件真实性与完整性的技术性元数据)和电子文件一起可以采用 XML 封装等方式保存在文件系统。同样,可以对其进行分级存储管理。

考虑到市县级综合档案馆的技术环境与电子文件的数量,还有一种短期内可用的、节省成本且技术相对简单的方式,就是将电子文件和元数据都存储在数据库管理系统或文件系统中。

电子文件库的其他责任还有元数据检查,唯一、稳定的标识符,真实性与完整性检查等。

5.2.3 可信电子文件库的认证

电子文件库在运行、维护过程中,可能会有存储技术、服务、工作流、验证机制等方面的变化,有可能实施了电子文件的迁移或仿真,会影响电子文件存储库的可信,需要定期对其进行认证和审计以确保其可信性。

正是由于"可信"的主观度量,使得一个电子文件库要想成为一个可信的电子文件库,除了寻求法律法规、政策的帮助外,必须有一套认证其可信的客观方法与程序。

目前在图书馆和档案界有两种可行的模式用来对可信的数字存储库进行认证。一种是审计

---

① 美国和英国的 CAMiLEON 项目对应用仿真器来保证数字信息的长期访问进行了研究,对保证保存质量的仿真器的合适技术提出了相关建议,http://www.si.umich.edu/CAMILEON/(检索日期 2008 年 12 月 12 日)。

模式,另一种是标准模式①。审计模式用在保存政府文件(尤其是电子文件)的数字存储库中,也就是论文讨论的电子文件库。这种模式,电子文件库必须要满足相应的法律法规。典型的,如美国国防部《电子文件管理软件设计评价标准》的 C2.2.85 部分对系统审计进行了详细规定②,同时针对标准符合度的软件测试也做了规定:文件管理软件一致性测试与评估(Record Management Application Compliance Test And Evaluation)。NARA 承认该项测试的权威性,美国国防部及其所属机构购买或自行开发的软件必须经过测试。标准模式在许多图书馆和档案馆得到了应用,如生成符合长期保存的缩微胶片指南与 ISO 图书馆际互借指南等③。

这两种模式虽然目前运作良好,但都没有对认证活动的范围、功能以及与电子文件库相关的职责等进行完整的描述。通过对二者的分析研究,以及国内外的实践,对电子文件库认证应该考虑四个方面。

第一,工作人员。个人的职业认证有时也称为人事认证。档案工作人员根据自身的知识结构与工作经验通过相关专业权威部门组织的资格考试,即认为经过了个人职业认证。对于电子文件归档或电子文件库管理来说,这种认证是必须的。

第二,程序。对程序的认证可以通过标准化检验表和标准的自我评估以及具有程序检测功能的网站审查来进行,程序认证范围包括法律权限、管理权限、经费来源、人员、设备、电子文件的保存与访问等。如 AWIICS 专题研究组创建了一个初步检验表作为进一步研究 OAIS 标准化的工具④,该检查表及 AWIIS 所设想的元素构成了一个认证框架。

第三,过程。过程认证评估实现电子文件库外部与内部需求的方法和规程。内部需求可以看过程是否符合 OAIS 的收集、存储和组织实践,评估电子文件库的外部标准如 DoD 5015.2 - STD、澳大利亚维多利亚州的公共文件办公室标准⑤、英国的公共文件办公室⑥等。

第四,数据。数据认证证明了数据的长期可靠性与安全性。数据认证包括通过标准(如 ISO9000 等)进行的外部与内部的质量控制,如数据迁移、元数据生成与维护、数据更新和副本验证等过程的文档证明,这需要系统的审计跟踪,并对审计产生的数据进行维护。数据的安全性可以通过常用的公共密钥认证方法和认证实践框架来认证⑦。

---

① OCLC, Trusted Digital Repositories: Attributes and Responsibilities, http://www.oclc.org/programs/ourwork/past/trustedrep/default.htm(检索日期 2008 年 12 月 16 日).

② Department of Defense, United States, Design Criteria Standard For Electronic Records Management Software Applications(DoD 5015.2 - STD), http://jitc.fhu.disa.mil//recmgt/(检索日期 2008 年 12 月 16 日).

③ Nancy Elkington, ed., RLG Preservation Microfilm Handbook(Mountain View, CA: RLG, 1992); Nancy Elkington, ed., RLG Archives Microfilming Manual(Mountain View, CA: RLG, 1994); Interlibrary Loan Protocol Implementers Group (IPIG), Profile for the ISO ILL Protocol: Version 2.0(April 2001), http://www.nlc-bnc.ca/iso/ill/document/ipigwp/profile/ipv2_0.pdf(检索日期 2008 年 12 月 16 日).

④ Archival Workshop on Ingest, Identification, and Certification Standards (AWIICS), Certification (Best Practices) Checklist, http://ssdoo.gsfc.nasa.gov/nost/isoas/awiics(检索日期 2008 年 12 月 16 日).

⑤ Public Record Office Victoria(Australia), Standard for the Management of Electronic Records, http://www.prov.vic.gov.au/vers/standards/standards.htm,(检索日期 2008 年 12 月 16 日).

⑥ Public Record Office, Management, Appraisal and Preservation of Electronic Records, http://www.nationalarchives.gov.uk/electronicrecords/advice/default.htm(检索日期 2008 年 12 月 16 日).

⑦ 详细内容可以参考互联网工程任务组,互联网 X.509 PKI 认证政策与认证实践框架, http://www.ietf.org/rfc/rfc2527.txt(检索日期 2008 年 12 月 16 日).

这四个方面形成的认证程序可以形成一个多层级的置信区间,从而描述了一种更高程度的置信度,表明电子文件库提供利用的电子文件与其收集、保存的是相同的,即使需要更改也做了全面的文档记录。

5.3 可信的电子文件管理工作流程

可信的电子文件管理工作流程是电子文件长期保存的保证。可信流程是对原有管理流程的优化与重组,删除错误的流程、改进低效的流程、增加缺失的流程。通过流程重组建立可信的流程,实现电子文件的长期保存与提供利用。

5.3.1 移交

移交是文件生成者向 OAIS 档案馆(档案室)准备并移交文件的过程。这是文件生成者的工作,不在 OAIS 体系内,不在综合档案馆电子文件管理系统内。但移交过程与 OAIS 的功能模块要发生大量的通信,对 OAIS 系统的电子文件长期保存质量影响很大。

1. 移交规范

移交过程最重要的是文件生成者生成质量良好的 SIP。根据 OAIS 的信息模型,SIP 由内容信息(即电子文件)与元数据(即保存描述信息等,如电子文件的来源、与其他文件的联系等)封装在一起组成。但文件提交者生成 SIP 时并没有完全考虑电子文件的长久保存,SIP 没有足够的保存描述信息,其封装方式也可能不同于 OAIS 档案馆。正如已有的纸质档案移交范围,需要在文件生成者与档案馆之间制定电子文件移交的制度、规范或标准来约束文件生成者。

移交规范,在 OAIS 参考模型中也称为提交协议(submission agreement)。它规定了电子文件移交的术语和环境以及移交电子文件的范围、类型,制定了文件元数据编码规则以及移交、验证、转换的规程。移交工作的这些内容对于我国档案部门来说,基本上在一定时期内是比较固定的,可以制定成为国家或行业标准普遍遵守。其实,在传统档案的移交中,就有相应的行业标准来约束纸质文件的移交[①]。考虑到电子文件特性和移交的自动化程度,移交规范中还应该有 SIP 创建规程、电子文件的格式、日期、标识符、移交安全规程、隐私与密级、封装方式、元数据集标识与格式等内容(有些内容在相关标准中具体制定,该规范可引用,如元数据编码规则、电子文件保管期限表、移交安全规程等)。和元数据特性相关的移交规范内容往往随立档单位和档案馆的不同而有所不同,因此可以由二者协商形成自己的移交规范。[②]

和纸质文件移交规范不一样的是,电子文件移交规范应能用计算机语言进行描述并固化在程序中,以提高电子文件管理系统移交、接收的自动化程度。具体是移交规范相对固定的部分

---

① 如《机关文件材料归档范围和文书档案保管期限规定》中的相关规定。

② 这样做并不表示给档案馆带来了许多工作量。档案室针对自己一个单位的电子文件、综合档案馆对应的立档单位在几十家或更多,这些立档单位移交的文书档案基本相类似,因此,综合档案馆可以制定若干个具体的移交规范即可满足其所有立档单位的电子文件移交规定。

（如封装、移交安全规程、元数据标识等）应该直接固化在系统编程中，灵活可变的部分则可以用 XML 文件描述出来，嵌入到电子文件生成系统的移交模块，同时建立与其他规范或标准的关联。生成 SIP 时，电子文件生成系统调用该 XML 文件，根据相应的规定自动生成元数据、封装，并做好安全移交的准备。XML 文件与其他规范关联是必不可少的，如在封装 SIP 时需要电子文件的密级和保管期限，系统就调用与移交规范相关联的电子文件保管期限表（XML 格式），就可以自动对电子文件进行鉴定，在 SIP 中写入文件密级与保管期限；与电子文件元数据标识规范关联，可使 SIP 生成时，电子文件元数据用标准格式自动标识并和电子文件本身组成 SIP 的内容信息。附录 2 是一个 XML 格式的提交协议例子。

电子文件移交规范的可机读性也使得提交，包括继之的收集、保存规划、保存、著录等模块实施的自动化大大增强，减少了人工干预的强度。可以说，档案馆电子文件管理的规范、制度可机读越多，其管理过程的自动化程度就越高。例如，电子文件管理系统的格式管理模块对每一个格式记录有大量详细的、可机读的技术与管理元数据，就可以用元数据自动验证文件格式。如果接收到新的格式，系统或将其转换成已有的格式，或登记、注册新格式的表示信息（技术和管理元数据）存储在格式管理模块，使 SIP 中电子文件的格式适应 OAIS 档案馆的需要。如果格式表示信息只是一张简单描述格式的纸质列表，电子文件的格式验证就只有手动实施了。

将规范、制度、规程等描述为可机读对象，需要档案馆投入相当大的精力。一般说来，自动化最适合那些从相同的文件生成者移交电子文件的档案馆，只有当新的文件生成者或新的文件类型出现，档案馆才会做出相应调整。

2. 移交过程

文件生成者准备文件及其元数据，并根据移交规范中的 SIP 创建规范将其封装为 SIP。SIP 包括电子文件及其必需的元数据、数字签名或由生成者进行的文件类型转换。从技术上看，由于电子文件的批量移交，电子文件的格式比较复杂，创建过程是很复杂的，目前的情况下，立档单位可能没有技术力量来完成。学界研究的一个热点就是在档案馆接收 SIP 后在电子文件管理系统中用 XML 来封装电子文件的元数据。那么立档单位能否在现有的电子文件生成系统中对 SIP 做一个简单封装呢？

封装有多种方式，数据库技术其实也是一种封装。它把元数据作为二维表格存储起来，每一条元数据的记录与相应的电子文件建立关联，这其实就实现了内容信息与元数据的简单封装。由于目前的数据库管理系统均支持 XML，可以很方便地将数据库记录用 XML 描述出来。还有一种方式更为简单，将元数据写入 EXCEL 表格，并与相应的电子文件建立关联即可。或将元数据写入用 TAB 分割的文本文件，每一个这样的文本文件对应一个电子文件。

这样的封装可以进行在线移交或离线移交。在线移交可以根据唯一标识符来识别要移交的电子文件，离线移交则可以根据光盘中的 TAB 文件和文件名称列表来识别要移交的电子文件。无论哪种方式，都需要对批量移交的 SIP 生成一个文件说明 SIP 的结构，还需要在综合档案馆电子文件管理系统开发一个接口来接收 SIP。需要注意的是，由于 SIP 封装的元数据一般不完全，移交的 SIP 应暂存在 OAIS 的收集库中。

一份电子文件可能包含正文、附件等多个子文件，可以形成多个 SIP。由于同一份电子文件的保存描述信息是一致的,这多个 SIP 可以不包括保存描述信息,而是由一个独立的 SIP 来提供,文件生成者需要提供这多个 SIP 的关联。

5.3.2 收集

保存电子文件最关键的是要在电子文件从生成系统到保存系统的收集过程中保证其真实性和完整性。论文把一个能保证电子文件真实性与完整性的收集过程称为可信的收集。本节从流程、功能需求与实施策略三个方面研究可信的收集过程。

1. 可信的收集流程

收集是综合档案馆电子文件管理系统与立档单位发生数据交换的第一个模块。根据 OAIS 的功能模型,收集模块接收文件生成者移交的 SIP,将 SIP 转换为 AIP 进行存储。具体功能是接收 SIP,对 SIP 进行质量审计、生成符合档案馆保存要求的 AIP,从 AIP 中提取著录信息存放于档案数据库中,将其提交给档案存储模块与数据管理模块并协调三者的同步,如图 5-3 所示。

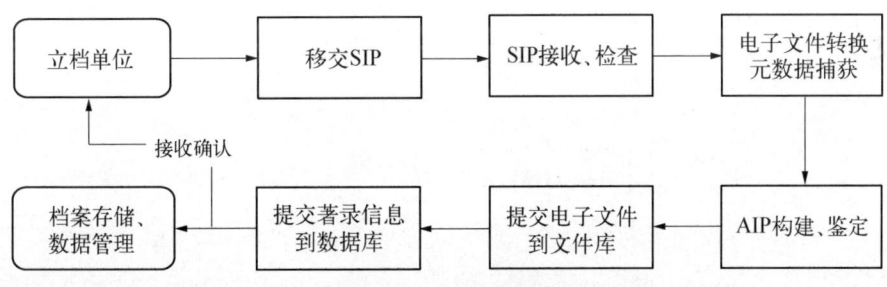

图 5-3 收集流程

(1) 接收 SIP 并进行检查

档案馆电子文件管理系统接收立档单位移交的电子文件后,需要对其确认并进行各种检验,如病毒检查、文件类型与格式检查、完整性与真实性检查等。如果移交来的 SIP 没有通过其中一个检查,档案馆将拒绝接收并要求立档单位重新生成 SIP,再次移交。接收与检查的整个过程应该在电子文件管理系统中自动完成。该过程允许批量接收 SIP,这里引入一个"事务"的概念①。如果是批量接收,则把整个检查看作一个事务,一旦某一 SIP 不能通过检查,则该事务就终止,所有已做的工作均恢复原状,这类似于对数据库操作的回退功能(rollback)。具体流程如图 5-4 所示。

档案馆电子文件接收立档单位移交的 SIP 集后,首先向立档单位发送一个收到通知的消息,该消息仅表明 SIP 已经收到,并不表示接收 SIP。

档案馆调用杀毒软件对 SIP 进行恶意代码及病毒扫描与清除,这个过程可以中止以便更新杀毒软件。如果有病毒或恶意代码,终止收集并向立档单位发送相应消息,要求其重新生成

---

① 事务是用户定义的一个操作序列,这些操作要么全做要么全不做,是一个不可分割的工作单位。

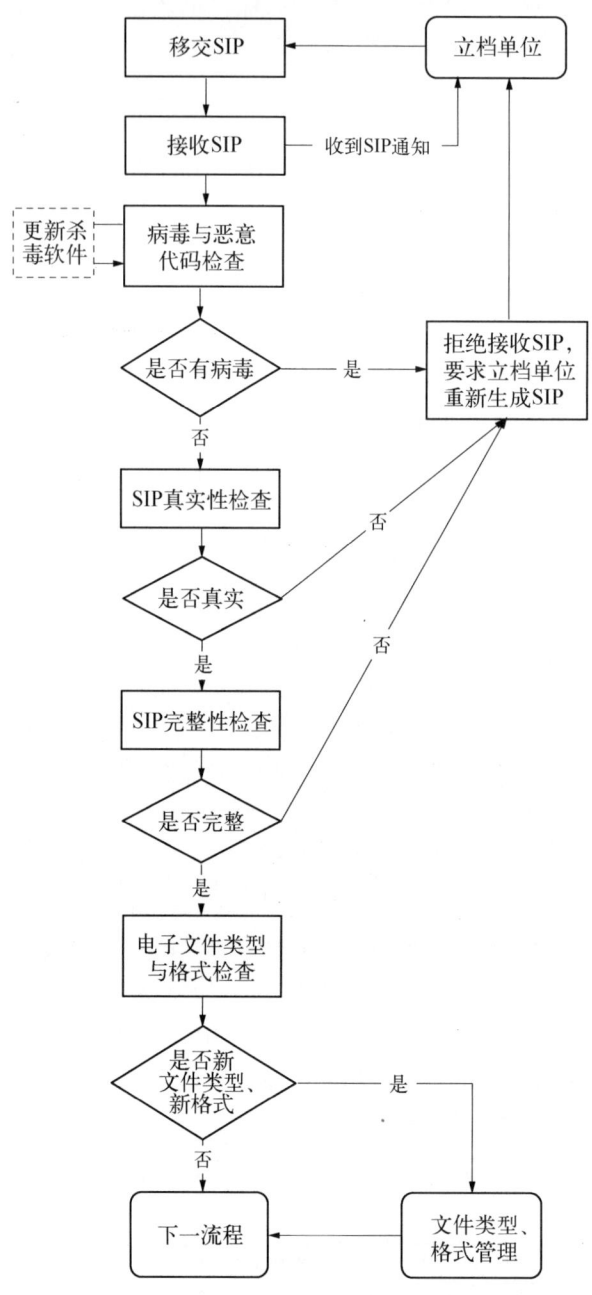

图 5-4　收集模块的检验流程

SIP,并再次发送。如果是批量接收,则事务终止。

　　恶意代码检查结束后,电子文件管理系统对 SIP 进行真实性检查。真实性检查包括两方面:一是该 SIP(或 SIP 集)是否是立档单位授权移交的;一是 SIP 包含的信息尤其是内容信息是否与其生成时一致。目前真实性检查主要是通过电子文件管理系统的安全服务来实现,这些安全服务包括身份识别/验证服务、数据完整性服务、数据通信保密性服务、不可抵赖性服务等,常用的技术如数字水印、数字签名、CA、VPN等。这两方面的真实性检查缺一不可,系统应对检查进行审计跟踪。一旦某一检查出现问题,向立档单位发送相应消息,要求其重新生成SIP,并再次发送,该事务终止。

如果包含电子文件的SIP信息真实,则对其进行完整性检查。即根据移交规范检查SIP是否包含所有必需的信息:电子文件内容信息、元数据(保存描述信息、封装信息)。如果发现有缺失信息,向立档单位发送相应消息,要求其重新生成SIP,并再次发送,该事务终止。

最后一个检查是电子文件的类型与格式。文件类型定义同一类文件,它定义文件的特性与处置,很大程度影响着档案馆的文件鉴定和转换。电子文件管理系统首先判断SIP包含的电子文件类型,如果SIP包含的电子文件类型与电子文件管理系统预定义的不一致,系统识别新的文件类型,同时创建一个新文件类型的记录,并将该记录提交给管理模块。如果SIP包含的电子文件类型是系统已定义的,系统将检查文件的格式是否是系统所支持的。如果是系统所支持的格式,则进入收集的下一个流程:元数据捕获;如果不是,则进入转换流程。

(2) 转换和元数据捕获

在检查流程中,如果识别电子文件格式不是系统所支持的,系统可以有三种做法:一是将其转换为现有的保存格式;二是将其转换为一个新的保存格式;三是保留原有的格式使其成为系统新的保存格式。格式管理是比较复杂的,它要根据相应的标准来选择、转换,选择标准在管理模块描述;新格式的表示信息还要识别并通知保存规划模块,因此,格式的选择与识别必须与管理模块、保存规划模块相互通信以便记录在系统中为下一次新的SIP检查备用。

电子文件管理系统根据移交规范及相关文档自动推断出要捕获的元数据,自动捕获元数据,并根据移交规范中的编码规则对其进行描述。元数据通常包括管理、内容、技术三个方面,如唯一标识符、生成者、文件类型、格式、移交时间、文件安全特征等。在自动获取以上元数据后,电子文件管理系统根据需要自动或手动添加著录元数据以满足检索需要。其内部流程如图5-5所示。

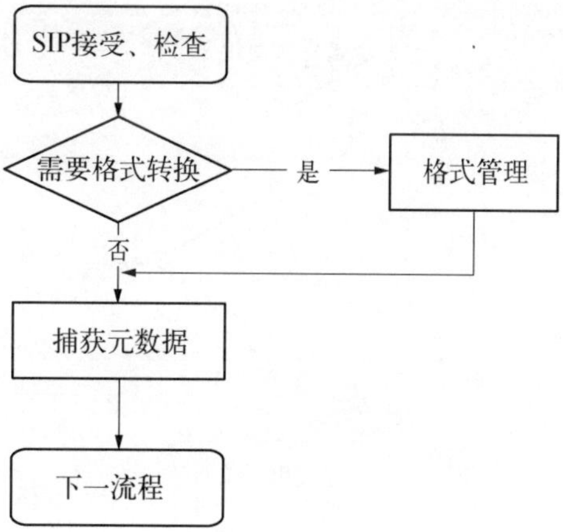

图5-5　收集模块的转换与元数据捕获

(3) AIP生成、鉴定

根据OAIS,一个AIP包含四种信息:内容信息、保存描述信息、封装信息与著录信息。内容信息是电子文件本身,保存描述信息如参考信息、来源信息、语境信息、固定信息等,这是电子文件长久保存所需最重要的信息。AIP的封装信息对其进行界定与识别,如存储AIP的介质的结构等。封装信息可能是虚拟的,如电子文件管理系统的数据库对AIP的封装。AIP包含的另一个重要信息对象是著录信息(OAIS 称为包描述),文件利用者利用著录信息在电子文件管理系统中定位、检索其感兴趣的电子文件信息,如电子文件的唯一标识符,该类信息往往是 AIP 封装后电子文件管理系统根据检索或利用该信息定制的需要自动或手动添加的。

　　电子文件管理系统根据系统设置的规则和程序将电子文件所有信息封装起来构成 AIP,这里需要注意的是 SIP 与 AIP 不是转换关系,而是映射关系,这种映射关系不是一对一映射。AIP封装可以是数据库方式,也可以用 XML 语言。

　　AIP 生成后,电子文件管理系统要做最后的检查以确保新生成 AIP 中的电子文件符合系统长期保存的规定。如果电子文件没有适当的元数据(如著录信息),档案馆尽可能在系统中增加。系统的最后检查经常用抽样的方式来进行。

　　最后检查结束后,档案馆正式通知文件生成者电子文件管理系统已经正式接收了其移交的电子文件,并将相应的电子文件及其元数据(AIP)提交给系统的电子文件库进行保存(档案存储模块),著录信息提交给系统的数据库保存(数据管理模块)。其流程如图 5-6 所示。

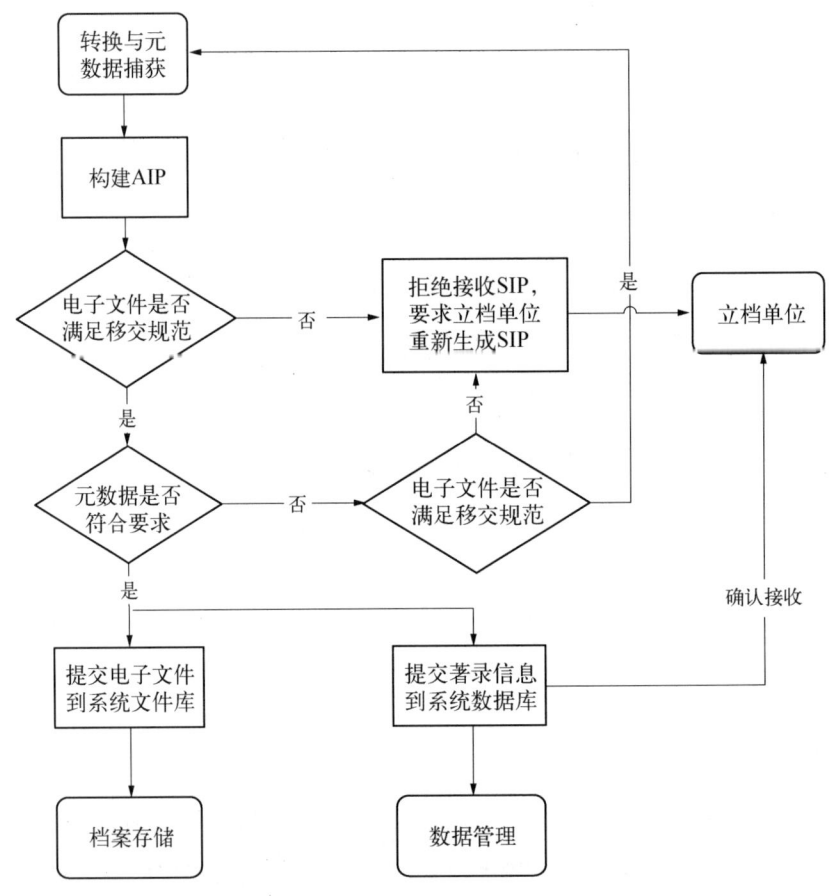

图 5-6　收集模块的 AIP 构建与鉴定

2. 收集过程的功能需求

（1）电子文件移交管理

a）文件生成者必须能在文件捕获过程中创建捕获前没有的必需元数据。

b）电子文件管理系统必须能用唯一标识符登记文件生成者的文件移交。

c）电子文件管理系统必须始终能将唯一登记号与相应的移交文件相关联。

d）电子文件管理系统可以自动实施移交规范。

e）电子文件应该能从文件生成系统捕获的文件中自动提取元数据。

f）如果不能从文件生成系统捕获的文件中自动提取元数据，电子文件管理系统必须能允许手动录入该元数据。

g）电子文件管理系统必须长期维护电子文件与其元数据间的任何关联。

（2）电子文件接收

a）电子文件管理系统必须能接收所有类型的电子文件。

b）电子文件管理系统必须能根据移交规范以电子文件被接收时的格式收集电子文件。

c）电子文件管理系统应该能接收物理移交和在线移交。

d）电子文件管理系统应该能接收由多个数字部分组成的电子文件。

e）电子文件管理系统必须能和所有立档单位电子文件生成系统进行数据交互。

（3）电子文件检查

a）电子文件管理系统必须能确认移交是文件生成者实施或授权的。

b）电子文件管理系统应该能确认文件移交是符合移交规范的。

c）电子文件管理系统必须能确认成功实施了文件移交验证。

d）电子文件管理系统应该能在技术上验证文件组成部分是否符合技术文件格式标准。

e）电子文件管理系统应该能够提供一个移交成功或失败的反馈给文件生成者。

f）电子文件管理系统必须能够从技术上验证它创建或捕获的元数据。

g）文件生成者应该能够对电子文件管理系统创建或捕获的元数据进行智能检查。

5.3.3 档案存储

档案存储实现电子文件管理系统数据库和文件库管理与服务的各种功能。具体功能是从收集流程接收 AIP 存放到文件库，进行分级存储管理，更新存储介质，实施常规和特殊错误检查，提供灾难恢复，提供 AIP 满足利用者的定制访问等。

1. 档案存储流程

收集基本是一个线性的流程，档案存储流程相对比较复杂。既有线性流程，又有某一时间点的工作，这是由其功能决定的，如图 5-7 所示。

档案存储的流程是以可信的电子文件库为中心的一个星型结构。从收集到访问还是一个线性流程，其他则是为电子文件库的可信性提供保障服务。

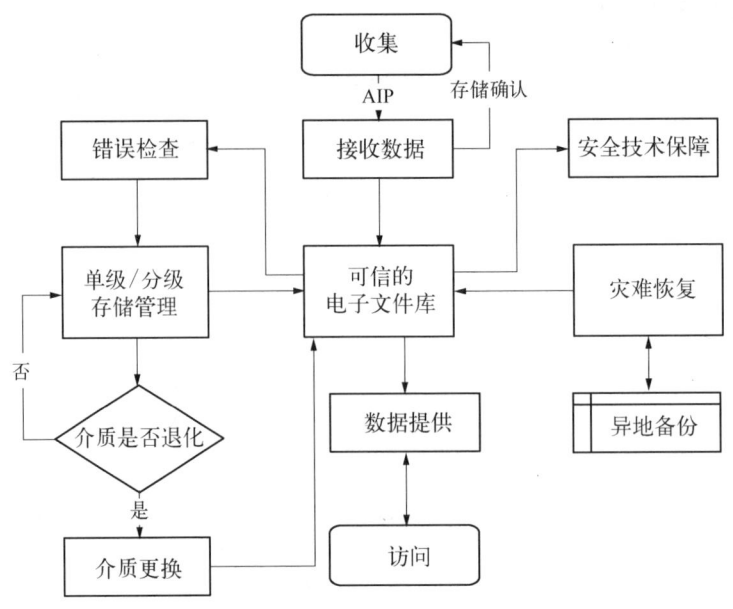

图 5-7　档案存储的流程

保障服务分为单级/分级存储管理和安全保障两方面。存储管理分为单级和多级存储管理①。单级存储适合于存储数据量不大的县、市综合档案馆,分级存储适合于省、国家级档案馆。存储管理定期自动检测存储介质的物理与化学性能,一旦检测到介质的退化,根据管理实体(3.3.6节)规定的存储管理政策与操作策略,进行介质的更换。更换介质的过程中电子文件及其元数据不能有任何更改,封装信息则可以随介质的不同而相应改变。可信的电子文件库要对更换过程进行审计,时刻侦测所存信息的更改与错误检查,一旦发现有非授权的信息更改或错误,由存储管理实体恢复信息原状或修正错误,并将整个过程记入审计日志。安全技术保障服务提供入侵检测、数字签名等保障电子文件长期存储中的防篡改功能。异地备份是电子文件库安全的最后一道屏障,所谓的异地备份常规要求备份中心与资源中心相距至少 30 公里,但根据实际情况,还应该考虑两地是否是同一地震带、同一战争区域等。

数据存储的可信性保障服务由管理实体提供服务政策。

2. 档案存储功能需求

档案存储为满足存储文件的可靠性,应满足以下功能需求。

(1) 入侵检测和响应。

a) 电子文件管理系统必须能提供电子文件防篡改的保证。

b) 电子文件管理系统必须规定软件安全措施定期更新。

---

①　单级存储指所有数据都存储在数据服务器的本地磁盘阵列上。分级存储管理将高速、高容量的非在线存储设备作为磁盘设备的下一级设备,然后将不常用的数据按指定的策略自动迁移到磁带库等二级大容量存储设备上。当需要使用这些数据时,分级存储系统会自动将这些数据从下一级存储设备调回到上一级磁盘上。

（2）灾难处理

a）电子文件管理系统应该提供所保存文件及其元数据自动备份，系统必须严禁任何对文件自动备份的妨碍。

b）电子文件管理系统在出现系统故障时应该提示要采取的行动。

c）电子文件管理系统的基础设施应该支持异地备份。

d）电子文件管理系统应该支持从备份中恢复数据到灾难前的状态。

（3）数据保管管理

① 介质管理

a）电子文件管理系统应该包含一个物理存储介质跟踪子系统。

b）电子文件管理系统必须能够在适当的物理环境中对存储介质进行长期的维护。

c）电子文件管理系统应该对介质退化进行定期检查。

d）电子文件管理系统必须能够以可控方式将文件从一个存储介质迁移到另一个存储介质。

e）电子文件管理系统禁止修改电子文件以适应物理存储介质。

f）电子文件管理系统可以提供自动方式将电子文件在不同介质间迁移以适应新技术。

g）电子文件管理系统必须有存储电子文件副本的能力。

② 转换

a）电子文件管理系统必须有能力将收集到的数据文件转换为一个更持久稳定的不同格式。

b）电子文件管理系统必须能将同一文件的格式版本持久稳定地链接起来。

c）电子文件管理系统在实施转换时，数据格式的转换应该是可逆的。

③ 文件销毁管理

电子文件管理系统必须能按规定销毁任何电子文件。

5.3.4　数据管理

数据管理提供存储、维护、访问著录信息与管理信息的功能与服务。主要功能包括管理档案数据库（维护模式与视图定义以及引用的完整性），更新数据库（向数据库加载新的著录信息和管理信息），对管理数据进行查询生成结果集，并根据结果集生成相关报告。

1. 数据管理流程

数据管理流程中最重要的实体是管理数据库。电子文件管理系统的系统信息与电子文件的著录信息保存在数据库中，著录信息通过管理数据库实体建立与电子文件的对应关系，唯一识别电子文件。该实体的功能实现要与相应的管理政策相一致。数据管理流程如图 5-8 所示。

2. 数据管理功能需求

（1）文件唯一标识符：电子文件管理系统必须唯一识别其维护的文件。

（2）文件副本：

a）电子文件管理系统必须能管理文件组成部分的副本间的联系。

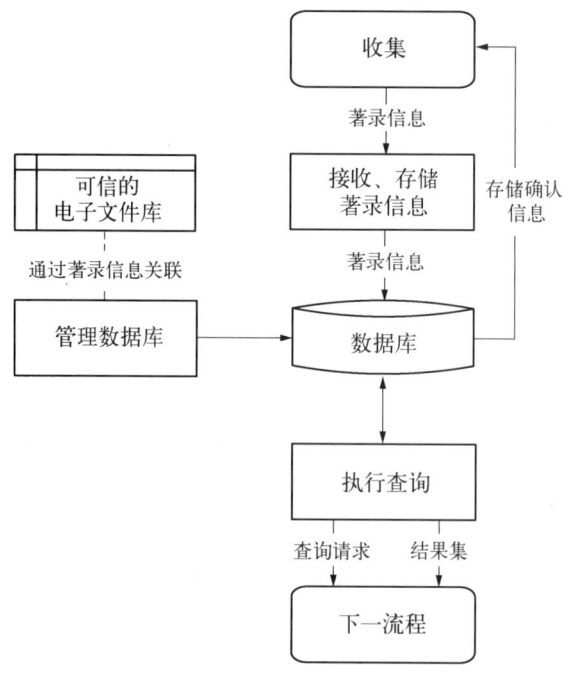

图 5-8 数据管理流程

b）电子文件管理系统必须能管理文件组成部分与对应文件的副本间的联系。

c）电子文件管理系统可以识别文件的权威版本（正本或保存版本）。

d）电子文件管理系统必须能从收集流程开始就记录文件组成部分的任何变化，并形成相应文档。

e）电子文件管理系统必须能记录从系统中删除的数据项，如文件名、时间戳、鉴定人、时间等。

（3）文件位置管理

a）电子文件管理系统必须能检测文件的位置。

b）电子文件管理系统必须能检测文件的唯一标识符、当前位置、迁移时间、迁移人。

（4）文件移交、维护、访问的控制

a）电子文件管理系统应该建立和维护适当的访问标准，并能成功实施该标准。

b）电子文件管理系统应该编制创建、维护与分发文档以支持系统对文件移交、维护与访问的控制。

5.3.5 系统管理

系统管理实体为电子文件管理系统全部操作提供功能与服务，包括与文件生成者协商生成移交规范，对移交进行审计以确保其符合相关标准，维护系统软硬件的配置管理，提供系统引擎功能以管理系统，建立和维护档案馆的标准与政策，提供客户服务、激活已存储的客户请求。

管理实体与电子文件管理系统的三个外部实体(文件生成者、利用者与管理者)、系统内部的其他五个实体均有数据交换,其功能繁杂,相当一部分功能体现在制定的政策、标准对其他实体的功能影响上,没有特定的流程。

管理实体的功能需求如下:

1. 信息保护

(1)灾难处理

a)电子文件管理系统应该为重要电子文件创建备份和故障模式程序。

b)电子文件管理系统应该测试与检查备份和故障模式程序。

(2)访问控制

a)电子文件管理系统必须明确分配对文件著录、迁移和销毁等操作的权限和人员职责。

b)电子文件管理系统应该能管理其所维护电子文件的安全等级,建立文件安全特征文件。

c)电子文件管理系统禁止非授权改变文件信息。

d)电子文件管理系统应该能建立侦测、控制、削减信息安全威胁的规则与程序并进行维护。

e)电子文件管理系统应该允许对访问控制规则、文件安全配置、用户安全配置的定期检查,应该允许根据检查结果修改访问控制规则、文件安全配置、用户安全配置。

2. 性能与事件日志报告

a)电子文件管理系统必须能识别系统故障。

b)电子文件管理系统应该能为系统管理员生成任何系统活动(包括系统故障)的文档报告。

c)电子文件管理系统必须能够为文件的再现和复制过程生成记录文档,包括日期、责任人姓名以及再现过程的影响(有无任何改变)。

d)电子文件管理系统可以隔离和解决故障,但所有活动必须生成文档,影响文件组成部分的任何变化必须被检查、生成记录文档。

3. 系统管理

a)电子文件管理系统的所有日常维护任务应该基于工业的最佳实践。

b)电子文件管理系统必须允许便利的访问,能够更改和配置参数。

c)电子文件管理系统基础设施应该能够监控可用的存储容量。

d)电子文件管理系统应该决定可接受的平均修复时间和最小用户并发数。

e)电子文件管理系统应该满足可接受的平均修复时间和最小用户并发数。

f)电子文件管理系统可以以一种固定的方式监控全部系统状态。

5.3.6 保存规划

保存规划是 OAIS 实现电子文件长期保存最重要的模块之一,它决定了电子文件管理长期保存的政策和策略。无论是格式管理、介质更新，还是迁移，都必须向保存规划请求相应的政策和策略。

根据 OAIS 功能模型，保存规划实体监控 OAIS 的环境，提出保存建议确保保存在 OAIS 中的信息可以为利用者长期存取。保存规划的具体功能包括评估电子文件内容，定期提出文件迁移的建议说明等。根据我国档案馆电子文件管理的实践，保存规划实体的一些功能可以在系统中实现，如文件格式管理，从而使得电子文件的转换工作尽可能自动化。还有一些功能不能直接在系统中实现，需要在系统外进行分析、设计，然后通过人工对系统的干预才能实现，如保存规划制定元数据标准与元数据编码规则，系统可以将所需元数据项编写在程序中，如果元数据标准有修订，可以通过数据维护或代码维护或数据库维护来修订电子文件的元数据。

保存规划功能需求如下：

1. 保存规划框架

（1）制定保存策略

a）电子文件管理系统必须制定文件长期保存的规划。

b）电子文件管理系统应该制定策略以确保文件及其组成部分的长期可存取性与可操作性。

c）电子文件管理系统应该制定保存行动计划来指导保存活动以确保文件模板的长期可存取性与可操作性。

d）电子文件管理系统应该制订规划来管理元数据并将其与对应文件相关联。

e）电子文件管理系统可以为利用者创建访问计划并进行维护。

（2）监控技术

电子文件管理人员应该跟踪信息技术的发展以使保存规划的制定与实施更容易。

（3）文件模板管理

a）电子文件管理系统应该定义文件模板以使保存规划和处理自动化。

b）电子文件管理系统可以在模板库中提供模板管理。

c）电子文件管理系统可以将模板与文件关联起来。

5.3.7　访问

访问是所有信息系统必须具有的一个功能，通过访问功能，系统与利用者进行数据交换，提供信息服务。

1. 访问流程

利用者通过系统集成的检索界面向系统发出信息利用请求，检索界面将用户的检索词提交给数据管理的数据库，搜索引擎根据检索策略检索出文件的著录信息，根据著录信息与电子文件的关联，进一步从电子文件库检索出所需的电子文件。系统根据检索出的电子文件与著录信息生成 DIP，通过用户界面提交给利用者。

2. 访问功能需求

（1）用户权限

用户权限管理包括文件与用户安全配置的制定、管理和检查，包括访问控制和用户身份验证

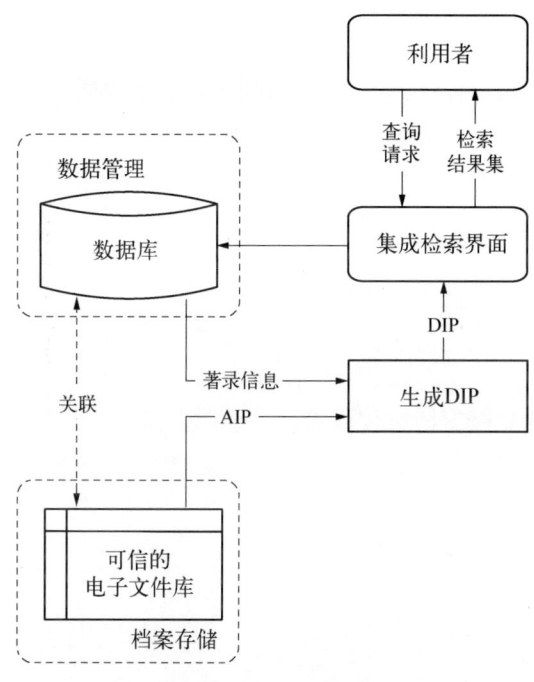

图 5‑9 访问流程

的管理。

① 访问控制

电子文件管理系统必须确保仅有授权用户能访问文件。

② 文件安全配置

a) 电子文件管理系统必须允许创建和修改文件安全配置。

b) 电子文件管理系统必须将文件安全配置赋予相应文件。

c) 电子文件管理系统应该允许文件赋予的在限定时间内有效的文件安全配置,若有效期满则自动转换为另一安全配置。

③ 用户安全配置

a) 电子文件管理系统必须允许创建和修改用户安全配置。

b) 电子文件管理系统必须将用户安全配置赋予相应用户。

④ 用户身份验证

a) 电子文件管理系统应该提供安全的身份验证服务。

b) 电子文件管理系统必须在提供服务前验证用户的身份。

(2) 检索与提供利用

① 检索

a) 电子文件管理系统必须确保所有的电子文件与元数据都是可检索的。

b) 电子文件管理系统必须能以检索列表的方式提供文件。

c）电子文件管理系统必须支持文件标识符检索。

d）电子文件管理系统应该提供一个集成的检索界面。

e）电子文件管理系统如果有集成检索界面,则必须显示检索结果。

f）电子文件管理系统应该支持外部搜索引擎。

g）电子文件管理系统应该对于用户有权访问文件的检索限制检索结果。

h）电子文件管理系统可以管理检索结果,包括但不限于过滤结果集,保存检索结果。

② 查询技术

a）电子文件管理系统应该支持文件和元数据的全文检索。

b）电子文件管理系统应该支持包含主题词表管理的受控词汇术语的元数据域检索。

c）电子文件管理系统应该支持多个元数据域检索。

d）电子文件管理系统应该支持布尔检索和关系检索操作。

e）电子文件管理系统应该支持通配符和模式匹配检索。

f）电子文件管理系统应该支持在检索结果集中二次检索。

g）电子文件管理系统可以支持词语近似性检索。

h）电子文件管理系统可以支持空值检索。

i）电子文件管理系统可以检索时间区间。

③ 显示复杂对象

a）电子文件管理系统必须能以逻辑方式显示文件的所有组成部分及其元数据。

b）电子文件管理系统必须能将电子文件与相关元数据一起显示。

c）电子文件管理系统必须能在适当的输出介质上显示文件,至少包括图形显示与打印输出。

d）电子文件管埋系统应该能以开放的输出格式显示文件。

e）电子文件管理系统应该能独立于文件创建环境显示文件。

f）电子文件管理系统应该能同时为多个用户显示同一份文件。

g）电子文件管理系统应该能显示文件的所有版本。

h）电子文件管理系统必须能显示文件的内容、结构和语境。

④ 编校

a）可以为无权访问受限文件的用户提供一个文件受限内容的编校版本。

b）电子文件管理系统可以创建一个文本、音频和视频文件的编校版本。

c）电子文件管理系统如果编校文件,禁止在创建文件编校本时更改文件内容。

5.3.8 电子文件管理系统的功能模型

综合以上流程分析,得到电子文件管理系统的功能模型,如图 5-10 所示。

可信电子文件管理系统功能模型包括收集、档案存储、数据管理、保存规划、系统管理、访问六个功能模型实体和公共服务及相关接口。图 5-10 中,六个功能实体的下一级功能做了分解,显示了重要的子功能,连接实体的线标识出信息流在各个方向上的通信路径。

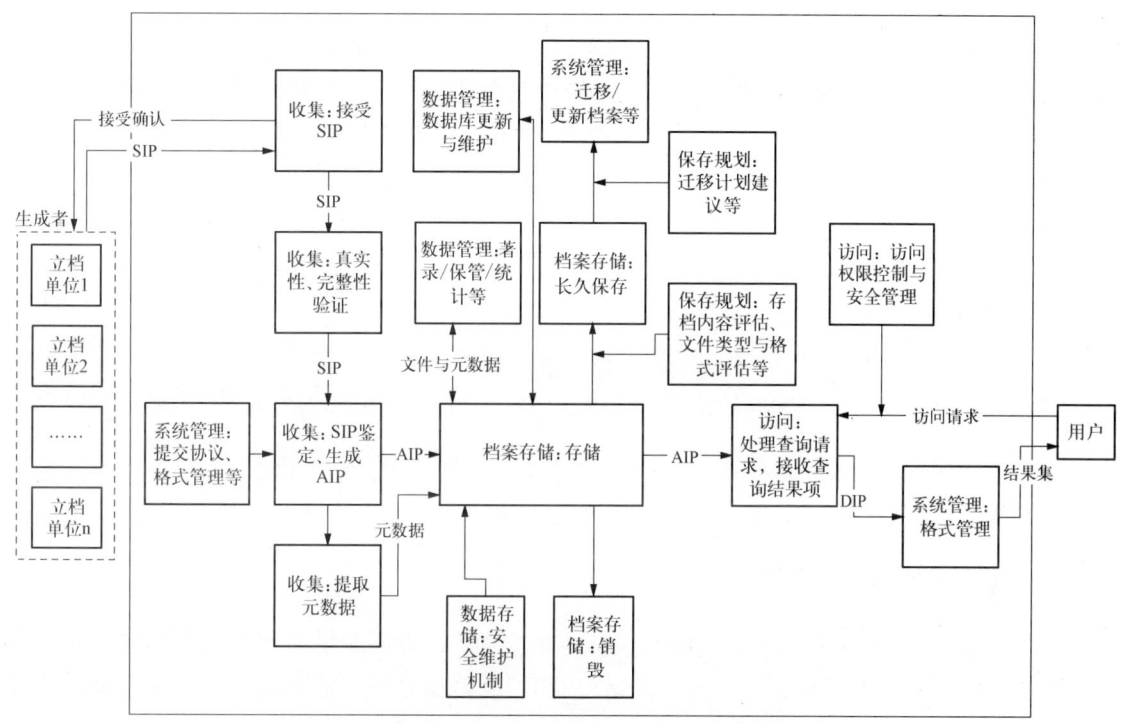

图5-10　电子文件管理系统的功能模型

其中,生成者和用户共同组成了功能模型的外部环境。此处将创建文件的生成者归结到外部环境中,这考虑到了目前我国普遍的文档分离的现实,但是在数据关系上,由生成者提供的SIP将是OAIS其他信息包的基础信息。

文件生成者(立档单位)生成SIP,通过公共服务传递给OAIS。OAIS的收集实体接受SIP,同时给文件生成者发送一个收到确认信息。然后,收集实体将SIP转换为AIP,同时提取出元数据送给档案存储实体。这个过程应遵循系统管理的提交协议与格式管理内容。所谓的提交协议是指OAIS和立档单位协商接口数据规范、移交协议等;所谓的格式管理是指对不同种类电子文件的格式进行确认、警告或注册。

档案存储功能将负责建立各类数据库,包括目录数据库、原文数据库、元数据库、索引库等类型。并根据安全维护机制,对AIP进行存储、整理,根据保存规划对存档内容进行评估,然后档案或进行销毁,或进行长期保存。长期保存过程中还应根据系统管理的迁移计划建议进行档案迁移。

数据管理实体则从档案存储中读取电子文件及相应元数据,进行著录、保管、统计等工作,并将工作结果反映到数据库中。具体工作包括预归档管理、立卷管理、统计管理、编研管理、鉴定销毁管理等功能。

长久保存规划是电子文件管理系统实现长期保存的重要功能实体,其主要功能在于为长久保存提供必要的技术支持和管理策略,如多重备份、适时迁移、格式转换、环境仿真、数据恢复等技术方法,以及制定有关的开放元数据标准、统一格式标准等管理措施。

访问实体是为用户提供各种服务的功能实体。以检索为例,在接受用户的访问请求后,根据访问权限与安全控制,将满足条件的请求传送给档案存储实体。然后将档案存储实体返回的相应 AIP 转换为 DIP,并根据系统管理的格式要求,将 DIP 转换为用户可以理解的结果集提交给用户。此外,访问实体的功能还可以根据需要动态扩展,如建设基于档案存储的数据门户网站,开设电子阅览室,为用户提供实物借阅或邮件服务功能等,或者根据用户需求进行档案数据加工,按照用户的要求定制返回信息,不同的服务类型需要开发不同类型的 DIP。

5.4　格　式　管　理

电子文件的格式在其长期保存过程中起着非常重要的作用,没有详细的电子文件格式方面的知识与文档就不能确保其长期保存。可以说,格式管理是电子文件保存活动的核心之一[①]。

5.4.1　文件格式的理解

相关研究[②]显示数字介质的长期保存包括两个方面:一方面介质必须能长期维持其相应的理化性能;另一方面,即使介质可以被现代驱动器读取,信息也必须能以现代程序可理解的格式存储。

电子文件只有在一定的数据格式下才能够读取,对格式的理解对于几乎所有保存策略的实施都是必要的。但格式的概念却并不直接、清晰。格式通常被认为是文件的类型,如 PDF、QuickTime,用文件扩展名或 MIME 类型。这样的理解可以满足日常应用,但对于电子文件长期保存来说就远远不够。电子文件长期保存要求更特殊、粒度更细的文件版本、压缩、比特流编码等格式的表示信息,如 PDF 的 1.5 和 1.6 两个版本。

OAIS 信息模型认为表示信息具有迭代的特性,格式的表示信息同样需要环境信息的支持,如生成或显示该格式的软件与支持该软件的硬件等。如 PDF1.4 文件可以被 Acrobat Reader6.0创建和读取,Acrobat Reader6.0 在 Windows XP 下运行,Windows XP 的运行又需要特定配置的计算机硬件支持。Acrobat Reader6.0、Windows XP 和计算机配置参数就是 PDF1.4 的环境信息。PDF1.4 又有其自身的压缩格式和比特流编码,上述信息才可以比较完整地描述一个文件的格式。

5.4.2　文件格式管理的原因

信息技术的飞速发展,使得计算机产品(包括硬件和软件)总在升级换代以追求更强的功能,

---

① Support for Digital Formats. Library Technology Reports,Feb/Mar 2008;44,2;Academic Research Library.

② Jackson&Julian. Digital Longevity: the lifespan of digital files, http://www.dpconline.org/graphics/events/digitallongevity.html(检索日期 2008 年 12 月 8 日).

不管是文件本身的格式,还是生成文件的软件,或支持软件的操作系统与硬件都在变化着,这种变换的速度近年来呈现加速的趋势。电子文件格式及其环境信息的变化增加了电子文件保存的难度。

第一,文件格式废弃不用。这种现象有多种原因,如20世纪80年代流行的电子表格软件VisiCalc随着开发商破产而被LOTUS1-2-3所替代,VisiCalc格式就此废弃。还有开发商因商业等原因停止支持该格式软件,如Borland Dbase;市场份额下降而自然被淘汰,如WordPerfect;格式支持程序发生了重大改变,如TIFF压缩算法的改变;缺乏第三方支持,如Common Ground;范式改变引起数据库管理软件的改变,如对象数据库的一些非二进制文件。

第二,格式依赖的软硬件过时,如过时的Commodore 64/128和AppleⅡ。

第三,格式为某公司私有或有专利保护。这类文件格式很多,特别在某些专门领域,如Xerox XDOC format。这类文件格式最终的结局基本就是被淘汰。

第四,同一应用软件往往有不同的版本,相应生成的文件也以若干相关版本存在,文件生成者关注文件类型,却忽略了文件版本等其他表示信息。如TIFF4.0,5.0,6.0;Word97,Word2000,Word2003,Word2007等。

为了确保电子文件的长期可读性,必须关注其格式信息,对电子文件的格式进行管理。

5.4.3 文件格式的注册

确定格式的表示信息与环境信息是一个复杂的工作。一般情况下,文件格式信息从格式规范文件中获取,这些格式规范文件虽然可以从互联网或一些文件格式论文中找到,但获取完整的、可信的文件格式规范很困难。

一些档案馆自动将文件转换为和基于METS①的XML文档相联系的多页TIFF图像,一些档案馆则开发新的特定格式和转换程序来保存文件。这些方式对于更关心信息内容的图书情报界是可行的,但对于档案界,除了将电子文件转换为通用格式以方便用户利用,还要考虑到电子文件的凭证作用,为了安全起见,一些档案馆除了转换文件格式外,还把电子文件的生成格式也进行保存。

电子文件的生成格式取决于电子文件生成系统,如OA等,文件类型与格式纷繁复杂。档案馆保存了这些格式的文件,需要对格式和保存活动进行分析,跟踪文件长期保存由于格式过时可能造成的潜在信息损失,为保存决策提供客观的评估。因此,档案馆还需要对这些文件格式进行规划、管理,常用的方法就是在电子文件管理系统中对格式进行注册。

格式注册是把文件格式及其表示信息、环境信息等保存在数据库中,尽管其中一些格式可能已经很久不再使用,档案馆必须从格式注册库中鉴别那些可能长期保持应用的格式。一个比较

---

① METS:Metadata Encoding & Transmission Standard,http://www.loc.gov/standards/mets/(检索日期2008年12月8日).

好的格式数据库保存大约 1 000 个文件格式、格式中间版本及其他信息①。

英国国家档案馆开发维护的 PRONOM 注册库②是一个文件格式及其支持软件在线信息系统。最初是用来支持国家档案馆电子文件的访问与长期保存,现在是一个开放的资源库,任何人均可以访问其中的信息。PRONOM 保存了软件产品信息与产品可读写的文件格式信息,包含格式的表示信息、环境信息与其他技术参数,现进行扩展包括保存规划信息。个人可以通过在线方式提交新的文件格式到 PRONOM。

国会图书馆维护的格式描述数据库③详细记录了许多常用格式的表示信息和维护因素的分析。这些格式分为静止图像(SVG1.1、TIFF6 等所有静态图像格式)、声音(WAVE、MP3 等所有声音格式)、视频(MPEG - 4、AVI 等所有视频格式)、文本(NITF、XML 等所有文本格式)、Web 文件(ARC_IA、WARC 等)和普通文件(如 ASF、RIFF 等),日常基本可以遇到的格式这里全有描述。该数据库计划包含更多的内容,如文件格式、文件格式类别、比特流结构和编码、比特流或文件压缩机制等。

英国数字管理中心管理维护的表示信息注册库④记录了 OAIS 参考模型定义的表示信息,以创建一个集中式网站共享 OAIS 定义的表示信息。其他还有哈佛大学的全球数字格式注册库⑤。

国内尚未见到类似的格式注册库。各级档案馆尝试在其电子文件管理系统中根据 OAIS 参考模型建设档案馆自己的注册库以记录格式的表示信息,然后由国家档案馆牵头定义一个公共数据模型和一个公共网络协议,将分布在全国各地档案馆的注册库联系起来,使它们保存的格式表示信息同步,各地档案馆的文件格式注册库成为这个全国网络上的一个节点,各档案馆可以共享彼此的格式信息资源,对于电子文件的长期保存与电子文件管理系统的开发必将起到巨大的作用。

5.4.4　电子文件管理系统中文件格式的注册与转换

在电子文件收集模块的检验流程中(本书 3.4.2 节),要求对电子文件的类型与格式进行检查,如果不是电子文件管理系统预定义的,就需要进入格式管理子模块中进行处理。下面简要分析格式管理的功能与流程。如图 5 - 11 所示。

文件类型和格式是分不开的,分析格式管理必须先分析文件类型。当一个电子文件经电子文件管理系统接收、真实性与完整性检验后,需要再对其文件类型进行检验,检验其是否为新文件类型,如果是新的文件类型,系统向系统操作人员报警,提示有系统不认可的文件进入系统,需要档案人员根据制定好的保存规划确定是否需要转换文件类型。如果需要转换,则根据保存规

①　Wotsit's format: the programmer's resource, http: //www. wotsit. org/(检索日期 2008 年 12 月 8 日).

②　Pronom Registy, http: //www. nationalarchives. gov. uk/pronom(检索日期 2008 年 12 月 8 日).

③　Format Descriptions Database, http: //www. digitalpreservation. gov/formats/fdd/descriptions. shtml(检索日期 2008 年 12 月 8 日).

④　Representation Information Registry Repository, http: //registry. dcc. ac. uk/omar(检索日期 2008 年 12 月 8 日).

⑤　Global Digital Format Registry, http: //hul. harvard. edu/gdfr(检索日期 2008 年 12 月 8 日).

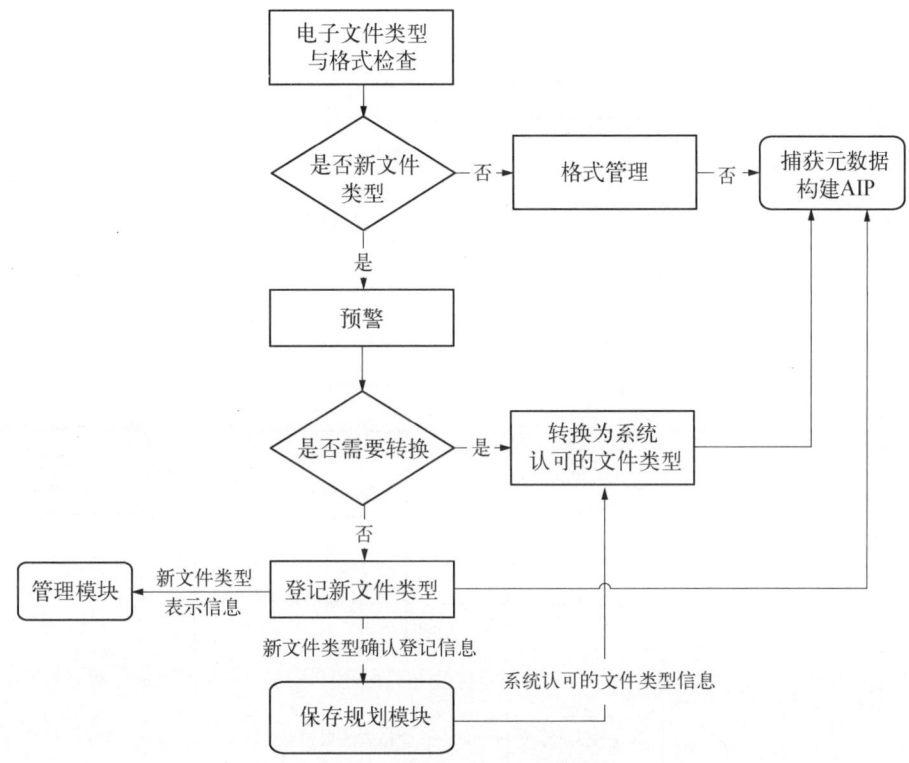

图 5‑11 电子文件类型管理流程

划模块将其转化为系统认可的文件类型。如果不需要转换,将其登记为系统的新文件类型,同时将新文件类型的表示信息提交给管理模块的数据库,将新文件类型已被系统登记的确认信息提交给保存描述信息,以备以后再遇到此类文件查考。这些工作做完后,可以进入收集模块的下一个子流程,即捕获元数据构建 AIP。

如果电子文件是系统已经登记过的文件类型,则分析其格式,如图 5‑12 所示。

系统根据自带的文件格式注册库判断文件是否是新格式,如果不是,直接进入下一流程——捕获元数据构建 AIP。如果是新格式,系统预警,提示档案工作人员有新文件格式进入系统,请求下一步的处置。档案人员决定是否需要进行文件格式转换,是则调用保存规划中规定的此类文件的保存格式,相应调用管理模块中保存格式的表示信息,对文件进行转换,转换后,进入收集模块的下一个流程。如果档案人员决定不转换,意味着新的文件格式也将成为此类文件的保存格式,那么,系统对该文件类型进行注册,将格式的表示信息、环境信息及其他技术参数提交给系统的格式注册库,同时将格式的表示信息提交给管理模块,然后进入下一流程。这一过程应该是自动进行的,不需要人工太多干预,人工主要是决策判断。这一过程中,如果系统提取格式的表示信息、环境信息及技术参数有困难,档案人员通过网络访问国际上的格式注册库,如前文提到的 PRONOM 注册库、格式描述数据库、表示信息注册库、全球数字格式注册库等,查找相关格式的表示信息,并将其导入到电子文件管理系统的文件格式注册库中。

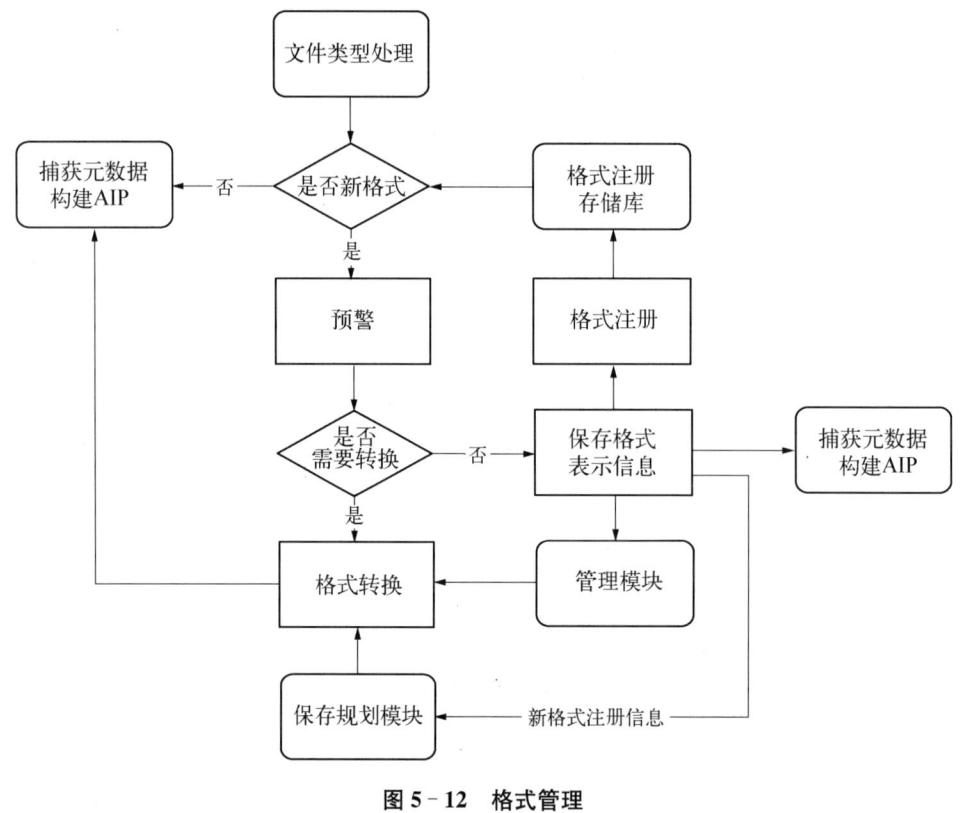

图 5-12　格式管理

5.5　电子文件管理系统标准与规范设计

电子文件管理是非常复杂的管理活动,在制定标准体系时需要考虑其管理活动的诸多方面。它涉及诸多利益相关者,既有电子文件的形成者、利用者,又有对电子文件进行长期保管并提供利用的档案馆等机构;既有生成电子文件的业务系统,也有对其进行保管的档案系统;管理活动既需要良好的管理规范,又需要大量成熟的技术支撑;既要保证电子文件在机构内部的顺畅流转,又要保障其与外部具有良好的共享交换平台。

5.5.1　电子文件管理标准体系设计基本模型

本论文所论述的电子文件管理系统主要指综合档案馆的电子文件管理,应该以 OAIS 参考模型为主要研究视角。本论文以 ISO/IEC14662《信息技术　开放式电子数据交换参考模型》为基本模型。

《信息技术　开放式电子数据交换参考模型》是 ISO/IEC 于 1998 年发布的,于 2002 年再次修订发布,旨在标识包括电子政务、电子商务在内电子数据交换所需的标准,供不同的标准化机构作为协调工作的基础,作为集成现有标准、制定中的标准和将来开发标准的框架性方案,以保证由此制定出的标准间的互操作性和技术上的兼容性与一致性,沿着数据共享、业务协同、安全保密的方向健康发展。

电子文件管理无论其形态如何,从标准化的角度看,都可被视作图5-13所示的开放式电子数据交换参考模型。该模型通过电子文件管理的两个视图:业务操作视图与功能服务视图,描述参与电子文件管理的各组织所使用的信息系统互操作性有关的重要方面。

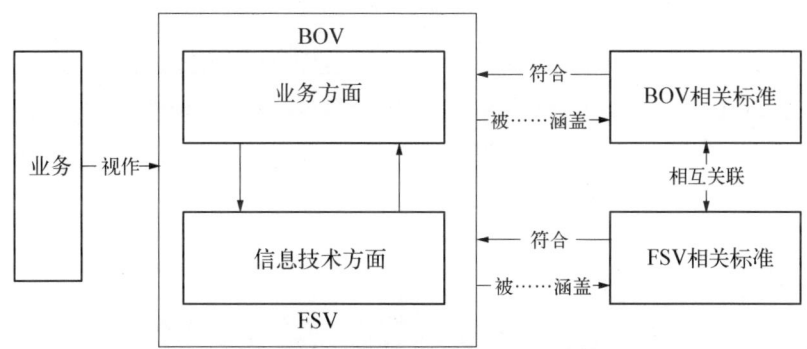

图5-13　开放式电子数据交换参考模型及相关标准

1. 业务操作视图(BOV)

BOV是认识电子文件管理活动的业务视图。它描述电子文件管理活动中各类业务活动及其之间的关系,包括电子文件管理各部门间的业务约定、协定和相互间的义务,以及电子文件语义规则等。BOV实质上是一个概念视图,可以通过IDEF、UML等建模工具生成概念模型。它主要强调业务目标和需求,并不包含实现技术。

2. 功能服务视图(FSV)

FSV是电子文件管理过程的另一个视角。它描述支持电子文件管理所需的信息技术互操作方面,包括功能、服务接口、协议等。FSV实质上是一个物理视图,该视图将每一个BOV的元素映射到真正的技术元素,通过这种方法,技术结构可以实现为网络、服务器、操作系统等的完整系统。在标准体系中,则是要映射到每一项具体的标准。

基于对电子文件管理标准体系基本原理及架构基本模型的分析,构建电子文件管理标准体系参考模型,如图5-14所示。

图5-14中,电子文件管理所涉及的标准化工作被视作业务操作视图和功能服务视图两个方面,前者侧重于业务活动与管理,包括电子文件的语义、语法、格式及管理流程,旨在构建电子文件管理环境,实现电子文件管理协同与共享。后者侧重于电子文件管理的技术实现方面,包括支持电子文件管理的信息基础设施,旨在为电子文件管理提供各种所需的信息技术服务,保障电子文件管理的有效实施,实现互联互通、安全保密。

BOV是一个概念视图,OAIS是一个概念模型,业务活动视图中的"收集"、"档案存储"、"数

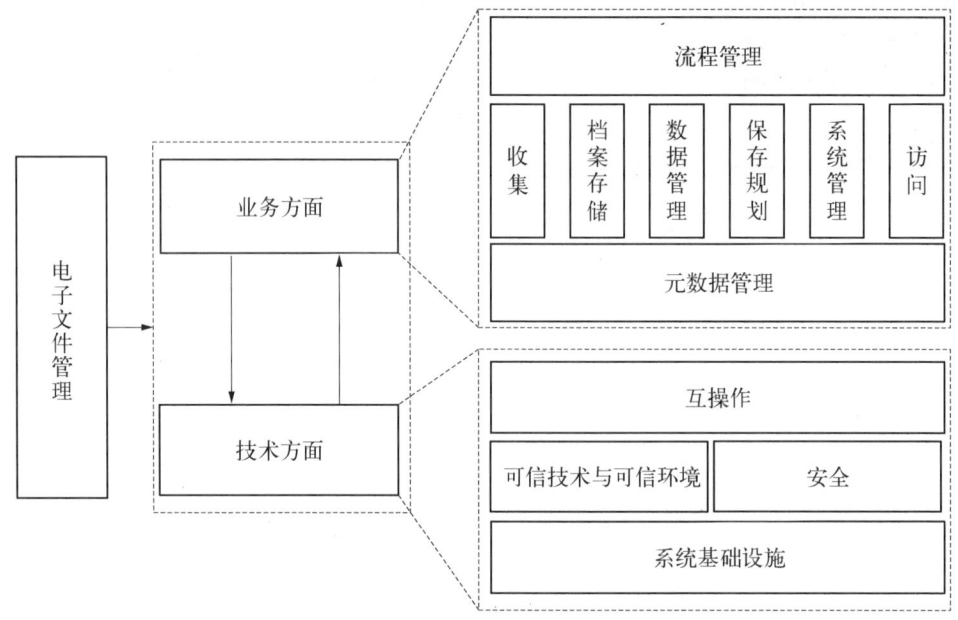

图 5 - 14　电子文件管理标准体系设计模型

据管理"、"系统管理"、"保存规划"与"访问"是电子文件管理系统的核心业务过程,体现了 OAIS 功能模型的主要内容。图 5 - 14 中,"流程管理"描述的是电子文件生命周期整个流程所需的宏观管理,"元数据管理"则贯穿于电子文件管理的整个过程。

　　技术实现视图是从电子文件管理系统构建的角度,根据普遍的信息系统分析框架得来的。图 5 - 14 中"系统基础设施"反映了电子文件管理所需的基本技术要求,如网络基础设施、置标语言、建模方法等。"可信技术与可信环境"则是电子文件真实性所需的特有的技术与环境。"安全"是整个电子文件管理的安全基础,提供电子文件管理安全所需的各种服务,保证整个电子文件管理系统有足够的安全性与可靠性,包括加密算法、安全协议、防火墙技术等。"互操作"则提供电子文件管理系统间数据交换方面的标准,如接口、数据接收协议、目录系统等。

5.5.2　电子文件管理系统标准体系内容

　　根据以上分析,电子文件管理标准体系包括两部分,一部分是电子文件管理通用标准,一部分是与电子文件管理系统相关的技术规范。

　　电子文件管理通用标准描述电子文件的通用需求,如管理原则、方法、元数据、管理流程等,为电子文件管理系统提供最基本的开发指南。具体如电子文件管理基本术语标准、电子文件通用元数据标准、电子文件管理元数据设计准则、电子文件管理流程通用规范、电子文件管理通用功能需求、电子文件移交格式、电子文件著录规则、电子文件分类方案以及电子文件管理各流程的相关标准。

　　与电子文件管理系统相关的技术规范主要对电子文件管理系统的设计、开发、实施、维护进行约束。基于 OAIS 的电子文件管理系统将其分为两类：所有 OAIS 类型的电子文件管理系统必须要遵守的技术规范与某一特定 OAIS 系统所特有的技术规范。前者如电子文件管理系统建模规范、基于 OAIS 的电子文件管理系统间的接口标准、电子文件管理系统提交与收集方法论、特殊物理介质规范、元数据检索查找的协议标准、系统内电子文件标识规范等。这些规范和前述的通用标准可以作为国家标准、行业标准为所有电子文件管理系统所遵照执行。

技术规范的第二类主要指 OAIS 系统设计、开发过程中，根据特定系统而制定的规范。这类规范严格说来，不能纳入到标准体系中，它只约束该系统的开发、运行。如前文提到的提交协议就是这类规范，它约束了文件生成者向电子文件管理系统的提交行为与电子文件管理系统接收提交后的反应。一个系统的提交协议对另外一个系统一般不起作用。类似的规范还有电子文件管理系统内部的通信机制、跨介质和格式的迁移规范、电子文件管理系统操作规程建议、电子文件管理系统授权规范、局部档案馆电子文件管理系统联盟建议等。

5.6 电子文件管理系统的公共服务

电子文件管理系统作为一个现代的、分布式应用系统，还需要许多公共支撑服务，如进程间的通信、命名服务、临时存储单元分配、异常处理、安全、字典服务等。许多服务已经在电子文件管理系统中得到了实现，如操作系统服务、网络服务以及用于保护电子文件敏感信息的部分安全服务，如身份识别服务、访问控制服务等。但还有一些关键的安全服务，尤其是在相关系统间通信、涉及电子文件交换的关键点的安全服务（如数据完整性服务、数据真实性服务、不可抵赖性服务），并没有在 OAIS 的功能实体中得到定义和充分的描述，这些服务对于电子文件真实性、完整性的保障至关重要，对于可信的收集、可信的存储库的认证同样有着重要的地位。

从目前相关安全服务的实现方法看，主要是基于 PKI 的数字签名和 MD5 校验等。本节依据《电子签名法》，提出在电子文件管理系统建设中对于涉及电子文件交换的关键点进行数字认证，进一步分析数字签名的应用模式，并结合管理制度综合分析电子文件管理系统的安全服务保障。

5.6.1 数字签名与数据电文的法律效力

所谓数字签名是数据电文中以电子形式所含、所附用于识别签名人身份并表明签名人认可其中内容的数据[①]。它利用一套规则和一个参数对数据计算所得的结果，用此结果能够确认签名者的身份和数据的完整性[②]，即是一个包含用户身份密钥等信息的、具有一定格式的数据文档，一般由权威公正的第三方机构即 CA 中心签发。以数字签名为核心的数字签名技术可对网络上传输的信息进行加密和解密、数字签名和签名验证，确保网上传递信息的保密性、完整性，以

---

① 《中华人民共和国电子签名法》。
② 美国电子签名标准（DSS，FIPS186-2）。

及信息交换实体身份的真实性、签名信息的不可否认性,从而保障网络应用的安全性。

目前常用的数字签名技术采用公钥密码体制,即利用一对互相匹配的密钥进行加密、解密。每个用户拥有一把仅为本人所掌握的私有密钥(私钥),用它进行解密和签名;同时拥有一把公共密钥(公钥)并可以对外公开,用于加密和验证签名。当发送一份保密文件时,发送方使用接收方的公钥对数据加密,而接收方则使用自己的私钥解密,这样,信息就可以安全无误地到达目的地了,即使被第三方截获,由于没有相应的私钥,也无法进行解密。通过数字的手段保证加密过程是一个不可逆过程,即只有用私有密钥才能解密。

《电子签名法》是电子文件具有法律效力最直接、最有效的法律依据。在《电子签名法》第二章"数据电文"中,明确指出数据电文满足法律、法规规定的原件形式与文件保存以及作为证据的真实性要求。这些要求中最重要的是"能够可靠地保证自最终形成时起,内容保持完整、未被修改"、"能够识别数据电文的发件人、收件人及发送、接收的时间"、"能够有效地表现所载内容并可供随时调取查用"。前两个方面则可以通过在电子文件管理系统中应用数字签名来实现,从而解决电子文件管理系统所管理的电子文件法律效力所要求的真实性与完整性问题。

5.6.2　数字签名在电子文件管理项目中的应用类型

目前数字签名技术已经比较完善,许多省建立了省级的 CA 认证中心,可以颁发不同类型的数字签名。考虑到电子文件管理系统的工作流程,电子文件管理系统应综合应用 CA 中心颁发的多种类型的数字签名以保证档案馆与不同单位间的信息交换。

1. 单位签名

分为机构签名与部门签名。在电子文件管理系统中,部门签名主要用来证明各单位的档案室的身份,机构签名应用面较广,如各立档单位、电子文件管理系统自身及其他档案馆。这些签名可存放在硬盘、USB Key、IC 卡等各类介质中。

2. 设备签名

(1) 服务器签名

主要颁发给需要安全鉴别的服务器,以便于标识签名持有服务器的身份。由于电子文件管理系统有多种服务器,这些服务器都可能与外界发生数据交换,需要给这些服务器根据其类别颁发不同的服务器签名。主要有应用服务器签名、WEB 服务器签名等。其中应用服务器包含服务器信息和服务器的公钥,其和对应的私钥可以存放在服务器硬盘或加密硬件设备上。Web 服务器签名通过和网站的 IP 地址、域名绑定而在客户端浏览器和 Web 服务器之间建立起一条 SSL 安全通道,来保证用户在网络通讯中的安全性。

(2) VPN 签名

由于一些立档单位没有通过政务内网与档案馆建立网络连接,可以由当地政府信息中心在公众网上虚拟一条 VPN 通道,建立网络连接。通过配置 VPN(虚拟专用网),电子文件管理系统的立档单位与用户就可以在互联网上透明、安全地连接到电子文件管理系统网络。该模式不仅节约电子文件管理系统建网成本,而且在开放性、客户满意度方面都获得了极大增强。为了获得一个安全、可扩展及可管理的 VPN,电子文件管理系统需要借助于数字签名服务来快速、方便地配置其安全的网络架构。VPN 签名分为 VPN 网关签名与 VPN 客户端签名。其中 VPN 网关签名即是作为一种在 VPN 隧道中鉴别电子文件管理系统设备身份的强有力方式。VPN 客户端签名主要用于认证远程立档单位,以确保在 VPN 网络中在线归档的安全性。

3. 个人身份签名

个人身份签名主要作用是那些特定用户在线利用不公开档案时表明自己的身份。

其他还有 E-mail 数字签名等。

总的来说,在电子文件管理系统建设中,要综合应用立档单位机构数字签名、立档单位档案室的部门数字签名、电子文件管理系统应用服务器签名与 WEB 服务器签名、VPN 签名、其他电子文件管理系统的机构数字签名、个人身份数字签名,这些不同类型的数字签名在电子文件管理系统网络中相互配合,共同为电子文件的真实性、法律效力奠定坚实的法律依据基础。

5.6.3 数字签名在电子文件管理项目建设中的应用模式

如上所述,电子文件管理系统的整个流程都可以应用数字签名来确保电子文件的完整性、真实性、保密性与不可抵赖性。

1. 从立档单位的业务系统到档案室系统

立档单位可以有两种方式向档案室归档文件。见图 5-15,虚线内是档案室系统的简单示意。

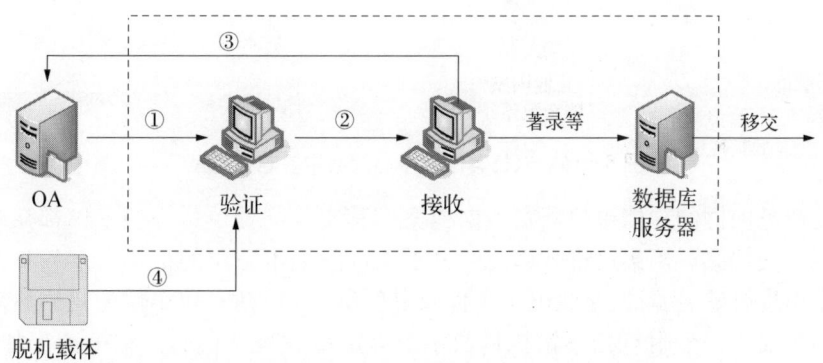

图 5-15 从立档单位的业务系统到档案室系统数字签名流程图

一种是通过网络在线归档。如图 5-15①、②和③所示,虚线内是档案室的简单表示。① OA 向档案室系统发送附有立档单位机构数字签名的电子文件及其元数据,档案室对机构数字签名进行验证。② 签名验证无误,档案室系统接收电子文件及其元数据,同时把机构数字签名作为该电子文件的元数据进行保存。③ 数字档案室对机构数字签名验证、接收后,向 OA 发送附有档案室部门数字签名的接收确认消息。然后档案室系统对档案进行正常的档案管理工作。

另一种是通过脱机载体进行离线归档。在 OA 向脱机载体下载电子文件时,使用立档单位机构数字签名对电子文件进行签名,然后导入到档案室系统进行离线归档,如上图中的④所示。

档案室系统对签名进行验证、接收电子文件,同时把机构数字签名作为该电子文件的元数据进行保存。

2. 档案室到档案馆移交

档案室向档案馆移交档案有三种方式,如图 5-16 的⑤、⑥、⑦、⑧、⑨所示,虚线内是档案馆的简单示意。图 5-16 没有描述网络间的物理隔离,因为网络物理隔离,需要应用脱机载体进行信息交换,其流程类似于图 5-15 中的④。这里只将最主要的流程进行描述。

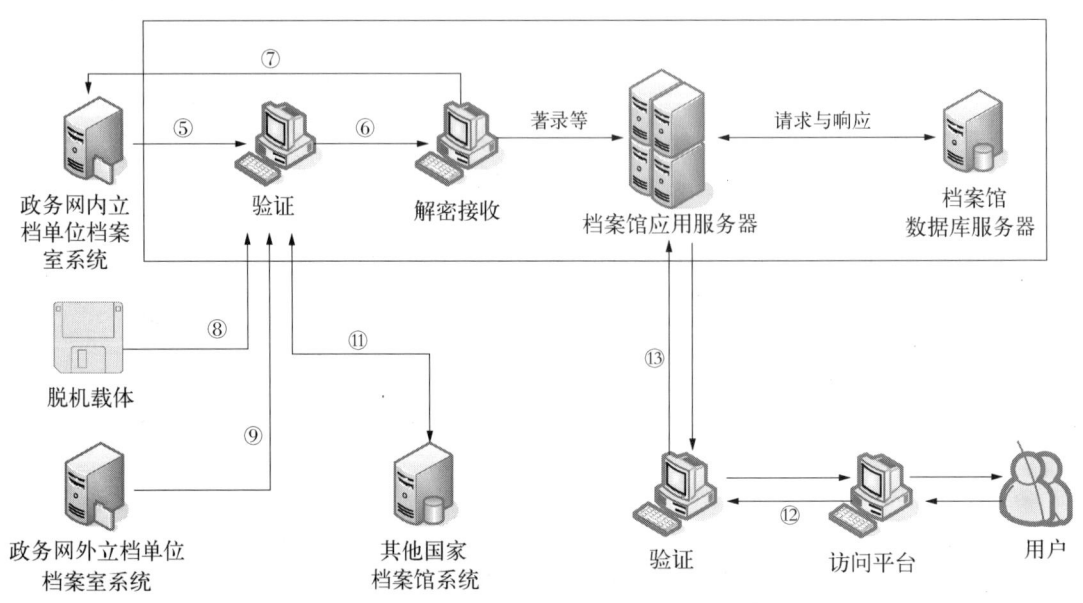

图 5-16 以档案馆为中心的数字签名流程图

第一种是政务内网的立档单位档案室向档案馆移交。立档单位与档案馆都在政务内网中,可以实现在线移交档案。档案室将欲移交的电子文件附上本单位的机构数字签名,在线移交给档案馆。档案馆进行签名验证、接收电子文件及其元数据(包括立档单位的机构数字签名)。然后向档案室系统发送一个附有档案馆机构数字签名的接收确认消息。整个流程如图 5-16 的⑤、⑥、⑦所示。

第二种是与档案馆没有网络连接的立档单位通过脱机载体离线向档案馆移交,如图 5-16 的的⑧所示。档案室向脱机载体下载电子文件时,使用立档单位机构数字签名对电子文件进行签名,然后导入到档案馆系统进行离线移交,档案馆系统进行签名验证、接收电子文件。

第三种是不在政务内网中但和档案馆有网络连接的立档单位通过向政府信息中心申请一条 VPN 通道,向档案馆在线移交。如图 5-16 的⑨所示。这种情况下,立档单位将欲移交的电子文件及其元数据(包括立档单位的机构数字签名)附上 VPN 客户端签名通过 VPN 发送到电子文件管理系统,档案馆系统进行 VPN 客户端签名验证、接收电子文件,然后将一个附有档案馆 VPN 网关签名的接收确认信息通过 VPN 通道回复给立档单位。移交完成后信息中心取消该 VPN 通道。

3. 档案馆提供利用

根据目前电子文件管理系统提供网络利用的实际工作,可以将网络用户分为两类:一类是政务网中的特殊用户,有权利用档案馆不开放的档案,需要申请个人数字签名;一类是普通网络用户,在线利用所有开放的档案,不要求个人数字签名。其流程如图 5-16 的⑫、⑬所示。

第一类用户通过电子文件管理系统的利用平台,提交利用申请及个人数字签名。档案馆系统验证通过该签名后,将用户所需的档案附上档案馆的机构数字签名发送给该用户,同时记录该用户的利用情况。由于该用户利用的档案可能还在保密中,因此最好加密发送,或利用电子文件管理系统的服务器证书在用户的客户端浏览器和电子文件管理系统的服务器之间建立起一条SSL 安全通道,来保证用户在网络通讯中的安全性。

第二类用户通过电子文件管理系统的利用平台,提交利用申请,档案馆系统将用户所需的档案附上档案馆的机构数字签名发送给该用户。

4. 和其他档案馆的信息交换

档案馆在和其他档案馆进行信息交换时,同样应用数字签名来保证信息的完整与真实。如在向上级档案馆移交馆藏电子目录时,可以将电子目录附上本馆的数字签名通过特定网络发送给对方,甚至可以在加密后利用 E-mail 数字签名的验证利用 E-mail 发送,上级馆收到目录后回复一个附有自己数字签名的消息进行收到确认,如图 5-16 的⑪所示。

该模式在实施过程中,所有涉及网络传输的都可以应用以数字签名为核心的加密技术进行加密。例如,档案室向档案馆在线移交电子文件时,首先对电子文件进行数字签名,然后用档案馆的公钥对移交的电子文件和数字签名进行加密发送。档案馆收到后,用自己的私钥对其进行解密,然后验证数字签名,正确无误后,再进行档案接收。

这样一个模式基本保证了电子文件从归档到利用过程中的完整性、真实性与保密性,满足了数据电文"能够可靠地保证自最终形成时起,内容保持完整、未被修改"、"能够识别数据电文的发件人、收件人及发送、接收的时间"的规定,如果该数据电文再"能够有效地表现所载内容并可供随时调取查用",那么根据《电子签名法》,该电子文件就具有法律效力了。

5.6.4　模式实施应注意的问题

第一,必须将立档单位的数字签名作为电子文件的元数据进行保存管理。这是验证电子文件原始性与真实性的基础,是电子文件具有法律效力的重要法律依据。

第二,目前我国还没有一个全国性的认证中心,现有的 CA 主要是省级规模。因此,该模式中的与其他档案馆信息交换部分,其他档案馆只能是同一省内的档案馆。

第三,整个流程中对电子文件及其元数据进行签名、验证、利用签名进行的加解密等均应由系统自动进行,或具有友好的向导指导用户进行这些工作。对于数字签名作为元数据保存也应该自动进行。

第四,所有的数字签名均应安全地保管与使用。建议将数字证书存在于 USB Key 中。例如,立档单位将 VPN 证书保存在 USB Key 中,在建立 VPN 通道移交电子文件时,将 USB Key插入计算机获取 VPN 签名。移交完成后,USB Key 从计算机中拔除,VPN 客户端无法提供安全连接所需的数字证书,从而不能建立 VPN 连接,保证其他用户不可能非法使用该证书进行 VPN 连接到电子文件管理系统。

5.6.5　可信电子文件与可信电子文件管理系统的认证

客观评价系统的可信性,满足外界对其可信性的期望,是电子文件管理项目建设的一个重要内容。

1. 技术的困惑

根据《电子签名法》,电子文件具有法律效力还应满足"能够有效地表现所载内容并可供随时调取查用"。目前档案馆归档的电子文件格式相对都是比较常用的,有较好的软硬件支持,满足"能够有效地表现所载内容并可供随时调取查用",在本文分析的模式下保存的电子文件一定时期内应具有法律效力。这里加了一个限定"一定时期"。这个一定时期是指电子文件在保存到迁移前的这段时期。如果现有的电子文件若干年后,由于种种原因,不得不进行迁移以长期保存,尤其是对其进行格式迁移,最初保存的数字签名可能证明不了迁移后文件的真实性与原始性,那时电子文件的法律效力又该怎样保障?

该模式的数字签名是建立在一定信息技术基础之上的。数字签名作为元数据被保存理论与实践上是完全可行的,但随着信息技术的发展,数字签名技术肯定也会有较大发展,单位的数字签名也会淘汰替换,就像身份证换代一样,那时档案馆保存的现有技术基础上的数字签名怎么进行换新?

以上两个问题目前尚未有任何法律规定与实践基础,是必须思考的问题,但可以根据工作进展慢慢思考解决。对于档案部门来说,由于数字签名本身就是一个数据电文,其保存有一定的要求,现实的问题则是如何将立档单位的数字签名作为元数据保存起来。

2. 法律对文件可信度的保障

由于信息技术的飞速发展,对于电子文件的法律效力来说,单纯依靠信息技术是不现实的,应当充分考虑法规与制度对电子文件可信度的保障。

考虑到《电子签名法》已经对电子签名做出了法律规定,国家档案馆是《档案法》规定的"负责接收、收集、整理、保管和提供利用档案"的场所,明文规定国家档案馆所保管的电子文件具有法律效力是可行的,如在《档案法》中增加关于电子文件法律效力的条文:在可信环境下经过可信流程处理的国家档案馆保存的电子文件具有法律效力;档案馆保存的具有法律效力的电子文件在经过可信技术与规定流程而迁移后仍具有法律效力等等。在《档案法实施办法》中可以对于可信环境、可信技术、可信电子文件库、可信流程等进行解释,如可信环境可以定义为"在电子文件管理网络中搭建一个诚信体系,每个终端都具有合法的网络身份,并能够被认可;而且终端具有对恶意代码,如病毒、木马等有免疫能力。任何终端出现问题,都能保证合理取证、方便监控和管理。该可信环境提供的安全功能有:机构与部门认证、设备认证、用户身份认证、档案信息真实性与完整性校验、档案信息的可读性、用户权限合法性、端口控制和管理、档案信息的加密传输与存储、重要信息的硬件保护等"。这样以法律的形式结合技术从而将国家档案馆保存的电子文件的法律效力明确下来。

从法律上确定档案馆满足某些既定条件后其保存的电子文件就是可信的,如有可信的电子文件库与可信流程;建立一个认证系统实现可信度的认证,如权威部门对系统流程满足电子文件管理功能需求的测定,以及档案馆对系统的审计跟踪。即通过技术认证系统,通过法律确定通过认证后电子文件可信的法律地位。

5.7　构建全国电子文件管理与服务网络体系

多个电子文件管理系统的利用者可能希望这些系统具有操作的一致性,例如可以跨多个档案馆进行信息检索的通用检索工具、通用的信息包描述模式、通用的 DIP 模式、单一的访问站点等。档案馆希望通过共享昂贵的硬件、软件和保存工作来节省费用,提高馆际互操作的一致性和质量。因此,构建全国性的电子文件管理与服务网络体系符合用户和档案馆的利益。这也是冯惠玲教授倡导的电子文件管理国家战略与顶层设计的一个重要内容,即建立馆际互联共享体系,发展馆际电子文件信息互联共享的模式。

国家电子文件管理体系与馆际互联共享体系,应该是一个稳定的、可信的分布式体系结构。稳定、可信,依赖的是不同个体的电子文件管理系统及其之间的互操作模式。因此,建立馆际互联共享体系,必然要考虑档案室、县市级档案馆、省级档案馆和国家级档案馆①之间电子文件管理系统的互操作模式。

从 OAIS 参考模型分析,基于 OAIS 的系统可以与其他组织商定帮助自己保存信息。例如,与另一个 OAIS 系统建立协议以便将其所有与内容信息对象有关的普通表示信息对象交由对方保存而它自己不用保存。因此,馆际合作是可能的也是可行的。

5.7.1　联合档案室、机关档案管理中心

联合档案室是同一专业系统或专业性质相近的若干机关、团体、企业、事业单位共同建立的档案管理机构,即在一个地区或一个政府机关内设置,统一管理本地区或本政府驻地相近的各单位的档案,以把有限的人力、物力、财力集中统一使用,减轻各单位负担,并能对档案进行一定的集中管理。如铜陵市行政中心联合档案室主要承担进驻铜陵市行政中心大楼办公的 23 个单位2002 年以来形成的不同门类和载体档案的业务指导、保管、利用工作。

机关档案管理中心和联合档案室功能类似,承担一些地理位置相近的机关形成档案的整理、保管和利用工作。如哈尔滨市政府机关档案管理中心承担市政府大楼内 40 家直属机关部门(单位)的档案管理工作。

档案室联合或合并的方式在纸质档案管理工作中取得了较好的经济与社会效益。对于电子文件的管理,理论上是和纸质档案一样的,然而考虑到各机关电子文件管理的软硬件要求,需要

---

①　冯惠玲教授认为,应当启动"国家数字档案馆计划",从而为地方电子文件管理项目提供示范,从管理体制、制度、技术、方法等方面为全国电子文件管理体系奠定基础。

对联合档案室或机关档案管理中心电子文件管理的模式进行研究。

　　根据 OAIS 六个实体的功能,逐一和机关档案管理中心的电子文件管理系统对照,可以认为机关档案管理中心是由具有共享功能区的个体档案室组成,其电子文件管理系统逻辑组成如图 5－17 所示。

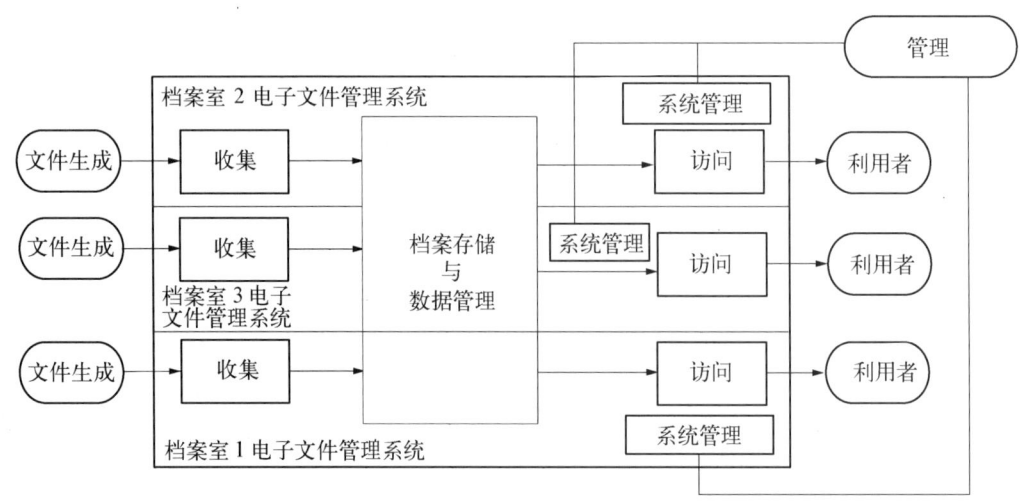

图 5－17　共享功能区域的档案室合作模式

　　图 5－17 中,若干档案室共享档案存储与数据管理两个实体的功能,在物理上共享昂贵的资源,如存储硬件与分级文件管理系统、外围设备与复杂计算。为了保证共享功能的实现,档案室电子文件管理系统内部收集与存储、访问与存储之间要有相应的标准,每一档案室的电子文件管理系统必须满足该标准。

　　这种模式下,档案室完成收集的所有功能,将收集到的电子文件及其元数据按一定格式提交到联合档案室的物理存储库中,档案室与联合档案室就电子文件的存储管理与数据管理达成一致意见。不同档案室的电子文件物理上存储在同一个存储器,逻辑上则可以存储在同一个电子文件库中(用唯一标识符标识),也可以存储在各自的文件存储库中,这种共享的存储方式对用户和档案人员来说是透明的。

　　档案室不仅可以共享昂贵的硬件资源,还可以将一些共同的表示信息(如文件类型与格式的表示信息)等存放在同一个注册库,由同一个档案存储与数据管理进行管理,每一个档案室的收集实体均可利用其中的信息。

　　访问实体也可以出现在共享区域。综合档案馆保存的电子文件一般都是文书类型,具有相同的元数据与著录信息,完全可以对访问实体做到共享,如联合档案室的同一个访问站点等。这种共享访问根据档案存储的方式其内部构成也会有所不同,如不同档案室的电子文件存放在同一个文件库与存放在各自的文件库,访问实体实现的构造是不同的。

　　联合档案室需要将电子文件在保存一定时间后移交到档案馆,因此它必须和档案馆发生互操作。它们互操作的模式又有所不同,下面一节对这种模式进行详细描述。

5.7.2　档案室与档案馆互操作模式

档案室保管本单位生成的档案,主要为本单位提供档案利用。它的档案数量少,经费也较少,受限于本机构的设备与专业知识,其管理电子文件的能力较差;但它又是综合档案馆电子文件的来源,其对电子文件管理的质量决定了档案馆电子文件的质量。因此,管理能力较差与管理的较高质量要求之间的矛盾是档案室电子文件管理的特点。

一般说来,档案室更注重电子文件的收集。由于它在收集电子文件后一定时间内要移交给档案馆。因此,它的档案存储功能要求也不高,不需要分级存储管理和网络存储,应用简单的直接附加存储即可满足要求。不永久保存电子文件意味着它基本不用考虑数据迁移问题,实际上它要做的就是尽可能将电子文件的内容信息、表示信息、保存描述信息等收集齐全,按照与档案馆制定的提交协议将内容信息及其相关信息组成移交档案馆所需的 SIP,这实际上就是档案室自己的 DIP。

因此,根据档案室电子文件管理功能的侧重点不同,设计开发特定的简化 OAIS 电子文件管理系统(OAIS-SIMPLEX)。以 3.7.2 节的某档案室为例,其 OAIS-SIMPLEX 系统突出收集功能,简化存储功能和数据管理功能,忽略保存规划功能,它削弱的功能可以通过与档案馆的合作来弥补,建立档案室与它所要移交档案的档案馆间的合作关系,即 OAIS 参考模型中的"合作型档案馆",如图 5-18 所示。

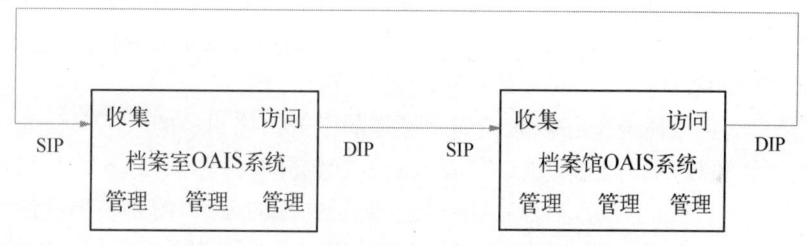

图 5-18　档案室与档案馆互操作模式

图 5-18 中,档案室电子文件管理系统是一个 OAIS-SIMPLEX 系统,档案馆电子文件管理系统是一个较为完全、均衡的 OAIS 系统[①]。二者合作的基础是档案室的 DIP 必须能成为档案馆的 SIP 格式,即档案室 OAIS 系统的访问实体与档案馆 OAIS 系统的收集实体建立相应的接口,档案馆接收档案室的 DIP 作为自己的 SIP。

这种模式下,档案室电子文件管理系统功能可以得到尽可能的简化。如档案室甚至不需要对电子文件进行格式转换,而只需将格式的表示信息封装在 DIP 中,由档案馆电子文件管理系统接收后再进行批量自动转换,同时将原格式的表示信息捕获到格式注册库中。档案室在收集本机构的电子文件时,可以不需要真实性与完整性检验,而是将电子文件的固化信息(如数字签名)或和电子文件一起封装[②]或作为元数据移交给档案馆,由档案馆进行批量自动验证。档案馆的

---

① 图中的 OAIS 用五个端口表示,仅仅为了简便显示。
② 澳大利亚的 VERS 采用封装技术构建数字对象 VEO 就封装了认证及数字签名的信息与方法。

可信电子文件库保证电子文件的长久保存。

该模式档案室的电子文件管理系统功能简单,开发容易,硬件及运行环境要求不高,适合经费不足、专业知识缺乏、系统维护人员水平不高的档案室。但档案室电子文件管理系统还需存储其收集的电子文件,需要有一定的软硬件存储能力。

目前一些信息技术公司推崇的"虚拟档案室"并不是上述模式。"虚拟档案室"物理上应用了档案馆的数据服务器存放自己的电子文件,但逻辑上是独立的,也就是档案馆仅仅在自己的数据服务器上开辟一个区域供档案室存放数据,二者在逻辑上没有任何的相互操作,"虚拟档案室"还是一个独立的系统。这种方式使众多档案室节省了购置数据存储设备的费用,但档案存储与数据管理实体不是共享。档案馆物理上拥有了档案室的电子文件,实际上对其没有任何权限。

5.7.3　档案馆际合作的联盟模式

档案室之间、档案室与档案馆之间的互操作,保证了那些经费紧张、专业知识与专业人才严重不足的档案室对电子文件管理的质量,是构建全国电子文件管理与服务网络体系的基础,为馆际互联提供了高质量的电子文件来源。

馆际间的互操作是构建全国电子文件管理网络体系的最重要内容。通过馆际互操作,电子文件可以在逻辑上构成一个整体。考虑到我国档案馆设置与档案管理工作的特点,采用5.5.1和5.5.2的互操作方式是不可能的。因为把一个省的所有档案馆保存的电子文件全部集中在一个地方,如省级档案馆,没有必要也不可能,电子文件全部集中需要海量的存储能力、超级强大的处理能力(如真实性的验证能力),必须研究新的馆际互操作模式。

下面以郑州市为例来研究平行档案馆间互操作的模式。郑州市的六区五县的档案馆是平行档案馆,这些档案馆可以用面向用户的联盟模式建立起馆际互操作,如图 5-19 所示。

由于这些档案馆是平行关系,不存在相互提交电子文件的关系,需要在档案馆间增加一个外部的功能实体来提高其互操作性,图 5-19 描述郑州市六区五县档案馆联盟的功能结构。图中,公共目录作为一个外部实体,是这些档案馆的电子文件公共访问点。这里,公共目录或作为一个检索工具或一个简化 OAIS(OAIS-SIMPLEX)系统,从各档案馆收集 DIP 或著录信息。

最简单的,该公共目录系统只作为一个检索工具。各档案馆将电子文件的著录信息提交给公共目录,公共目录系统对各档案馆的著录信息进行独立管理,利用者通过公共目录定位要查询的电子文件。

这种方式有两种实现途径。一种是设置一个中心网站(如郑州市档案馆网站),将公共目录系统嵌入到该网站,用户通过登录网站访问公共目录系统定位要查询的电子文件,然后再到该电子文件所在档案馆网站或电子文件管理系统去获取电子文件的内容信息,如图 5-19 中虚线所示,这种实现途径相对比较简单。

另一种途径是建立分布式检索系统,通过分布式检索系统访问公共目录,定位所需电子文件,分布式检索系统建立与该电子文件所在的档案馆网站或电子文件系统的可信文件传送协议(如安全环境下的 FTP),用户可以直接通过分布式检索系统的公共目录进行查询,检索系统远程向相应档案馆请求所需电子文件,档案馆根据可信文件传输协议向检索系统实施 DIP 的分发,

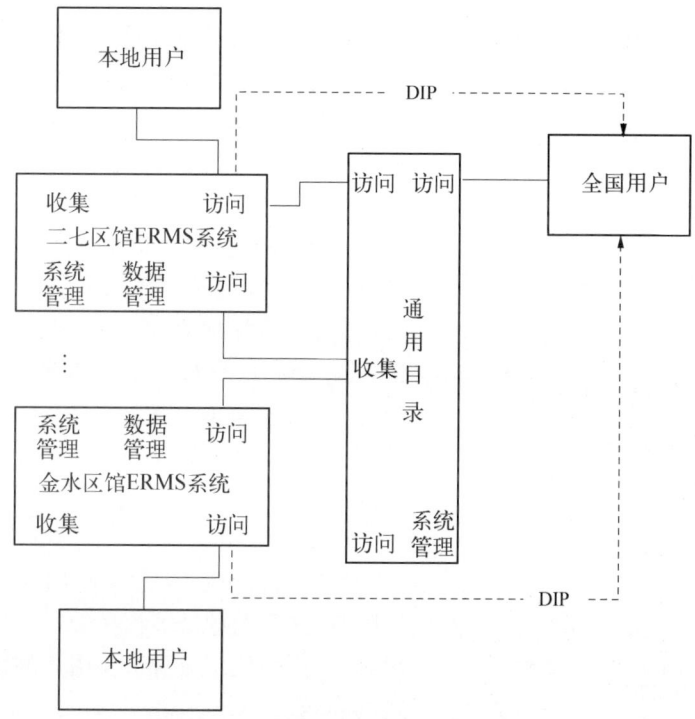

图 5-19　档案馆际互操作的联盟模式

最后通过检索系统界面提交给用户。当利用者查找的信息可能涉及多个档案馆的多个文件时，分布式检索系统根据公共目录同时向多个档案馆请求电子文件，在收到多个档案馆分发的 DIP 后，将其压缩打包，并在包中生成一个文件列表显示各 DIP 的来源。因此，这种途径实现的是一个完整功能的档案馆联盟系统。

公共目录不仅可以接收著录信息，还收集相应的 DIP，如图 5-19 中的点线所示。当利用者访问公共目录系统时，公共目录将检索词关联的 DIP 提交给用户。这时公共目录是一个简化的 OAIS 系统，对收集、保存规划等实体的功能要求不高，但要求强大的数据存储与管理能力，能存储与管理档案馆成员的庞大的电子文件集合。

以上方法实现的访问对于利用者来说是透明的，利用者不用关心查找的电子文件实际保存在什么地方，对于用户来说，就像电子文件始终保存在本地一样。

经过六区五县档案馆的联盟，郑州市组成了一个分布式档案馆电子文件系统，利用者可以在任意一个联盟成员检索、访问所需的信息。同样，河南省的其他地市也形成了自己的分布式档案馆联盟。这些分布式联盟可以用以上的方法同样形成一个更大的河南省级联盟，更多的省级联盟就可以组成一个立体的、网状的全国档案馆际联盟，从而构建一个全国电子文件管理网络体系，实现全国的归档电子文件信息互联共享。

建立档案馆联盟时，还应该重点考虑一下几个主要问题：

公共目录中每一个电子文件或 AIP 应该有一个唯一的标识符。档案馆在组成联盟前为每一份电子文件提供一个唯一的标识符,组成联盟后,这个标识符可能会与其他成员文件的标识符冲突,必须要为其重新分配一个唯一标识符。由于要考虑全国性的联盟,因此必须在电子文件顶层设计中预先设计唯一标识符的编制规则。

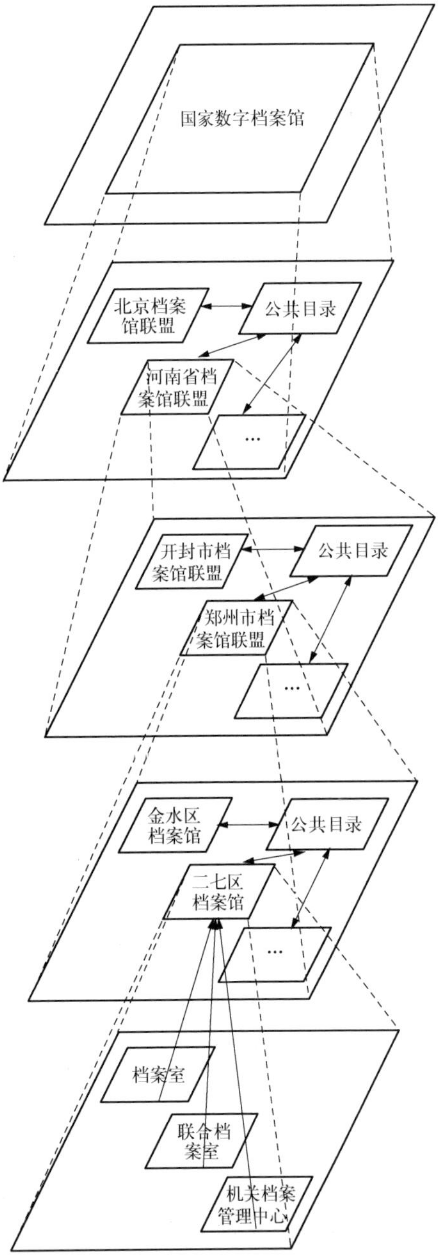

电子文件副本问题。联盟成立后,用户检索的信息可能出现在不同档案馆的多个电子文件中,如以一个文件标题从联盟中可能检索出多份相应的电子文件,从中如何判定用户感兴趣的文件是一个问题。这实际上涉及电子文件著录与标引的质量问题,同样需要从顶层设计着手,制订档案室或档案馆的相关标准,如电子文件元数据标准、电子文件著录标准等。

用户的身份认证和访问控制。如果档案馆联盟提交给公共目录系统的电子文件都是公开的,没有密级限制,这个问题是不存在的。如果有成员对访问有限制,如何验证用户身份及用户的访问控制是一个现实的问题。

5.7.4 构建全国电子文件管理与服务体系

上述是从模型的角度对馆际互联进行分析,真正构建还需要相应的管理体制、制度、技术等各方面的支持。另外,上述的分析是自下而上,从一个个独立的个体档案馆着手;在设计实施时,则需要自上而下。根据电子文件管理国家战略先进行顶层设计,尤其是启动"国家数字档案馆计划",建设国家数字档案馆这个最顶层的电子文件管理项目,制订相关标准规范,特别是馆际互操作规范与公共目录系统标准。通过该项目的实施,为地方电子文件管理项目的建设提供示范,从管理体制、制度、技术、方法等方面为全国电子文件管理体系奠定基础。自下而上的模型分析,自上而下的设计,再自下而上的实施,也符合项目建设的一般思想。图 5-20 是全国电子文件管理体系自上而下设计示意图。

图 5-20 全国电子文件管理体系模型

6　思考、结论与展望

6.1　思考：以 OAIS 为基础实现电子文件精细化管理

思考一：电子文件管理是一个非线性的管理活动，不能基于纸质档案管理思维去认识与研究电子文件管理。

在传统档案管理工作中学者总结出了经典的"六环节"（包括收集、整理、鉴定、保管、统计和开发利用）或"八环节"（收集、整理、鉴定、保管、统计、检索、编研和利用服务）等管理流程。该工作流程基本上是一个线性结构，一个工作环节紧接着另一个工作环节，一个工作环节的结束标志着另一个工作环节的开始。

然而对于电子文件来说，它的管理不能再以线性来描述。和纸质档案管理相比，电子文件管理是一个受技术、资源、经济和社会诸多因素影响制约、较为复杂的非线性活动。

首先，电子文件管理流程是非线性的。在电子文件管理活动中，存在着大量管理工作相互交叉的现象。典型的如著录工作，从文件生成开始贯穿了电子文件管理的全过程，大量的元数据需要著录以保证电子文件的真实性与长久可保存性。鉴定工作也分为两个过程，一个是文件生成时进行的价值鉴定，一个是归档时的技术鉴定。为了确保电子文件的真实性、完整性与长期可保存性，其管理活动的各项工作也必须大量进行数据交互、相互作用。

其次，影响电子文件管理质量的因素与纸质档案管理相比明显增多。和纸质档案管理相比，电子文件管理活动的参与者明显增多，其目标各异，彼此间相互影响的程度较深。电子文件管理活动的各组成要素、各要素间的相互关系、参与者的行为方式存在着差异，呈现出较强的不对称性。如电子文件的双重鉴定、电子文件格式与迁移、元数据管理等均已超出了纸质档案管理活动的范畴；一些组织可能并不直接参与到电子文件管理活动中，但其研究的成果却对电子文件管理有着极大的影响，影响着管理的流程、组织结构、人员配置甚至系统的设置；信息技术的一点变化都可能对电子文件管理活动造成影响，如文件类型、存储系统的发展等；电子文件管理活动对初始条件具有严重的依赖性，系统初始条件的一点小变化，最终能带来行为结果的巨大变化，这就是电子文件特别强调前端控制的重要原因。

再次，各级综合档案馆的规模，不管是在所管理的电子文件的数量还是经费、工作人员的知识结构等方面，均差别很大，呈现出不均匀、不对称的偏离平衡状态。反映在目前我国电子文件管理的实践上就是基础理论正在完善，管理实践比较薄弱，没有最佳实践。本书第 3 章分析，电子文件管理活动的主体——档案馆在文件前端控制力极弱，没有参与文件生成系统的分析设计；对于文件后端，档案馆几乎没有能力参与到管理系统的分析设计。

电子文件管理活动的上述特点导致在其管理活动中出现了多维的、错综复杂的相互作用。各管理活动要素之间、管理活动与外部环境之间、电子文件管理的现状与将来之间都存在着"剪不断，理还乱"的复杂联系，它们相互作用，相互影响，表现出强烈的非线性特征。

那么，非线性的电子文件管理活动是否还可以用传统档案管理的"六环节"或"八环节"来理解？能否用传统档案管理的思维来研究电子文件管理呢？

答案应该是否定的。基于纸质档案管理思维去认识与研究电子文件管理，会产生两种错误的观点：一种是片面夸大电子文件的技术特性，甚至会产生一种认为电子文件管理不可知论的思想，认为电子文件管理对技术的应用永远赶不上技术的发展，电子文件就是为了提高办公效率，不必维护其档案属性，进而放弃对电子文件的管理。另一种观点认为可以用纸质档案管理活动去套用电子文件的管理，继续将电子文件管理分为若干环节。

第一种观点的错误在于认为电子文件是为了传递而不是存储，该观点的做法必然是根据档案的收集范围，将电子文件打印保存其纸质版本。却不知电子文件存储的高密度性与海量存储技术完全可以将更多的人类历史留存下来。试想一下，1 000 年前的一些文字材料，如果按照现在的档案收集范围，肯定不属于档案的范畴而被保存，但现在偶尔发现的这些古代文字材料，哪怕是只言片语，都被视作珍贵的档案。在纸质档案管理中，由于档案保管条件的限制，只能保存极少量的文件，而信息技术的发展使得文件存储以几何指数数量级递增，档案管理人员却因为对信息技术的片面理解不去保存这些电子文件，从而使得本可以保存下来的大量电子文件人为被抛弃，从这个意义上来说，如果真的抛弃电子文件，我们可能是历史的罪人。

第二种观点的错误在于对电子文件管理的认识比较粗放，比较随意。用纸质档案管理活动去套用电子文件的管理，必然忽略了电子文件的技术特性，忽略了真实性、完整性的要求，不能解决电子文件长期保存的问题。目前许多在建或已建的电子文件管理项目没有实现真正意义上的电子文件管理，一个重要原因就在于档案管理人员与软件开发人员的这种错误认识。

因此，作为一个非线性管理活动，电子文件管理必须在遵循档案学基本规律的基础上，扬弃传统档案管理的思维，构建一个适合电子文件管理的框架。电子文件管理活动不应该满足于对传统纸质档案管理流程的"零敲碎打"式的改进，这种改进会使电子文件管理人员不可避免地陷入"救火管理"中，忙于修补流程中的错误，而忽略了电子文件的全程管理。

那么电子文件应该怎样管理呢？

思考二：电子文件需要以 OAIS 为基础，构建非线性管理流程，进行精细化管理。

电子文件应该摒弃传统档案的管理思维与方式，根据电子文件管理的基本理论，构建自己的管理思想、管理框架与方法。这些基本理论如生命周期理论、文件连续体理论、OAIS 参考模型等从不同角度反映电子文件的特性，其中前二者主要构建电子文件管理的理论体系，OAIS 参考模型对于电子文件管理的实践具有很强的指导意义。档案管理人员可以在 OAIS 标准参考模型的指引下，通过组织、流程、人员、设备等的协作，将管理活动转化为一种时间、空间或功能上的有序状态,对电子文件进行有序的管理。

精细化管理是一种管理理念,所谓精细化管理就是把管理的计划、组织、控制、领导等工作更细化,通过具体的功能操作,有序地实施管理。电子文件精细化管理是使电子文件管理业务分工的精细化,是建立在档案学基础理论的基础上,将之引向深入的基本思想和管理模式,在尽可能减少管理所占用资源的基础上,实现电子文件管理的主要功能,并尽可能扩展其辅助管理功能。

根据笔者在前面的分析,电子文件管理业务分工的精细化必须以 OAIS 为基础,以 OAIS 的功能模型构建电子文件的管理业务,摆脱传统档案管理的思维模式,实现电子文件的长期保存。这样的精细化管理应从电子文件管理功能框架体系构建、流程整合优化、管理的标准化与系统化、管理功能与成本的均衡等方面来分析。

1. 摒弃传统档案管理思维,以 OAIS 为标准参考模型构建电子文件管理的框架体系

作为一个非线性管理活动,电子文件管理不能再以传统档案的管理思维为基础,继续划分若干管理环节,而应该摒弃传统档案管理环节的思维束缚,以 OAIS 为标准参考模型重新建构电子文件管理的框架体系。

OAIS 将电子文件管理活动分为收集、档案存储、数据管理、系统管理、保存规划和访问六个功能实体。从图 5-10 中可以看出,这六个功能实体存在着大量的数据交互和相互作用,形成了一个非线性的、网状的功能结构。如 OAIS 参考模型中的格式管理涉及提交、收集、保存规划、系统管理等多个功能实体。再如纸质档案管理的著录环节,在 OAIS 中并没有明确提出,这是因为电子文件的著录贯穿了电子文件管理的全过程,而不再是一个管理环节。因此,在电子文件管理活动中,没有界限截然分明的管理环节,而应以电子文件管理的基本功能——长期保存和方便利用——为基础,构建电子文件管理的功能体系结构。

OAIS 的收集功能保证了电子文件的真实性与完整性,档案存储功能提供电子文件的存储管理,并与保存规划、数据管理两个功能实体协作实现电子文件的长期保存,系统管理功能实体保证了电子文件管理系统的正常运行,访问功能实体则在数据管理功能实体的支持下向用户提供各种利用服务。OAIS 的信息模型影射出的元数据可以在 OAIS 的六个功能实体中得到最大限度的获取,进一步保证电子文件的真实性、完整性与长期保存性。

2. 以 OAIS 参考模型为基础,构建电子文件管理的非线性流程

流程是电子文件精细化管理的一个重要方面。传统档案管理的流程套用在电子文件管理上,会产生流程分析仅止于工序分解、操作要求,方法不细、不严的现象,一些流程不符合电子文件的管理,而电子文件管理所需的流程在传统档案管理中没有得到体现。

OAIS 的六个功能实体构成了一个非线性的、网状的功能结构,电子文件管理应以此为基础,构建电子文件管理的非线性流程。可以分两个步骤来构建相应的流程。

第一是在 OAIS 六个功能实体的某些功能模块中或操作工作点附近小范围内实现局部流程线性化。在本书第 5 章"可信的电子文件管理流程"中,笔者对基于 OAIS 的六个功能实体进行了具体的分析,将六个功能实体分解为下一层的操作,对于分解出的下层操作则视其功能进行局部线性化。如本书对电子文件的收集流程又进行了子流程的分解,尤其是收集模块的电子文件

检验流程就是工作点附近小范围内线性化方法的实际应用。同样的应用还反映在收集模块的元数据捕获流程与 5.4 节中的格式管理流程中。

第二是在局部线性化的基础上,分析功能模块或操作间的数据交换与相互作用,建立非线性工作流程。通过对电子文件管理局部细节的线性化,明确局部细节的功能,对电子文件管理整体活动建立非线性工作流程,打破传统档案管理的单一线性管理流程,打破时间顺序、工艺顺序和设备限制,实现流程的整体非线性化、并行化,多个流程之间实现多人多岗位的协同,如同一时间线,分时间段协同;同一处理工作,不同操作并行工作等。本书的图 5-10 就是一个建立在 OAIS 基础上的电子文件管理系统功能流程示意图。

3. 以 OAIS 为基础,建设标准化的电子文件管理

电子文件精细化管理的核心就是按流程进行规范管理,从而将电子文件管理从粗放变为精细,将管理从不规范变为规范。

电子文件管理标准体系包括两部分,一部分是电子文件管理通用标准,一部分是与电子文件管理系统相关的技术规范。

前者如电子文件管理系统统用需求规范、电子文件的归档范围、电子文件元数据标准等。这些标准应该基于 OAIS 去研究。目前档案归档范围是在特定历史条件下从纸质档案考虑制定的,在海量存储技术的今天,纸质档案归档范围可以不变,但电子文件的归档范围应适当扩大,其鉴定标准可以适当从宽,以使更多反映社会、历史的电子文件留存下来。这是因为电子文件存储的高密度性与海量存储技术可以保存更多的文件,同时让文件保管成本急剧下降,因此有必要从宽考虑文件的价值,重新制定电子文件的归档范围,让一些粒度更细的电子文件信息留存下来。对于电子文件的元数据标准,应该基于 OAIS 的信息模型。在 OAIS 中,电子文件的表示信息是迭代、递归的,因此应充分考虑各种元数据,如格式的元数据、数字签名的元数据等,一些学者认为十多个元数据就足够的观点是远远不够的。

后者应基于 OAIS,分为两类:所有 OAIS 类型的电子文件管理系统必须要遵守的技术规范与某一特定 OAIS 系统所特有的技术规范,如基于 OAIS 的电子文件管理系统间的接口标准、本书在收集功能中重点分析的提交协议等。

4. 以 OAIS 为基础,建立柔性化的组织结构,提高电子文件管理活动的自组织协同能力

档案馆必须掌握电子文件管理的非线性特质,应用 OAIS 对电子文件的整体流程进行分析、重建,进一步反映在组织结构上,从而为档案馆电子文件的有效管理奠定基础。

传统档案馆在组织内部部门与部门之间、个人与个人之间建立了严密的上下级关系、指挥与执行命令的关系,在组织形式上呈现为“金字塔”式的层次型结构。这种组织结构形式不符合电子文件非线性管理的要求,需要建立柔性化的组织结构。柔性化组织结构的建立必须以 OAIS 为基础,但并不是说按照 OAIS 的六个功能实体成立相应的管理部门,而应以基于 OAIS 的电子文件管理流程来设定岗位,完成相应的功能,使管理活动的各要素形成一种有序的结构和状态。

5. 以精细化管理为基础,实现电子文件管理功能与成本的均衡

档案的管理需要一定的物质条件做基础,即有很多方面的费用支出,如保存空间、装具、人力

等。许多档案学者对此进行研究,并将保管费用作为档案鉴定时要考虑的重要因素之一。美国档案学者菲利普·鲍威尔[①]认为"价值一定要同费用放在一起衡量,严格而实在的费用核算是所有例行检查工作的必须条件"。英国档案学者迈克尔·库克[②]指出"在最后决定之前,必须进一步考虑的一个因素就是费用价值率"。美国档案工作者布里奇弗德[③]指出"为把财力和承担的义务平衡起来,要把费用和所保存的文件价值作比较,得出非正式的费用效益率"。

传统纸质档案保管费用支出主要体现在库房费用、处理费用、保护费用等方面。对于电子文件来说,由于电子文件信息存储的高密度性以及存储设备容量越来越大而价格越来越低,保存空间不再是主要因素,电子文件管理的费用大量转移到保障其安全性、可读性、易用性、长期可保存性等所需要的技术设备和环境维护中,必须考虑档案保管机构是否有足够的资金和技术力量来支持电子文件的技术要求,特别是对那些特定复杂软件具有特殊依赖性的文件[④]。

电子文件管理所需的技术设备和环境维护主要由电子文件管理系统[⑤]完成,从这个意义上说,档案馆实施电子文件管理的费用主要体现在电子文件管理系统的设计、开发与运行维护方面。这里笔者把成本费用、人员(包括为了改善其知识结构而进行的培训等)、软硬件等统称为档案馆的资源。因此,分析档案馆实施电子文件管理所需的资源与电子文件管理系统的功能之间的关系是档案馆不可回避的一个重要工作,即档案馆如何在管理功能与资源之间寻找一个最佳平衡点,以最少的资源实现尽可能多的功能,而信息技术公司追求以开发最少功能获取最大的利润,如何寻找一个平衡点使双方的利益在对方可接受的情况下达到最大,这就是电子文件的均衡管理问题。

在实际工作中,此问题的解决需要以基于OAIS的电子文件精细化管理为基础,根据功能相关性与档案馆实施能力(即资源)评分法来进行(如同所分析的步骤)。本书的3.5节主要是从方法论的角度对OAIS的6个功能实体进行评分,实际应用中还应该对OAIS各功能实体的子功能再进行细分,对分解出的更小子功能再进行分值评估,得到的结果会准确评价档案部门建立电子文件管理系统与OAIS的一致性及其可用的资源,其实践指导意义就更强一些。通过这样的评分过程,可以详细了解该档案馆(室)实施电子文件管理项目所需的资源与功能的管理,档案馆可以以最少的资源实现尽可能多的功能。

通过功能相关性与档案馆资源的评分,基于OAIS的电子文件管理系统的每一个主要功能根据保存动机和档案部门的资源不同而有不同的实现:那些有电子文件保存的动力、资源较多的档案馆才能满足OAIS所有功能,小型档案部门由于资源的限制可以应用简化版的OAIS实现其核心功能;如果一个档案部门由于资源限制,OAIS的一些主要功能不能实现,而这些主要功能可能对于电子文件的长久保存与真实性保障的意义重大,可以如同本书5.7节所分析的,根据OAIS的互操作模式,建立两个或多个OAIS系统的相互协作,共享某些资源。

---

① 见美国档案工作者协会《档案工作的理论与方法》,中国档案出版社1988年版。
② 见韩玉梅《外国档案管理》,中国档案出版社1994年版。
③ 见美国档案工作者协会《档案工作的理论与方法》,中国档案出版社1988年版。
④ 见冯惠玲《拥有新记忆——电子文件管理研究》。
⑤ 这里的电子文件管理系统是一个包括技术、管理、法律、标准、人员等在内的广义的系统。

在实际项目开发中,信息技术公司出于获取最大利润的目的,往往会增加一些不能反映主要管理目的的功能,如身份证识别功能、IC 卡借阅功能等,或去弥补其主要功能的不足,或攫取额外的费用。档案馆必须以基于 OAIS 的电子文件精细化管理为基础,实现主要管理功能与成本的均衡。

6.2 基 本 结 论

本书从建模视角,对基于 OAIS 的可信电子文件管理系统建设的体系构建进行了系统研究,主要有以下结论:

结论一:电子文件管理系统的建设离不开模型的支持,单纯软件工程角度的信息系统模型没有考虑电子文件的档案属性,只将其看作一般的数字信息,不能描述电子文件管理的核心需求。必须应用与档案管理、电子文件管理相适应的建模方法论与模型,电子文件管理系统建设才能达到长久保存的目标。

电子文件管理项目及其功能模型与信息模型形式化建模要求其建设应有全新的建模方法论。集成化建模方法为基础结合电子文件管理基本理论进行修正、调整、优化,构建电子文件管理项目的建模框架,是由生命周期维、视图模型维和层次维组成。生命周期维蕴含电子文件生命周期的三个阶段:设计、形成与维护;视图模型维将全程管理、前端控制等电子文件管理基本原则纳入在内;层次维包括参考模型与应用模型两个层次。

根据电子文件管理项目建模方法论,改进传统信息系统开发方法,在传统开发方法对原系统物理与逻辑模型的分析过程中,增加一个概念模型作为参考模型,通过参考模型的功能与信息等模型为电子文件管理项目的通用需求指明方向,从参考模型中映射出将要建设电子文件管理项目的逻辑模型。

结论二:OAIS 参考模型适合于电子文件管理项目的建设。OAIS 与电子文件管理项目建设目标完全吻合,都是致力于数字信息的长期保存与利用;OAIS 符合电子文件管理项目的形式化建模要求;OAIS 参考模型的可理解性、完全性、一致性、可伸缩性、通用性也符合项目开发的要求。

我国电子文件管理的实践经验比较薄弱,要求参考模型的粒度较小,OAIS 参考模型的粒度较大,必须根据我国电子文件管理的实际情况对 OAIS 中的功能模型进行分解或组合,构建可实施的流程。

档案馆应用 OAIS 可以根据经费、所拥有技术支持、模型应用环境等有选择地实现部分或全部功能要求。根据修正 Lavoie 数字保存经济模型与 Jaqueline Spence 评分法,档案室是向心模式为主、供方模式为次的混合模式,应实施以收集与访问为主要功能的简化 OAIS(OAIS-SIMPLEX);市县档案馆是供方模式为主、离心模式为次的混合模式,实施以档案存储与访问为主要功能的简化 OAIS;国家档案馆完全按照 OAIS 参考模型开发电子文件管理系统,满足 OAIS 的主要功能。

结论三：电子文件管理项目的个案分析与调研表明,目前综合档案馆电子文件管理项目建设取得了一定的成绩,但还存在着许多薄弱环节,如没有国家层面的电子文件管理顶层设计,各地相关项目建设缺少统筹规划、先期研究与审计认证;电子文件管理系统通用功能需求尚未有明确、统一的规定;系统开发没有通用的、和电子文件管理相一致的模型支撑,个别公司的设计方案应用了 OAIS,实际建设过程中还是遵循传统信息系统开发方式;项目建设的主要力量是商业信息技术公司,项目的广泛参与度不够;相当一部分电子文件管理项目建设周期太短,存在购买已有商用软件不进行二次开发的现象,电子文件管理项目建设成为档案计算机辅助管理软件;缺乏对已建成的电子文件管理项目的测试、认证,等等。国外在电子文件管理项目中积累了许多可资借鉴的成功经验,包括对电子文件管理进行顶层设计、各方研究力量广泛参与、大力开展电子文件管理需求分析方法论与建模及可信管理流程的研究、在项目开发与正常运行等方面加强培训与教育。

结论四：基于 OAIS 的可信电子文件管理系统的框架体系包括可信电子文件库、可信电子文件管理工作流、通用公共服务与标准体系四个部分组成。其中可信电子文件库是系统的数据存储基础设施,和可信的电子文件工作流一起组成了系统的物理核心,实现系统的功能;通用公共服务提供一系列功能和机制为系统生成可信的环境,同时提供多种工具识别、增强电子文件的真实性、完整性与可读性;标准和政策是系统设计与实施的依据。

可信文件库应与 OAIS 参考模型相一致,由电子文件集合及其元数据、长期保存技术、安全系统、审计跟踪等逻辑组成,定期对其进行工作人员、程序、过程与数据四个方面的可信认证。

可信电子文件管理流程是对档案馆电子文件管理工作进行的业务流程重组(BPR),从流程、功能需求与实施策略三个方面保证电子文件的真实性、完整性与长期可保存性。

通用公共服务包括操作系统服务、网络服务与安全服务。前两种服务保证系统的正常运行;安全服务,尤其是相关系统间通信、涉及电子文件交换的关键点的安全服务,对于电子文件真实性、完整性的保障至关重要。

电子文件管理标准体系包括两部分,一部分是电子文件管理通用标准,一部分是与电子文件管理系统相关的技术规范。

结论五：建设全国性的电子文件管理体系可以基于 OAIS 的互操作模型。档案室间建立共享模式,档案室与档案馆建立协作模式,档案馆间可以通过公共目录构建馆际联盟,如此自下而上分析、自上而下设计、自下而上实施,构建一个分层的、立体网络的全国电子文件管理体系。

6.3 下一步研究工作

电子文件管理项目的建设是一项复杂的实践工程,OAIS 参考模型则是从抽象的概念模型出发,二者的完美结合需要大量的研究工作,绝不是笔者一本著作就能解决全部问题的。随着研究的深入,笔者越觉得 OAIS 参考模型的精深,还需要研究的内容很多。

1. 对 Jaqueline Spence 评分法进行修正

本书 3.5.2 节严格按照 OAIS 的六个功能实体及每一实体的分解功能模块,从相关性与实现能力两个方面分别进行打分,做到了与 OAIS 的完全一致,却未免有些刻板,同时由于 OAIS 的抽象性及相关实体没有分解到不能再分,在实地调研时很难做到客观、准确地评分。笔者在对郑州市档案局、郑州市某局档案室实地调查时,就遇到这样的困难,难于将评分内容和电子文件管理人员沟通,一些分值出于笔者的主观判断。尽管这些分值对本书的结论影响不大,但在项目实际建设时可能会导致某些错误的判断。

笔者将围绕可信电子文件流程尽可能将 OAIS 功能实体分解,建立多层级的功能分解图,即将其粒度变小,以功能分解图中的每一个功能和电子文件管理人员一起逐个评分,再逐层合并,最后得出相当准确的 OAIS 六个功能实体的客观评分。通过这样的评分过程,可以详细了解该档案馆(室)实施电子文件管理项目的资源与功能的管理,档案馆可以以最少的资源实现尽可能多的功能。

2. 建立一个电子文件管理系统可信度评估的方法论

客观评价系统的可信性,满足外界对其可信性的期望,是电子文件管理项目建设的一个重要内容。可信的电子文件管理系统核心是可信电子文件库与可信流程,其鉴定的客观性在某种程度上决定了其可信度。电子文件库从工作人员、程序、过程与数据四个方面进行可信认证,每一个方面涉及的因素及其测评标准尚未在本书中深入分析;可信管理流程,笔者主要是按照 OAIS 的功能要求设计新的流程、整合原有的流程,其可信度通过功能需求来保证。

笔者将继续研究电子文件管理系统可信度的测评体系:从法律上确定档案馆满足某些既定条件后其保存的电子文件就是可信的,如有可信的电子文件库与可信流程;建立一个认证系统实现可信度的认证,如权威部门对系统流程满足电子文件管理需求功能的测定,以及档案馆对系统的审计跟踪。即通过技术认证系统,通过法律确定通过认证后电子文件可信的法律地位。这个测评体系中,相关法律约束及与其他档案法规的关系、电子文件管理系统功能的测定方法、审计跟踪的范围与过程、审计数据的处理、审计数据与电子文件元数据集合的关系等,都是下一步要研究的工作。

3. 全国电子文件管理体系构建研究

本书依托 OAIS 的互操作模型,分析了档案保管部门之间合作的模式,进一步建立了分层的、立体网络的全国电子文件管理体系模型,指出其建设应遵循自下而上分析、自上而下设计、自下而上实施的模式。

笔者将对档案保管部门之间合作的几种模式作深入分析,如共享型模式中各档案室电子文件库如何区分,共享的档案存储与数据管理如何管理;联盟型模式中公共目录系统的组成、与各联盟成员管理系统的接口等。全国电子文件管理体系不仅仅是技术问题,更要涉及管理体制、制度、管理方法等,这都是下一步要研究的问题。

4. 与电子文件管理项目实施相关问题的研究

本书论述的内容主要在于理论的分析,没有涉及实施的细节。电子文件管理项目的实施会要求对论文的相关内容做进一步的研究。

如,格式注册库构建与格式注册库无缝嵌入电子文件管理系统的研究。格式注册库其结构是怎样的,要保存格式的哪些表示信息,格式注册库怎样无缝嵌入电子文件管理系统与相关功能协同工作,系统怎样才能最大程度地实现调用格式注册库的格式表示信息进行格式管理的自动化,这些都需要未来的深入研究。

再如,本书提出根据档案部门的资源情况建设基于简化 OAIS 的电子文件管理系统,那么如何在一个可控的试验环境下对其进行测试,测试方法是什么,测试结果如何分析,应该是其后续工作。

主要参考文献

图书：

［1］冯惠玲. 政府电子文件管理[M]. 北京：中国人民大学出版社,2004.

［2］冯惠玲. 电子文件管理教程[M]. 北京：中国人民大学出版社,2001.

［3］左美云,邝孔武. 信息系统的开发与管理教程[M]. 北京：清华大学出版社,2005.

［4］蔡筱英,金新政. 信息方法概论[M]. 北京：科学出版社,2004.

［5］王红卫. 建模与仿真[M]. 北京：科学出版社,2005.

［6］范玉顺,王刚,高展. 企业建模理论与方法学导论[M]. 北京：清华大学出版社,2001.

［7］钱毅. 档案数据库的规范和质量控制[M]. 北京：中国传媒大学出版社,2007.

［8］张世林. 档案信息利用法律研究[M]. 北京：中国法制出版社,2004.

［9］［美］T. HALPIN. 信息建模与关系数据库——从概念分析到逻辑设计[M]. 施伯乐,译. 北京：电子工业出版社,2004.

［10］邓自立,王欣. 建模与估计[M]. 北京：科学出版社,2007.

［11］张维明,肖卫东. 信息系统工程[M]. 北京：电子工业出版社,2003.

［12］王惠斌,王建颖. 信息系统集成与融合技术及其应用[M]. 北京：国防工业出版社,2006.

［13］刘永. 信息系统分析与设计[M]. 北京：科学出版社,2002.

［14］刘家真. 电子文件管理理论与实践[M]. 北京：科学出版社,2003.

［15］杨公之. 档案信息化建设实务[M]. 北京：中国档案出版社,2003.

［16］［美］比尔曼. 电子证据——当代机构文件管理战略[M]. 王健,译. 北京：中国人民大学出版社,1999.

［17］傅荣校. 档案管理现代化——档案管理中技术革命进程的动态审视[M]. 杭州：浙江大学出版社,2002.

［18］张正强. 现代计算机档案著录标准化精要[M]. 北京：中国档案出版社,2002.

［19］GIL B,MATTHEW L,KATE Z,et al. Content Packaging Approach for a Large OAIS Repository[M]// Archiving 2007,Final Program and Proceedings,The Society for Imaging Science and Technology,2007：41－47.

［20］GRAUER M J,HOWLEY I K,KOPENA J B,et al. Towards a Format Registry for Engineering Data[M]. 27th Computers and Information in Engineering Conference,2008：887－892.

［21］LISA L,KATE Z,A Holistic Approach for Establishing Content Authenticity and Maintaining Content Integrity in a Large OAIS Repository[M]// Archiving 2008,Final Program and Proceedings,The Society for Imaging Science and Technology,2008：109－113.

期刊：

[1]冯惠玲. 综合档案馆电子文件管理项目的功能定位[J]. 档案学通讯,2007(6).

[2]冯惠玲,钱毅. 关于电子文件管理顶层设计的若干设想[J]. 中国档案,2007(4).

[3]冯惠玲,赵国俊. 电子文件管理国家战略刍议[J]. 档案学通讯,2006(3).

[4]冯惠玲. 论电子文件的风险管理[J]. 档案学通讯,2005(3).

[5]杨冬权. 全面建设有中国特色的电子文件管理体系[J]. 中国档案,2007(6).

[6]刘家真. 我国电子公文文档一体化的障碍与对策[J]. 档案学研究,2008(1).

[7]张宁. 我国电子文件管理现状调查与思考[J]. 档案学通讯,2008(6).

[8]张宁. 欧盟《电子文件管理通用需求第二版——MoReq2》解析[J]. 北京档案,2008(7).

[9]于丽娟. 电子文件管理系统研究——系统功能原理分析[J]. 档案学通讯,2004(6).

[10]于丽娟. 英国《电子文件管理系统功能需求》[J]. 档案学通讯,2004(5).

[11]钱毅. 数字档案文件长久保存策略刍议[J]. 档案学通讯,2007(3).

[12]钱毅. 档案数据库建设中存在的问题及解决思路[J]. 档案学通讯,2006(4).

[13]钟瑛. 浅谈电子文件管理系统的功能要素[J]. 档案学通讯,2006(6).

[14]许建智. 电子文件中心的作用和功能[J]. 中国档案,2007(4).

[15]傅荣校. 论数字档案馆与电子政务数据中心的共建[J]. 中国档案,2008(5).

[16]黄玉明. 安徽省电子文件中心建设的思路与做法[J]. 中国档案,2006(12).

[17]张启群. 电子政务环境下深圳市电子文件管理新探索[J]. 档案学研究,2005(5).

[18]林鹏. 深圳市文件中心电子文件接收管理系统研究及建设[J]. 档案与建设,2008(4).

[19]杨艳,郑飞其. 试论电子文件归档管理系统的总体建设[J]. 兰台世界,2008(4).

[20]张正强. 电子文件管理元数据的功能研究[J]. 浙江档案,2008(8):38-41.

[21]张弛. 电子文件管理元数据宏观结构研究[J]. 中国图书馆学报,2008(5).

[22]张正强. 电子文件管理元数据中时间元素的语义结构研究[J]. 中国图书馆学报,2006(1).

[23]张正强. 电子文件管理元数据中关系元素的语义结构研究[J]. 中国图书馆学报,2006(4).

[24]段荣婷. XML 在电子文件元数据管理中的应用[J]. 图书情报知识,2002(6).

[25]崔屏. 论 XML Schema 在电子文件管理元数据中的功能[J]. 兰台世界,2006(3).

[26]金更达,何嘉荪. 电子文件元数据标准设计框架研究[J]. 档案与建设,2005(9).

[27]张正强. 电子文件管理元数据中责任者元素的语义结构研究[J]. 中国图书馆学报,2006(1).

[28]张正强. 论电子文件管理元数据的国际标准化[J]. 档案学研究,2007(5).

[29]程妍妍. 电子文件管理元数据模型研究[J]. 浙江档案,2008(6).

[30]傅荣校. 政务信息管理与数据库管理技术的适用性研究[J]. 档案学通讯,2007(6).

[31]陶碧云. 档案异构数据库与网格技术[J]. 档案与建设,2006(9).

[32]陈永生,薛四新. 基于分级存储的数字化档案利用模式研究[J]. 档案学研究,2006(5).

[33]侯明昌. 浅谈数字档案的分级存储管理[J]. 档案学通讯,2007(5).

[34]宫明利. 数字档案信息资源存储技术研究[J]. 兰台世界,2007(9).

[35]金更达. 基于内容管理的数字档案馆集成模型探讨[J]. 档案与建设,2004(11).

[36]王薇. 高校电子文件管理与 OA 系统的有效融合[J]. 北京档案,2007(1).

[37]杜昆. 电子签名对电子文件长久保存的影响及对策[J]. 浙江档案,2005(5).

[38]雷宏宇. 科技档案网络收集系统的设计与开发[J]. 机电兵船档案,2007(5).

[39] 杜建刚. 长治市《城建工程电子文件归档与管理系统》建设综述[J]. 城建档案,2008(10).

[40] 杨艳. 试论电子文件归档管理系统的总体建设[J]. 兰台世界,2008(4).

[41] 林鹏. 深圳市文件中心电子文件接收管理系统研究及建设[J]. 档案与建设,2008(4).

[42] 林慕婵. 高校公文处理及文件管理系统的分析与设计[J]. 兰台世界,2007(3).

[43] 田凤菊,刘秀英. 电子文件档案化管理及其总体设计思路[J]. 黑龙江档案,2008(2).

[44] 董慧,张继东. 基于 J2EE 的电子政务档案管理系统的构建和研究[J]. 现代图书情报技术,2006(9).

[45] 杨安莲. 聚焦电子文件管理前沿——国际电子文件管理研究热点及启示[J]. 档案学通讯,2007(6).

[46] 张晓林. 数字信息的长期保护问题[J]. 图书馆,2001(5).

[47] [美] 吉利兰-斯韦特兰德 A. 保证文件的真实性 为城市环境设计数字档案馆[J]. 城建档案,2004(3).

[48] 梁建生. 保存数字文献的责任与制度[J]. 图书情报工作,2001(9).

[49] 牛金芳,郑小惠,吴开华. OAIS 与数字图书馆[J]. 图书情报知识,2002(6).

[50] 余传明,董慧. 开放式存档信息系统及其在数字图书馆的应用[J]. 中国图书馆学报,2004(3).

[51] 徐周亚,镇锡惠,许绥文. OAIS 参考模型与中文元数据方案[J]. 现代图书情报技术,2003(4).

[52] 程雪梅. 数字资源长期保存技术之探讨[J]. 图书馆理论与实践,2005(5).

[53] 吴江华. 开放性档案信息系统：背景、职责与功能[J]. 图书情报知识,2006(9).

[54] 李明娟. OAIS 参考模型与数字信息长期保存[J]. 图书情报知识,2007(9).

[55] 何欢欢. OAIS 参考模型及其在我国的应用[J]. 图书馆杂志,2008(9).

[56] 方力. OAIS 参考模型的应用及启示[J]. 情报探索,2008(7).

[57] 章燕华,徐海静. OAIS 的"冷"与"热"——我国档案界研究之理性反思[J]. 档案学研究,2007(2).

[58] 屠跃明,黄永文. 对 OAIS 参考模型的研究[J]. 档案学研究,2007(2).

[59] 李敏. 开放的档案信息系统(OAIS)的责任[J]. 兰台世界,2007(9).

[60] 李敏. 浅谈开放的档案信息系统(OAIS)[J]. 兰台世界,2007(8).

[61] 章燕华,刘霞. OAIS 参考模型：数字资源长期保存的概念框架[J]. 浙江档案,2007(3)

[62] 邓君. 基于 OAIS 与 OAI-PMH 的数字档案馆共享功能框架设计[J]. 档案学通讯,2008(3).

[63] 牛金芳,吴开华. 论保存元数据[J]. 大连图书馆学报,2002(2).

[64] 祝忠明,张世林. 大学开放性数字档案馆建设框架的设计[J]. 现代图书情报技术,2006(11).

[65] 李大玲. OAIS 参考模型在电子政务邮件数字化中的应用[J]. 情报杂志,2003(6).

[66] 金更达. 基于 OAIS 的数字档案馆系统框架建设[J]. 浙江档案,2007(4).

[67] 梁娜,张晓林. 关于数字信息长期保存的元数据[J]. 四川图书馆学报,2002(1).

[68] 高巍. 企业应用开发中的建模工具和建模方法论[J]. 程序员,2002(10)：45 - 50.

[69] JOHNSTON G P. The Benefits of Electronic Records Management Systems：A General Review of Published and Some Unpublished Cases[J]. Records Management Journal,2005(3)：131 - 140.

[70] HOCKX-YU H. Digital Preservation in the Context of Institutional Repositories[J]. Electronic Library and Information Systems,2006,40(3)：232 - 243.

[71] SPENCE J. Preserving the Cultural Heritage[J]. New Information Perspectives,2006,58(6)：513 - 524.

[72] VARDIGAN M, WHITEMAN C. ICPSR to OAIS：Applying the OAIS Reference Model to the Social Science Archive Context[J]. Arch Sci,2007(7)：73 - 87.

[73] CLAUDE H. Long Term Preservation of Digital Information in the Space field, From the OAIS Reference Model to Practical Applications[J]. Zeitschrift für Bibliothekswesen und Bibliographie,2001,48(3 - 4)：

188－193.

［74］SANETT S. The Cost to Preserve Authentic Electronic Records in Perpetuity，Comparing Costs Across Cost Models and Cost Frameworks［J］. RLG DigiNews，2003，7(4).

［75］VARDIGAN M，WHITEMAN C. ICPSR meets OAIS［J］. Arch Sci，2007(7)：73－87.

［76］Support for Digital Formats，Library Technology Reports［J］. Academic Research Library，2008，44(2).

会议：

［1］钱毅. 美国电子文件档案馆(ERA)功能需求分析［C］. 北京：电子文件管理国际前沿研讨会暨 InterPARES3 中国项目组启动会议，2007.

［2］LI C W，ZHANG X L，WU Z X. Preservation Management in Practice：Trusted Workflow［C］. Beijing：iPRES 2007，2007.

［3］ROORDA D. Preservation by Migration to XML［C］. Beijing：iPRES 2007，2007.

［4］MCGOVERN N. Aligning Digital Preservation Policies with Community Standards［C］. Beijing：iPRES 2007，2007.

［5］WHEATLEY P. LIFE：Costing the Digital Preservation Lifecycle［C］. Beijing：iPRES 2007，2007.

［6］INNOCENTI P，Mchugh A，ROSS S，et al. Digital Curation Centre and Digital Preservation Europe Audit Toolkit：DRAMBORA［C］. Beijing：iPRES 2007，2007.

［7］HOCKX-YU H，FARQUHAR A. A Practical Approach to Digital Preservation：Updates from Planets［C］. Beijing：iPRES 2007，2007.

［8］STRODL S，RAUBERD A. Preservation Planning in the OAIS Model［C］. Beijing：iPERS 2007，2007.

报纸：

［1］冯惠玲. 尽快全面制定和实施电子文件管理国家战略［N］. 中国档案报，2006－10－15(3).

［2］王健. InterPARES3 中国项目组正式启动　中国人民大学信息资源管理学院参与完成［N］. 中国档案报，2007－11－1(1).

［3］王岚. 美国耗资 3 亿美元的国家电子文件档案馆项目正式启动［N］. 中国档案报，2005－10－13.

［4］党的十六大以来全国档案事业发展成就数字解读［N］. 中国档案报，2007－10－15(3).

电子文献：

［1］JACKSON，JULAIN. Digital Longevity：the lifespan of digital files［EB/OL］.［2008－12－08］. http：//www. dpconline. org/graphics/events/digitallongevity. html.

［2］互联网工程任务组. 互联网 X. 509 PKI 认证政策与认证实践框架［EB/OL］.［2008－12－16］. www. ietf. org/rfc/rfc2527. txt.

［3］黄玉明. 安徽省电子文件中心建设的思路与做法［EB/OL］.［2009－01－04］. http：//www. ahda. gov. cn/Show. asp? ArticleID＝452.

［4］GLADNEY H. Digital Document Quarterly［EB/OL］.［2009－01－05］. http：//home. pacbell. net/hgladney/ddq_1_1. htm.

［5］GARRETT J，WATERS D. Preserving Digital Information：Report of the Task Force on Archiving of Digital Information［EB/OL］.［2009－01－05］. http：//www. oclc. org/asiapacific/.

［6］LYNCH C. Authenticity and Integrity in the Digital Environment：An Exploratory Analysis of the Central Role of Trust［EB/OL］.［2008－11－08］. http：//www. clir. org/pubs/reports/pub92/lynch. html.

［7］SPENCE J. An Investigation into the Feasibility of the OAIS model for Application in Small Organizations ［EB/OL］.［2009－01－02］. http：//www. emeraldinsight. com/0001－253X. htm.

［8］LAVOIE B. The Incentives to Preserve Digital Materials：Roles, Scenarios and Economic Decision-making ［EB/OL］.［2009－01－02］. http：//www. oclc. org/research/projects/digipres/incentives-dp. pdf.

［9］HODGE G. Digital Archiving：Bringing Stakeholders andIssues Together － a Report on the ICSTI/ICSU Press Workshop on Digital Archiving［EB/OL］.［2009－01－02］. http：//www. icsti. org/forum/33/JHJHodge.

［10］HILLS H K, SAWYER D M, MCCASLIN P. An application of CCSDS archival standards to meet both submitter and archive needs during data ingest［EB/OL］.［2009－01－16］. http：//nssdc. gsfc. nasa. gov/nost/conf/archive21st/presentations/posters/p09-hills . pdf.

相关网站：

［1］Global Digital Format Registry, http：//Hul. harvard. edu/gdfr(检索日期：2008 年 12 月 8 日)

［2］Representation Information Registry Repository, http：//Registry. dcc. ac. uk/omar(检索日期：2008 年 12 月 8 日)

［3］PRONOM Registy, http：//www. nationalarchives. gov. uk/pronom(检索日期：2008 年 12 月 8 日)

［4］Wotsit's format：the programmer's resource, http：//www. wotsit. org/(检索日期：2008 年 12 月 8 日)

［5］METS：Metadata Encoding & Transmission Standard, http：//www. loc. gov/standards/mets/(检索日期 2008 年 12 月 8 日)

［6］Public Record Office, Management, Appraisal and Preservation of Electronic Records, http：//www. nationalarchives. gov, uk/ electronic — records/advice/default. htm(检索日期：2008 年 12 月 16 日)

［7］Public Record Office Victoria(Australia), Standard for the Management of Electronic Records, http：//www. prov. vic. gov. au/vers/standards/standards. htm(检索日期：2008 年 12 月 16 日)

［8］Archival Workshop on Ingest, Identification, and Certification Standards (AWIICS), Certification (Best Practices) Checklist, http：// ssdoo. gsfc. nasa. gov/nost/isoas/awiics(检索日期：2008 年 12 月 16 日)

［9］Department of Defense, United States, Design Criteria Standard For Electronic Records Management Software Applications(DoD 5015. 2－STD), http：//jitc. fhu. disa. mil//recmgt/(检索日期：2008 年 12 月 16 日)

［10］OCLC, Trusted Digital Repositories：Attributes and Responsibilities, http：//www. oclc. org/programs/ourwork/past/trustedrep/default. htm(检索日期：2008 年 12 月 16 日)

［11］http：//dca. tufts. edu/features/nhprc/index. html(检索日期：2009 年 1 月 16 日)

［12］ICPSR 官方网站. http：//www. cpirc. org. cn/ICPSR/ICPSR－1. htm

［13］Partnerships & Collaborations, http：//www. archives. gov/era/partnerships/(检索日期：2009 年 1 月 5 日)

［14］ERA Papers, http：//www. archives. gov/era/papers/

［15］ERA Presentations, http：//www. archives. gov/era/presentations/index. htmlJHJpresentations(检索日期：2009 年 1 月 5 日)

［16］ERA Research, http：//www. archives. gov/era/research/

[17] ERA System Design Information and Documentation,http：//www. archives. gov/era/about/documentation. html(检索日期：2009 年 1 月 6 日)

[18] Quality Management Plan,http：//www. archives. gov/era/about/documentation. html(检索日期：2009 年 1 月 4 日)

[19] ERA System Design Information and Documentation,http：//www. archives. gov/era/about/documentation. html(检索日期：2009 年 1 月 4 日)

[20] ERA 网站详细列举了三十多个协作机构及参考项目,http：//www. archives. gov/era

[21] ERA 招标文件：Attachment 2 to Section J ERA Requirements Document(RD) ERA Requirement, http：//www. archives. gov/era/about/documentation. html(检索日期：2009 年 1 月 2 日)

[22] 电子文件接收管理系统软件开发项目中标公告,http：//www. ccgp-gov. cn/showNews. asp? id＝24&t＝4 (检索日期：2008 年 12 月 28 日)

[23] 中科院档案馆档案管理系统使用介绍,http：//www. acas. ac. cn/index. jsp(检索日期：2008 年 12 月 28 日)

[24] "ES-OAIS 飞扬数字档案馆系统"高分通过创新基金验收,http：//www. flyingsoft. cn/2008－12－15/ 001803034. shtml(检索日期：2008 年 12 月 28 日)

[25] 美国和英国的 CAMiLEON 项目对应用仿真器来保证数字信息的长期访问进行了研究,对保证保存质量的仿真器的合适技术提出了相关建议,http：//www. si. umich. edu/CAMILEON/(检索日期：2008 年 12 月 12 日)

[26] Digital Archive Batch Ingest Guide,http：//www. oclc. org/support/docu — mentation/pdf/da_batch_ingest_ guide. pdf(检索日期：2008 年 7 月 18 日)

[27] A Preservation Metadata and the OAIS Information Model,http：//www. oclc. org/research/pmwg/(检索日期：2008 年 7 月 26 日)

[28] 上海：电子政务搭起网上"行政事务受理大厅",http：//www. sh. xinhuanet. com/2007－08/07/content_ 10783090. htm

[29] 布什政府档案交接乱　电子文件为克林顿时期 50 倍,http：//news. sohu. com/20081228/ n261461703. shtml

[30] Reference Model for an Open Archival Information System(OAIS),http：//public. ccsds. org/ publications/ archive/ 650x0b1. pdf

[31] http：//www. moreq2. eu/

[32] 电子文件管理细则(征求意见稿),http：//www. saac. gov. cn/upload/filepath/1206581099909. doc(检索日期：2009 年 1 月 12 日)

[33] http：//www. interpares. org/display_file. cfm? doc＝dod_50152. pdf(检索日期：2009 年 1 月 12 日)

[34] http：//www. nationalarchives. gov. uk/electronicrecords/reqs2002/(检索日期：2009 年 1 月 12 日)

[35] http：//www. prov. vic. gov. au/vers/projects/doi. htm(检索日期：2009 年 1 月 12 日)

[36] http：//www. aiim. org/(检索日期：2009 年 1 月 12 日)

[37] http：//www. nationalarchives. gov. uk/electronicrecords/reqs2002/testscripts. htm(检索日期：2009 年 1 月 12 日)

[38] http：//www. erpanet. org/guidance/(检索日期：2009 年 1 月 16 日)

[39] http：//www. ccsds. org/(检索日期：2008 年 7 月 12 日)

[40] http：//www2. cas. cn/index/0V/31/index. htm(检索日期：2008 年 6 月 19 日)

其他

［1］OCLC 的报告《Trusted Digital Repositories：Attributes and Responsibilities》中可信数字存储库的职责：High-Level Organizational and Curatorial Responsibilities，Operational Responsibilities

［2］《中华人民共和国电子签名法》

［3］美国电子签名标准(DSS，FIPS186－2)

［4］文件管理国际标准 ISO15489－1

［5］National Computer Security Center(NCSC). A Guide to Understanding Audit in Trusted Systems

［6］郑州市档案局 2007 年县区档案信息化情况统计表，数据来源郑州市档案局科教处

［7］Fedora and the Preservation of University Records. Requirements of a trustworthy electronic recordkeeping system in a college or university setting

［8］Fedora and the Preservation of University Records. Requirements of a trustworthy electronic records preservation system in a college or university setting

附录 1　OAIS 信息模型与 CEDARS、NLA、NEDLIB 保存元数据

OAIS	CEDARS	NLA	NEDLIB
RI	资源描述	永久识别符	创建者
	现存元数据	创建日期	标题
		现存档案	创建日期
		发布者	
		指定标识符	
		值	
		构建方法	
		负责机构	
		URL	
		值	
		生效日期	
CI	相关信息对象	关系	<N/A>
来源信息	起源历史	保存操作许可	变动历史
	创建原因	习惯	相关主要元数据
	监管历史	归档决定(任务)	日期
	归档前变动历史	决定原因(任务)	原值
	原生技术环境		归档决定负责机构
	先决条件	决定(任务)	工具
	程序	归档决定(显示)	名称
	文献	决定原因(显示)	版本

(续表)

OAIS	CEDARS	NLA	NEDLIB
	保存原因	归档负责机构	反码
	管理历史	决定(显示)	其他相关元数据
	捕获过程历史	目的类型	原值
	行政管理历史	保存职责机构	现值
	操作历史	过程	
	政策历史	过程描述	
	权限管理	过程负责机构名称	
	协商历史	过程中使用的关键硬件	
	权限信息	过程中使用的关键软件	
	版权信息	过程如何实现	
	发布者姓名	实施环节指南	
	发布日期	日期和时间	
	发布地点	结果	
	权限警告	过程的基本原理	
	联系和权限持有者	变动	
	操作者	其他	
	操作记录	创建者	
	法律许可	其他	
	法律条文指针		
	许可证允许的		
	许可证文本指针		
固化信息	辨真标识符	生效	校验
		值	
		算法	
		数字签名	
表示信息	原摘要格式描述	结构类型	特定的硬件要求
	转换对象	复杂对象的技术性根本结构	特定微处理器要求
	平台	特定多媒体要求	

（续表）

OAIS	CEDARS	NLA	NEDLIB
	参数	文件描述	特定外围要求
	表示/分析引擎	图像	操作系统
	输出格式	图像格式和版本	名称
	输入格式	图像分辨	版本
	表示/分析/转化引擎	图像维度	转译程序和编译程序
	平台	图像信息	名称
	参数	图像分辨率	版本
	翻译/分析引擎	图像色彩范围	指导
	输出格式	图像色彩管理	
	输入格式	图像色彩查考表	名称
	表示/分析引擎	图像定向	版本
	平台	压缩	应用
	参数	音频	名称
	翻译/分析引擎	音频格式和版本	版本
	输出格式	音频分辨率	
	输入格式	持续时间	
		音频位速率	
		压缩	
		封装	
		磁道号和类型	
		视频	
		视频文件格式和版本	
		帧的维度	
		持续时间	
		帧速率	
		压缩	
		视频编码结构	
		视频的声音	

（续表）

OAIS	CEDARS	NLA	NEDLIB
		文本	
		文本格式和版本	
		压缩	
		文本特征集	
		与 DTD 相关的文本	
		文本结构划分	
		数据库	
		数据库格式和版本	
		压缩	
		数据类型和表示类型	
		表示格式和版面设计	
		数据元素最大值	
		数据元素最小值	
		可执行成分	
		编码类型和版本	
		已知的系统要求	
		安装要求	
		存储信息	
		访问禁制器	
		查找帮助和访问促进器	

附录 2　一个 XML 格式的提交协议实例

（该提交协议是塔夫茨大学的本科教学评估工作组与数字化档案馆（Digital Collections and Archives, DCA）商议后制定的。该协议定义了文件移交的术语。协议略有删节。）

```
<submission-agreement id="SA00023">
    <record-survey id="RS00023" />

    <archive>
        <identifier>US：：TUFTSU：：Central：：0001</identifier>
        <name>Digital Collections and Archives</name>
    </archive>

    <producer>
        <identifier>US：：TUFTSU：：Taskforce：：0001</identifier>
        <name>Task Force on the Undergraduate Experience</name>
    </producer>

    <circumstance>
        This Ingest Project occurs after a previous Ingest Project with the Task
        Force concerning its paper records.
    </circumstance>

    <description>
        The records in this Ingest Project are record on the website
        (http：//ugtaskforce. tufts. edu) of the Task Force on the Undergraduate Experience
        (CID US：：TUFTSU：：Taskforce：：0001). These include the President's charge,
        reports generated by the Task Force, and the additional records describing the Task
        Force's activities and findings.
    </description>
```

```
<subscribed-users>
  <user>user1</user>
  <user>user2</user>
</subscribed-users>
<workflow>University Records</workflow>
  <sipcreation status="009" elements="ALL" />
  <transfer status="008" elements="ALL" />
  <description standard status="001" elements="ALL" />
  <copyright status="001" elements="ALL">
Copyright held by Tufts University.
</copyright>
  <confidentiality status="001" elements="ALL">
Open access to the general public.
</confidentiality>
  <metadata elements="ALL">
    <tag tagNS="http：//purl. org/dc/elements/1. 1/"
        tagName="publisher"
        value="Task Force on the Undergraduate Experience"/>
    <tag tagNS="http：//purl. org/dc/elements/1. 1/"
        tagName="rights"
        value="Copyright Tufts University 2001"/>
  </metadata>
<relationships>
    <sa-relationship/>
  <relationship urn="tufts：central：dca：UA088：00001"
            relNS="info：fedora/fedora-system：def/relations-external"
            relName="isMemberOf"/>
    <relationship urn="tufts：central：dca：PROD：00001"
            relNS="http：//dca. tufts. edu/ns/relations/"
            relName="producedBy"/>
</relationships>
  <element id="SA00023：001">
    <description>
    University president's charge to the Task Force.
    </description>
```

```
    <urnpool>
      <list>
        <urn>tufts：central：dca：nhprc-erec：UGT：00001</urn>
      </list>
    </urnpool>
      <date range begin="2007" end="2008" />
      <object-profiles>
        <profile name="0011"/>
    </object-profiles>
      <relationships>
        <relationship urn="tufts：central：dca：RTD：00019"
                         relNS="http：//dca. tufts. edu/ns/relations/"
                         relName="hasRecordType"/>
    </relationships>
  </element>
……
<element id="SA00024：008">
    <description>
    Content of the Task Force website as a whole.
    </description>
    <urnpool>
      <list>
        <urn>tufts：central：dca：nhprc-erec：UGT：00006</urn>
      </list>
    </urnpool>
    <date range begin="ca. 2000" end="2003" />
    <object-profiles>
      <profile name="0064"/>
    </object-profiles>
    <relationships>
      <relationship urn="tufts：central：dca：RTD：00017"
                 relNS="http：//dca. tufts. edu/ns/relations/"
                 relName="hasRecordType"/>
    </relationships>
  </element>
</submission-agreement>
```

后　记

　　本书是在我的博士毕业论文的基础上修改完成的。"学，然后知不足"。攻读博士学位期间对相关课题的参与研究使我对 OAIS 产生了浓厚的兴趣，着迷于 OAIS 的深度、广度以及与电子文件管理的结合，开始致力于拓展 OAIS 使其作为电子文件管理系统开发的参考模型。真正着笔才知道自己知识的不足，知道以前对电子文件管理理解的肤浅！再加上 OAIS 在档案界的研究刚刚起步，可资借鉴的理论成果与实践不多，命题的前瞻性对我来说是一个极大的挑战，论文的写作是一个痛苦、缓慢的过程；然而"知不足而学"，又是一个充实、快乐的过程。遇到困难、百思不解的苦恼，导师点拨、学友交流而茅塞顿开、柳暗花明的喜悦，一点一滴，呈现眼前，印在心中。

　　感谢我的导师冯惠玲教授。冯老师知识渊博，待人和蔼，平易可亲，学习上因势利导，循循善诱；生活上关心爱护。三年来，尽管冯老师工作非常繁忙，仍定期或不定期地向我们众弟子论人生、讲学问、谈生活，教我们为人、处事、治学，每次的谈话都让我豁然开朗，困惑中有了新的方向。论文撰写中，冯老师从论文选题到结构安排，从思想观点到实践结合，从语言表达到标点符号，无不悉心指导。冯老师高尚的教师修养、高深的理论修养、严谨的治学态度使我终身受益，感激之情永远铭记在心。

　　感谢中国人民大学信息资源管理学院各位老师的培养。感谢赵国俊教授、胡鸿杰教授、王英玮教授、郭莉珠教授、刘耿生教授、杨健教授、卢小宾教授、周晓英教授、张缉哲教授、王健教授、安小米教授、张斌教授、唐跃进副教授、刘越男副教授等老师，感谢你们的辛勤培养，你们的谆谆教诲将使我终生受益。感谢钱毅副教授，您亦师亦友，一直关心我论文的写作，从我论文的命题、开题、写作到最终定稿均提出了宝贵建议，让我受益匪浅。感谢学院党委书记纪红波老师、李洁老师、霍虹老师等在三年的学习期间给予我的关心和帮助。

　　感谢郑州航空工业管理学院领导、老师的关怀。感谢副院长李现宗教授，您的鼓励与支持，激励我不断努力。感谢刘永教授、刘国华教授、郭秋萍教授、周九常教授、兰书理老师、刘玉岭老师、郝伟斌老师等，衷心感谢你们一直以来对我工作与学习的关心与支持。

　　感谢同窗顾涛、孟祥宏、肖强、郭亚军、谢永宪、陈晓、张玉影、叶晗、朱雪宁、黄静、饶圆、魏斌、郑慧、李凡、姜海涛、张军。我们一起上课、一起研讨、一起出游，在人大度过了三年快乐的时光，留下了人生美好的回忆。感谢章燕华、李扬新、蒋冠、孙军、连志英、杜雅楠、马林青等师弟师妹，师出同门，学习相磋，对我的论文提出了许多宝贵意见，这里一并谢之。室友小弟李勇，邻室卢永明、姜孟亚,为人厚道,生活关照,居处颇乐,这里亦一并谢之。

三年时光,爱妻抚儿顾家,毫无怨言,我得以安心异地求学。论文撰写期间,妻儿陪伴身边。深夜书桌上爱妻温馨的一杯茶,身心俱疲时儿子灿烂明朗的笑脸,让一切的烦恼与困惑都离我远去。感谢爱妻、娇儿,你们是我继续前行的动力,其谢表于斯待一生。感谢兄嫂,是你们悉心照顾年迈多病的双亲,使我没有了后顾之忧。

感谢所有引用文献的相关作者,你们的学术思想和理论论述给了我有益的启发,是我论文的重要知识源泉。

感谢上述未能提及的学者、老师、亲人和朋友们!

感激之心永在,鼓励我继续探索未竟的科研之路。

李泽锋

2010.12